数字中国

区块链、智能革命与国家治理的未来

王文 刘玉书 著

中信出版集团 | 北京

图书在版编目（CIP）数据

数字中国：区块链、智能革命与国家治理的未来 / 王文，刘玉书著. -- 北京：中信出版社，2020.3（2021.12重印）

ISBN 978-7-5217-0958-2

Ⅰ. ①数… Ⅱ. ①王… ②刘… Ⅲ. ①信息经济—经济发展—研究—中国 Ⅳ. ①F492.3

中国版本图书馆 CIP 数据核字 (2019) 第 177340 号

数字中国：区块链、智能革命与国家治理的未来

著　　者：王文　刘玉书

出版发行：中信出版集团股份有限公司

（北京市朝阳区惠新东街甲 4 号富盛大厦 2 座　邮编　100029）

承 印 者：三河市中晟雅豪印务有限公司

开　　本：880mm × 1230mm　1/32　　印　　张：12.25　　字　　数：278 千字

版　　次：2020 年 3 月第 1 版　　印　　次：2021 年 12 月第 5 次印刷

地图审图号：9080812101

书　　号：ISBN 978-7-5217-0958-2

定　　价：69.00 元

前　言

数感力：数字中国的未来

我们靠感知认识世界，亦被感知束缚。对数字变化的感知能力，是赢在未来的关键。

几年前去银行，柜台前总是坐满了人，有银行工作人员，也有客户。但是近年来，在北京、上海等多座城市里，银行大厅里的人已经越来越少，取而代之的是一体式银行业务柜员机，虽然极大地提升了金融服务的效率，却也令人产生对未来的不确定性。一位银行工作人员对自己所从事职业的未来表示忧虑："按照这么快的发展速度，以后传统银行可能会不存在了吧。"麦肯锡研究表明，30% 的银行工作将被机器和新技术取代。数字中国的这个极小缩影，实际上折射出一系列问题：数字化和人工智能化给个人带来了机遇还是挑战？怎样能够保证自己和自己的孩子不输在未来的起跑线上？这些问题目前引起了社会的广泛关注，大家意见各异。每个人对数字变化感知能力的差异，将直接影响他对现实的判断和对人生赛道的选择，而国家对数字变化的感知能力将直接影响这个国家未来的发展。

数感力正在成为数字中国转型的关键

一切都在数字化。从人脸识别到个人的朋友圈，从智慧城市到乡村治理，从数字海洋到智能社区的网格化，数字化正在以不可逆的态势全方位渗透到社会的各个方面。在大数据时代，13亿人口听起来已经不是一个特别大的数据。随着国家计算力的迅速发展，与国民个体数据的深度互动将成为国家治理的落脚点，也是数字经济发展的核心角力场，而我们每个人对数字变化的感知能力，将直接导致未来个体之间的发展差异。同样，一个国家对数字变化的感知和反应能力，也将成为这个国家应对未来变化、与时俱进的关键。

放眼未来，数感力将直接影响个人的成败和民族的兴衰。怎样提高数感力？我们处在一个被数字包裹的时代，这与过去人类的历史截然不同，这是百年未有之大变局。要提高数感力，需要用大的格局思考，需要对数字化带来的社会组成方式的根本性变化进行系统梳理。《数字中国：区块链、智能革命与国家治理的未来》一书正是在这个时代大变局的背景下，从宏观视角对整个国家的数字化进程进行梳理以及对未来进行展望。

数字中国是未来发展的必然趋势吗？

当前，大数据、数字经济已是高频词，以信息化驱动现代化，加快建设数字中国的发展道路越来越清晰。2012年以来，党中央围绕我国数字化发展与转型出台了一系列的政策，党和国家领导人也多次做出重要指示。数字化的重要性不言而喻。正如本书第九章所言，社会的数字融合和人的数字化是发展新动能的“核聚变”和“核裂变”过程。数字化是百年未有之大变局中的不变趋势。

回看人类历史进程，每一次深刻的社会变革都与科技革命息息相关。与蒸汽机、电气、电子技术对人类生产方式和工具的变革不同，当前正在进行的数字化革命是对人本身的变革。从马克思主义的观点看，人的数字化本质上是人的意识形态的物质转化，是对人的生产力由内而外的激发。这一过程与核反应中原子能的释放相似：首先，社会的数字化融合如同核聚变，社会中原来零散的原子聚合，释放出巨大的能量；其次，个人的数字化如同原子的裂变过程，原来只能在白天上班时释放生产力的普通工人，作为数字化的个体，基于智能手机交互，可以有意或者无意地创造全新的生产动能。人的数字化分离出人类生产力的不同方面，极大地释放了人作为数字资源本身的能量。所以，数字化已经成为当前百年未有之大变局的关键因素。数字化释放出来的巨大发展动能，也成为各国关于未来全球发展的共识。

立足于前所未有之大变局，未来已悄然来临。但变局意味着旧力量与新力量不断加剧博弈，也意味着尚未形成定局会存在变数。在这个进程中，中国人代表着各个层面上的新兴力量，需要有更充沛的勇气与智慧、更强大的耐心与定力，透析新机遇，确立大战略，主动迎接正在到来的巨大变局，力保在变局中前行、受益，而非倒退、受损。毕竟，“前所未有之大变局”远比我们想象的复杂，而这一变局的重要特征可以概括为三个字——“数字化”。数字中国是前所未有之大变局的焦点、起点，也是变局的重要突破口。

距离数字化时代的美好理想还有多远？

2019年是中国数字化建设飞速发展的一年。随着5G网络的普及，中国有望成为首个进入“全数字化”时代的国家。但是放眼全球，2019年也是人工智能发展“泡沫”破裂之年，先后被曝光很多让人大跌眼镜的事情。例如加利福尼亚大学伯克利分校网红无人送餐小车Kiwibot，被曝光实际上并不是完全依靠人工智能控制的，而是从哥伦比亚雇用人员进行远程操纵。报道称每人最多可控制三台Kiwibot机器人，每小时工资不到2美元。这些人员为机器人设定了行车轨迹，每隔5到10秒就会给它们发送指令，告诉它们应该去哪里。更为讽刺的是,这个项目在被媒体曝光之前，已经获得了200多万美元的投资。媒体曝光这个消息后，网友嘲讽道：“‘人工智能’依然是‘人工智障’。”而在此前不久，印度一家人工智能公司Engineer.ai也被曝光用真人假冒人工智能进行“自动编程”，骗取了2 950万美元融资。

美国与印度曝光的这些以“人工”冒充“智能”的泡沫，需要引起我们国家的高度警觉。特别是在5G时代，由于数字通信延时越来越短，加利福尼亚大学伯克利分校这种用人工远程遥控冒充机器人智能化工作的把戏，在将来以假乱真的可能性会越来越高。科技打假、科技避虚向实以及数字中国未来的实业化发展任重道远。本书在这种忧患意识的基调之上，对数字中国展开了审慎研究。

本书的叙事逻辑

本书是以“脚底板下做学问”为研究方法，将理论与实践结合起来的“干中学”的产物，主要包括以下几个章节。

绪论，技术革命与国家崛起。本章论述了技术革命与国家崛起的过程。从国家治理的视角出发，对技术革命与数字中国的崛起进行了探讨。通过分析技术革命的历史，发现国家治理在推动技术革命方面起到了重要作用。国家通过持续的投入和人才培养，不仅推动单一的技术创新，而且形成了一个“创新矩阵”，全面推动工业、市场、社会以及政府自身不断进行创新和革命。本章通过对比蒸汽革命、电气革命和现代信息技术革命与国家治理的关系，发现中国在最近十几年迅速成为数字时代的领跑者有着自身独特的原因。

第一章，数字中国的崛起。本章从历史的纵深视角回顾了数字中国的发展过程，解密了数字中国成功背后的关键变量。数字中国是在什么背景下提出的？建设过程中经历了怎样的探索？当前我国领先全球的数字化硬件基础设施、与时俱进的社会治理体系，与早期的国家大规模集成电路发展、信息化基础设施建设、泛在网络战略思想等存在怎样的关联？中国是全球第 77 个正式接入国际互联网的国家，为什么能在短短二十余年内迅速成为全球网络强国？进入二十一世纪以来，互联网泡沫不断涌现、相关技术引发的国际性社会危机频发，为什么中国总能平稳度过并能抓住其中的发展机遇？

第二章，我国数字社会的发展。本章论述了我国数字社会的发展，对数字社会的技术演变与我国互联网发展历史进行了分析，同时对我国数字社会的崛起与相关评价体系进行了比较研究。本章就数据与社会的交互、数字社会治理模式等提出了新的研究发现，并就未来的数字社会发展提出了建议。

第三章，人工智能在中国。本章回顾了40年来的技术发展过程。我国改革开放的历史进程刚好与摩尔定律吻合，技术突飞猛进。回顾我国过去40年数字技术的发展历程，成绩、问题与机遇并存。立足未来，本章选取了最近几年发展比较迅猛的人工智能和区块链技术作为样本，对数字中国崛起过程中的技术问题进行了梳理。

第四章，数字丝绸之路：全球互联构想。本章对“数字丝路”相关概念的发展脉络进行了梳理，对我国数字经济的发展进行了分析，发现“一带一路”沿线国家数字经济发展基础差异较大，特征各异。在全球互联网接入人数增速放缓、个人使用时间变长、物联网发展迅速的情况下，物联网的扩张犹如“寂静革命”，为“数字丝路”的发展带来了全新的契机。我们提出了面向“一带一路”沿线国家的快速低成本物联和大数据整合部署方案，并对“数字丝路”的发展提出了相关建议。

第五章，区块链技术的中国发展之路。本章对区块链十年以来的发展的基本事实进行回顾，并梳理区块链市场应用领域的学术研究进展。同时，就区块链与计算力的关系和区块链将面临的问题进行分析，提出了去中心化要面对的三元悖论。最后，本章对加强区块链监管提出了政策建议。

第六章，智能制造与中美博弈。2017年以来，反全球化的趋势开始在全世界蔓延。与此同时，我国改革开放逐渐扩大步伐，全球化连接更为紧密。伴随着数字中国建设增速，产业转型逐渐深入，国内、国际压力日渐增大。综合内外环境，应该如何突破？

本章从反全球化现象入手，对我国制造业发展的现状进行了分析，并就我国智能制造升级存在的问题、构成要素和金融支持提出了相关建议。

第七章，自主创新与大国角力。本章立足于当前我国半导体产业的发展状况，回顾了我国半导体产业的发展历程。同时分析了美国的半导体发展过程、美国与日本的半导体产业竞争博弈，以及美国对巴西信息产业发展的制衡等历史过程。以史为鉴，对大国博弈背景下我国构建“自主创新”数字新动能发展战略提出了建议。

第八章，中国网络安全：防范与对策。网络安全是数字时代的屏障和基石。在国际秩序动荡之际，信息安全的战略性变得更加重要。数字经济的发展，使网络空间主权的重要性日益显现。网络空间主权不同于国家主权，难以区分物理界限。网络战也与其他战争模式不同，网络战持续存在，并无战争与和平之分，只存在爆发和潜伏两种状态。因此，网络安全问题是数字中国发展中不可回避的问题，本章以网络发达国家美国为例，评估了美国未来对我国进行网络战略遏制的可能趋势，并提出了相关防范对策。

第九章，数字中国崛起：从未有过之大变局。本章是全书的结论部分，从数字中国崛起的视角，基于新的发展动能，对当今世界百年未有之大变局进行了论述。自近代全球化浪潮开启以来，中国先后面临两次大变局。第一次是1874年前后“中国遇到了数千年未有之强敌”，列强入侵，中央大国由强转弱。第二次是1949年新中国成立以来艰难探索、砥砺奋进，复兴之路崛起，开始由弱变强。百余年前，我们的先辈在变局之下总结失败教训；百余年后，立足改革开放40年的发展既定事实，我们在总结教训的同时，更要辨别发展实践过程中的经验，探寻新的发展动能。

“智者顺时而谋。”站在历史前进的十字路口，我们需要认清世界大势，把握经济脉搏，明确未来方向，解答时代命题。数字中国的崛起，是把握包容性机遇，拥抱数字化未来的发展大势所趋。面临百年未有之大变局，中国的全球经济治理创新实践将为全世界提供可参考的发展借鉴。

数字中国的发展，是高速动态的过程，是演进式的突破。本书对于这一主题也只是管中窥豹，难免存在偏颇。与其说本书是对数字中国发展的解释，对数字中国成功经验的梳理，不如说是对数字中国崛起过程本身提出了更多的问题，以期待更多人关注数字中国百年未有之跃迁，为中国未来的发展添砖加瓦。

王文　刘玉书

2019年11月16日

目　录

第五章 区块链技术的中国发展之路

第六章 智能制造与中美博弈

第七章 自主创新与大国角力

绪　论

技术革命与国家崛起

数据的存储并不增加硬盘质量，而是通过改变信息载体排列顺序实现的。数字时代文明的增量也是从对人与社会的重构开始的。

1993 年，《纽约时报》资深记者尼古拉斯·克里斯托夫在美国《外交事务》期刊上发表了《中国崛起》一文，他认为中国的发展与强大会冲击现有的世界秩序，中国会成为一个“侵略性、不负责任的国家”。[①] 同年，世界银行公布的报告称：“中国经济实力排名世界第三。”哈佛大学资深研究员威廉·奥弗霍尔特出版了《中国的崛起：经济改革正在如何造就一个新的超级强国》（*The Rise of China：How Economic Reform is Creating a New Superpower*）。“中国崛起”与“中国威胁”开始引起西方学者的广泛关注。[②]

在此后的 20 多年里，西方学者论述“中国崛起”的逻辑主线一直没变，得出的主要论断如下：一是中国的崛起会威胁既有的西方秩序；二是中国的发展是不可持续的，迟早会崩溃；三是中国的跨越式发展主要靠的是市场的力量；四是前 30 年中国的发展面临巨大的阻碍；五是互联网防火墙体系会阻碍中国的科技创新。然而事实是，2016 年中国 GDP 总量相较于 1979 年增长了 156 倍，年

① Nicholas D. Kristof. “The Rise of China”. *Foreign Affairs*，1993,72（5）：59–74.

② 朱锋.“中国崛起”与“中国威胁”——美国“意象”的由来.美国研究,2005（3）.

均增长 9.7%，人均 GDP 增长了 111 倍。全球减少的贫困人口中，93.3%的人口都来自中国。在自身迅速发展的同时，中国也开始为世界市场的增长发力。在“一带一路”倡议的带动下，中国资本、人员走出去的速度不断加快。2014 年，中国资本输出首次超过吸引的外资，每年对外投资数额超过 1 200 亿美元，中国每年到各国旅游的人数超过 1.2 亿人次，中国每年进口的商品超过 2 万亿美元。① 中国崛起的根本原因是什么？为什么在原本经济落后的情况下，能迅速实现从陪跑到并跑甚至领跑的转变？

党的十八届三中全会首次提出：“全面深化改革的总目标是完善和发展中国特色社会主义制度，推进国家治理体系和治理能力现代化。”② 总体来说，国家治理体系和治理能力是国家治理的核心组成部分，在现代语境下可简称为“国家治理”。国家治理体系是在党领导下管理国家的制度体系，包括经济、政治、文化、社会、生态文明和党的建设等各领域体制机制、法律法规安排，是一整套紧密相连、相互协调的国家制度。③ 国家治理能力是运用国家制度管理社会各方面事务的能力，包括改革发展稳定、内政外交国防、治党治国治军等各个方面，是国家制度和制度执行能力的总和。④ 本章从技术革命与国家治理的辩证关系出发，通过对近现代技术发展史进行分析，对中国的快速崛起进行探讨。

---

① 王文 . 看好中国 . 北京：人民出版社，2017：15–19.

② 中国共产党第十八届中央委员会第三次全体会议公报 . http: //politics.people.com.cn/n/2013/1112/c1024–23519136.html.

③ 完善和发展中国特色社会主义制度　推进国家治理体系和治理能力现代化 . 人民日报，2014–02–18. http: //cpc.people.com.cn/n/2014/0218/c64094–24387048.html.

④ 王伟光 . 努力推进国家治理体系和治理能力现代化 . 求是，2014（12）.

第一节　技术革命与技术创新

技术革命的定义

在西方语境下，“技术革命”最初是指 19 世纪末 20 世纪初开始的第二次工业革命。[①]“技术革命”被广泛描述为技术变革，但截至当前并没有权威的定义。维基百科描述道：“技术革命是指在相对较短的历史时期内，一项技术（技术群）被另一项（一组）技术替代。其特点不仅在于创新，还在于应用和推广。新的技术革命应该提高生产力和生产效益等。”[②] 技术革命不仅引起物质上的变化，还涉及管理、学习、社会互动、金融、研究方法等广泛领域的变革。技术革命超越了技术本身的限制，改写人类的物质生存条件，重塑文化、社会甚至人性。技术革命在触发未知的社会连锁变革中发挥作用。[③]

佩雷斯・卡洛塔认为，技术革命与一般出现的技术系统及其相关概念存在两点区别：一是技术系统在技术和市场上的强大互联性和相互依存性，二是深刻改变自身领域之外经济甚至社会的能

---

① Muntone, Stephanie. “Second Industrial Revolution”. https://web.archive.org/web/20131022224325/. https://www.education.com/study-help/article/us-history-glided-age-technological-revolution/, 2018-03-12

② “Technological Revolution”. https://en.wikipedia.org/wiki/Technological_revolution, 2018-03-07.

③ Klein, Maury. “The Technological Revolution”. *The Newsletter of Foreign Policy Research Institute*, 2008, 13 (18).

力。[1] 技术革命可以是某一行业的纵向突破，也可以是遍布社会的多行业并行突破。

本书对技术革命的定义基于以上定义的综合。技术革命主要通过技术创新来体现。因此，探究国家崛起的问题需要对技术创新进行分类，探究技术创新的动力。

技术创新的分类

综合已有的相关文献来看，创新可以分为两大类：渐进式创新和激进式创新。渐进式创新是在现有的技术基础上不断改进的过程。渐进式创新体现在对现有技术的改良上，主要有两个推动力，首先是在相当程度上与政府的政策推动密切相关，例如提高内燃机燃烧效率等[2]；其次有赖于市场竞争对降低产品成本持续造成压力。激进式创新是指用新的技术代替原有的技术，例如用电力代替蒸汽机等，这类技术创新会取代原有的生产方式。激进式创新与新的市场密切相连，如蒸汽轮船、铁路、喷气式飞机引擎、半导体等应用带来了全新的市场。

技术创新的动力

如前文所述，政府推动和市场竞争都会刺激技术创新，这是

① Perez，Carlota. “Technological Revolutions and Techno-Economic Paradigms”. *Cambridge Journal of Economics*，2010，34（1）：185–202.

② MacKenzie，James J. *Why We Need a National Energy Policy*. Washington，DC：World Resources Institute，1990.

推动技术创新的两个直接动力。由于技术创新日益复杂化，基础研究市场转化周期长等，国家越来越成为推动基础创新的重要角色。[①]特别是与生态保护相关的基础技术领域，如可再生材料、微生物降解、分子生物学等，与政府的投入和推动密切相关。

虽然存在政府与市场两大动力，但创新作为一种社会现象，其发生概率是符合统计学规律的。根据统计学理论，样本越大，自然及社会中的创新频率（和其他社会事件类似）会越接近正态分布。技术创新活动与既定空间下的布朗运动类似，空间中粒子越多，粒子本身多样化形态越多，多样化“创新”碰撞的可能性就越大。技术创新包括两个基本要素：较为密集且自由流动的人口，有着巨大潜在市场的现实需求。前者为创造者提供多样化的创新场景与知识、经验储备，后者为创新产品提供低成本创新推广和持续改进的可能性。

因此，我们认为提高社会整体创新效率概括起来主要有三点：一是社会发展对解决某一问题的迫切需求；二是社会较长时期保持稳定，能够面向大众提供稳定的普及基础教育；三是在某一空间和时间内能够对各类人才形成足够的凝聚力，从而在大时代的背景下，各类人才与时代鲜明的现实需求场景密集碰撞，大幅度提高创新的概率，也使创新成果能够以较低成本快速普及。要满足以上创新条件有两个前提：国家治理与市场秩序。两者互为因果，在不同国家，情况不尽相同。

---

① Lederman，Leonard L. “A Comparative Analysis of Civilian Technology Strategies among Some Nations”. *Policy Studies Journal*，1994，22（2）：279-295.

第二节　国家治理与技术革命的关系

从已有的研究看，现代资本主义的发展掩盖了国家治理的作用

研究技术创新驱动力的主要有新古典主义经济学派和演化经济学派。从20世纪60年代开始，新古典主义经济学家开始广泛关注技术创新与经济的关系。在早期的相关研究中，新古典主义经济学家更多关注技术创新投入总量与企业总利润增加之间的关系，主要有两大发现：一是技术创新降低了成本，这是公司生产最大化和市场利益最大化的重要变量①；二是除了成本控制的因素以外，资本和市场需求结构也是引发技术创新的重要动力。②因此，除了降低产品成本，企业也会增加对生产过程效能改良的研发投入。③在完全竞争市场的条件下，由于资本的逐利性和企业短期效益回报的要求，企业对改良产品的渐进式创新的关注，会明显高于对于需要承担巨大风险的激进式创新的关注。新古典主义经济学派的理论对渐进式技术创新做出了很好的解释，但对于颠覆性、革命性的技术创新的解释相对较少。

---

① Salter, W. E. G. "Productivity & Technical Change". *University of Cambridge Department of Applied Economics Monograph* 6, 1960：20–75.

② David, Paul A. *Technical Choice Innovation and Economic Growth*：*Essays on American and British Experience in the Nineteenth Century*. Cambridge University Press, 1975：175–231.

③ Dosi, Giovanni. "Technological Paradigms and Technological Trajectories：A Suggested Interpretation of the Determinants and Directions of Technical Change". *Research Policy*, 1982, 11（3）: 147–162.

“创新理论”的奠基人熊彼特将“发明创造”从技术革命及其扩散中分离出来，对那些由企业家承担巨大的失败风险从而推动的激进式创新进行了研究，提出了创造性破坏理论，“资本主义通过不断破坏旧的工业和生产方法并代之以新的工业和生产方法而不断发展”。[①] 尼尔森指出，竞争性市场会偏好具备某些特征的公司，例如能够对市场做出快速反应，对产品进行有意识的技术创新，而不是被动、随机性地发现问题和修正等。[②] 演化经济学的理论解释了企业推动渐进式创新和激进式创新的原因，但难以解释市场上不需要或者不能产生具有吸引力效益的技术创新行为。对于难以在短期内获取高额利润，但对国家长远战略发展有利的技术创新投入，需要从国家治理的视角进行系统分析。

在资本主义占主导的语境下，传统的经济学视角较少提及国家治理的作用。1700 年以前的 1 000 年里，欧洲人均收入年增长率只有 0.11%，世界上其他地区的情况也大致如此。但是在 1820—1990 年的 170 年里，英国人均收入翻了 10 倍，德国翻了 15 倍，美国翻了 18 倍，日本翻了 25 倍。[③] 正如马克思和恩格斯所说：“资本主义在不到 100 年的时间内创造的生产力大于其前期人类所创造的生产力的总和。”资本的逐利性在工业革命等几轮技术革命中显露无遗。在西方传统话语体系下，现代资本主义在工业革命中

① 唐·E.沃德曼，伊丽莎白·J.詹森. 产业组织：理论与实践. 北京：机械工业出版社，2009：388.

② Nelson, Richard R., Sidney G. Winter, and Herbert L. Schuette. “Technical Change in an Evolutionary Model”. *The Quarterly Journal of Economics*, 1976：90–118.

③ 托马斯·K. 麦格劳 . 现代资本主义：三次工业革命中的成功者 . 南京：江苏人民出版社，1999：1–3.

取得的胜利以及人们对资本与市场光环的信仰，掩盖了国家治理的重要作用。

国家治理与国家创新矩阵

从1945年开始，西方发达国家开始制定大量政策以推动技术创新。① 国家推动技术发展经历了由政策驱动向投资驱动的转变，先后经历了改革税制推动技术发展②、政府制定标准和购买科技服务③、生态环境管理和生态保护技术创新导向④、政府直接投资基础科学技术研究等阶段。⑤

技术变革在工业革命进程中得到了充分的体现。第一次工业革命开始于18世纪60年代，是由蒸汽机发明触发的，引领西方进入工业生产的时代。第二次工业革命开始于19世纪60年代后期，以电力应用为标志，催生了流水线与规模化生产。第三次工业革命开始于20世纪四五十年代，以计算机革命为主要标志，尤其是20世纪60年代大型计算机、20世纪七八十年代个人计算机和20世纪90

---

① OECD, *Technology in a Changing World*. Paris：Organization for Economic Cooperation and Development, 1991.

② Webre, Philip and David Bodde. "High Technologys Stake in Tax-Reform". *Technology Review*, 1986, 89（5）：27–34.

③ Thurow, Lester C. "The Economic Case Against Star-Wars." *Technology Review*, 1986, 89（2）：11.

④ Brown, Mark B., et al.. "Technological Innovation Through Environmental Policy：California's Zero-Emission Vehicle Regulation". *Public Productivity & Management Review*, 1995：77–93.

⑤ Lederman, Leonard L. "A Comparative Analysis of Civilian Technology Strategies Among Some Nations". *Policy Studies Journal*, 1994, 22（2）：279–295.

年代互联网带来的革命。[1]关于第四次工业革命的正式讨论是由克劳斯·施瓦布（曾任达沃斯论坛执行主席）在2016年达沃斯世界经济论坛上推动的，他的著作《第四次工业革命》在该论坛上引起关注。克劳斯·施瓦布认为第四次工业革命是建立在数字工业革命基础上的，代表了技术嵌入社会甚至人体的新方式。[2]他用“第四次工业革命”这一概念囊括了大数据时代、机器人时代、物联网时代、零边际成本时代等前沿“标签”。[3]目前学术界对于怎样划分第三次工业革命和第四次工业革命存在较大的争议。

虽然关于第三次和第四次工业革命的划分存在较大的争议，但是从技术革命的角度看，时间线却是非常清晰的。如表1所示，国家治理与技术革命之间存在一个“创新矩阵”，涉及社会的方方面面，比如市场、社会革命、公共管理模式等。从信息传播的规律看，第四次工业革命与之前三次工业革命最大的不同在于信息传播方式的根本改变，由单向传播为主向低成本的、可移动的即时反馈互动传播方式转变，即时互动性信息传播正在对整个社会组织以及生产生活模式产生深远影响。信息传播方式的转变加速了社会变革的进程，增加了复杂度，促使组织结构发生转变。信息传播方式的转变也带来了治理模式的改变，促使创新体系的形成。在国家治理层面，科层制改革促使国家走上了专业化的治理道路，并且在创新推动模式上逐渐由国家政策驱动转向国家投资驱动。

---

① 克劳斯·施瓦布.第四次工业革命.杭州：浙江出版集团数字传媒有限公司，2016：21.

② “What is the Fourth Industrial Revolution?”. World Economic Forum. Retrieved 2016-12-12. https://www.weforum.org/agenda/2016/01/what-is-the-fourth-industrial-revolution/, 2018-03-12.

③ 吕慎.第四次工业革命背后的制度博弈.光明日报，2016-01-24，第8版.

表1 国家治理与技术革命之间的“创新矩阵”

工业	市场	社会革命	公共管理模式	信息传播方式	国家治理	技术革命	创新推动模式
工业革命1.0（蒸汽时代）	产品本位时代（追求物美价廉）	劳力革命	韦伯模式（1900—）	报纸（阅读时代）	规范化	规模革命	现代政府形成
工业革命2.0（电气时代）	知名度时代（商品极大丰富，看品牌）	管理革命		广播收音机（听觉时代）	系统化	质量革命	↓
工业革命3.0（电子时代）	信誉度时代（信息传播发达，信誉越来越关键）	集成革命	新公共管理（1980—）	电视/传统互联网（视觉时代）	电子化	集成革命	国家政策推动
工业革命4.0（数字时代）	美誉度时代（信息交互时代，指尖上的选择受交互自媒体及社交网络影响）	智能革命	电子化（1994—） 智能化（2012—）	Web2.0、Web3.0即时信息互动传播和交互人工智能快速发展（交互时代）	智能化	个性革命	↓ 国家投资驱动

资料来源：公共管理模式参考 Clarke，Amanda，and H. Margetts. “Governments and Citizens Getting to Know Each Other? Open，Closed，and Big Data in Public Management Reform.” *Policy & Internet*，2014，6（4）：393–417. 其他部分为作者自己绘制。

第三节 国家治理与近代技术革命：以英美国家为例

国家治理现代化是英国工业革命技术创新的重要因素

技术创新频率本质上是概率问题，关键要看提高创新发生概率的因素是什么。以第一次工业革命为例，蒸汽机的出现是英国工业革命的加速器，而不是最初诱发因素。工业革命最早开始于英国的纺织业，但实际上在1765年瓦特改良蒸汽机之前，英国的纺织业就已经有较高速度的发展。图1展示了1728—1780年英国进口原棉的数量。从当时原棉进口量看，在瓦特改良蒸汽机之前，英国纺织业就已经有了较快发展，瓦特改良蒸汽机是英国纺织业发展的结果。

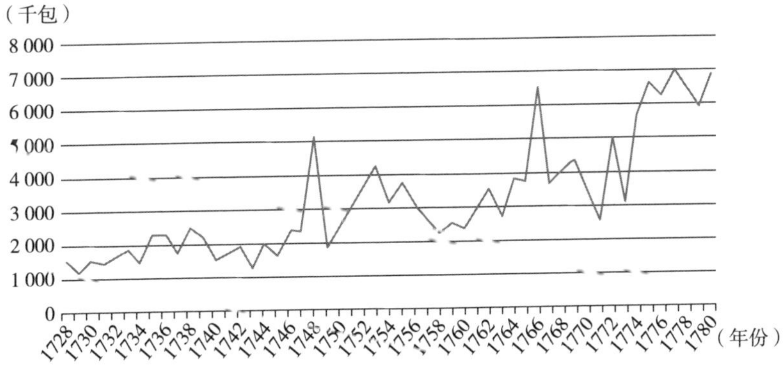

图1 1728—1780年英国进口原棉数量

资料来源：Hamilton, Charles Joseph. "*The Trade Relations between England and India, 1600—1896.*" 1975。

学者成伟明从纺织业的角度分析了为什么蒸汽机及其改良是英国纺织业发展的结果而不是原因。成伟明指出，纺织工业的关键是要保证加工纺织过程（飞梭）中，纱线的线头尽量不断。这需要非常合适的湿度和温度。他强调，并不是将手工纺织变成机器纺织，纺织业就能腾飞。中国的新疆、非洲的埃及都因盛产地球上最优质的长绒棉而闻名世界，但它们都不是纺织品生产基地，因为它们的气候炎热、干燥。手工纺织可以在这些地方存在，但若是换成机器生产（在没有强大的空调的前提下），则根本无法进行。①

而英国自然气候的相对湿度一般略大于纺织厂空气参数的要求，这对于纺织工业是最有利的。因为空气进入工厂后，温度就会上升，这是由于纺织工业是多机台、多人员、高散热的行业，温度上升后，如果空气绝对湿度不变，相对湿度就会有所下降，这样刚好达到最佳工艺要求。一般的纺织厂接近露点送风，二级喷水室相对湿度保持在95%～98%，麻纺织厂往往直接喷雾，就是为了克服升温带来的相对湿度下降，尽量提高车间的相对湿度。因此，没有这种高湿度的空气环境，“飞梭”飞得越快，纱线断头率越高，生产越无法进行。这种优质的空气环境是近代工业革命率先从英国的棉纺织工业开始的重要客观条件之一。②

除了适当的温度和湿度以外，英国还有丰富的煤炭和水力资源，这也是纺织工业大规模发展的重要前提。蒸汽机的改良正是在这个发展过程中顺应强大的需求而产生的。正如费尔南·布罗

① 成伟明．从另一种视角透析英国工业革命——从纺织工业自身规律看英国工业革命．湖南科技大学学报，2007（5）．

② 成伟明．从另一种视角透析英国工业革命——从纺织工业自身规律看英国工业革命．湖南科技大学学报，2007（5）．

代尔所说："技术革新先在棉纺织部门完成，但毛纺织机械化是很久以后的事情，技术革新显然听从市场的安排，必须是在消费强大的需求刺激下，技术革新才应运而生。"①

相对稳定的产业发展环境与1688年"光荣革命"后形成的第一个现代国家政体是密不可分的。1688年的"光荣革命"开创了君主立宪政体，实现了皇室与议会权力制衡。1689年英国颁布《权利法案》，形成了公民权保障体系和议会选举制度。这一系列改革是后来英国棉纺织业得到发展的重要保障。东华大学纺织学院胡霄睿等人在系统研究英国纺织工业兴衰后认为，英国工业革命从纺织业开始主要有三个原因，一是社会大众的迫切需要，棉纺织品市场不断扩大；二是棉纺织业在当时不是传统工业，有更宽松的创新环境和技术需求；三是棉纺织业得到了政府的支持和保护，当时的英国政府为了增加财政收入，积极支持和鼓励棉纺织业发展，并采取关税保护政策，保证英国本土制造的棉纺织品对国内市场的绝对垄断。除此之外，政府还对棉纺织业的专利发明者和创新工厂主给予奖金和封爵赏赐。②

我们同时注意到，第一次工业革命时期，英国的技术创新浪潮是从1760年开始的③，不仅涉及蒸汽机改良，而且科技发明飞速发展。1771—1780年颁发专利297项，1781—1790年增加到512

① 费尔南·布罗代尔．15至18世纪的物质文明、经济与资本主义：第三卷．上海：三联书店，2002：25.

② 胡霄睿、于伟东、王华．英国纺织业的兴衰及对中国纺织业发展的启示．纺织科技进展，2014（5）.

③ Ashton，Thomas Southcliffe. *An Economic History of England*：*The Eighteenth Century*. Routledge，2013：59.

项，1791—1800年则达到了655项。[①]

1760年距离1689年英国颁布《权利法案》已经过去了71年，正如之前所论述的，科技创新的突破需要保持较长时期的社会稳定，能够面向大众提供稳定的普及教育，但前期的积累过程很容易被人忽视。就资本主义国家而言，“光荣革命”后英国政府治理模式的转变、对棉纺织业的扶持和保护，是出于资产阶级对政府权力的制衡，在历史的叙述过程中是不需要过多强调的，所以也容易被忽略。

但事情总是呈现两面性，过于强调对政府的制衡，其负面影响也是非常明显的。从1856年第二次工业革命到1973年，英国经济发展的年增长率一直维持在1.9%的平均水平。与第二次工业革命和第三次工业革命中的德国和日本不同，第一次工业革命之后，大不列颠从未出现经济高速发展的局面。在英国经济和政治两大领域中，个人利益和社会利益交锋时，个人利益总占上风。[②]

美国的国家治理与第二次工业革命时期的技术革命

美国领先第二次工业革命的主要原因有以下几个方面：一是南北战争后政治的统一和稳定，二是美国西进运动为工业革命提供了原料、资金和无比广阔的国内市场，三是美国强大的自主创新能力，四是美国19世纪末普及教育事业的发展，五是相对于同一

① Ashton，Thomas Southcliffe. *An Economic History of England*：*The Eighteenth Century*. Routledge，2013：107.

② 托马斯·K. 麦格劳. 现代资本主义：三次工业革命中的成功者. 南京：江苏人民出版社，1999：57.

时期其他国家，工业得到了迅速发展。

如果进一步看，会发现两个问题：一是为什么美国的工业会得到迅速发展？二是为什么第二次工业革命期间美国的科技发明如此踊跃？

1860年英法签署的《科布登－薛瓦利条约》标志着一个自由的国际贸易体系在欧洲初步建立起来。[①] 与此同时，美国却走向了与欧洲相反的贸易保护主义，关税保护政策一直持续到1934年。特别是在南北战争以后，美国贸易保护联盟在政治上全面获胜，工业制造业的关税保护诉求在国会政治中长期占据上风。与此同时，美国从农业国逐渐转变为工业国，这种经济基础的变化重塑了美国国内的政治结构，一个新的强大的城市工业阶级兴起，而种植园主则逐渐走向衰落。[②] 早在1791年，汉密尔顿就向美国国会提交了著名的贸易保护主义文献《关于制造业的报告》，他建议政府通过保护性关税法令，限制重要原料出口，对美国急需的原料免税。[③] 在汉密尔顿时期，美国的制造业发展面临人手缺乏、劳动力昂贵和资金短缺等困难，如果美国政府不对这些新兴的制造业提供支持，国外竞争和“习惯势力”将使美国无法建立可以很快具有国际竞争力的制造业产业。[④] 针对这一现状，汉密尔顿提出了包括保护关税、出口限制、对于目标产业的直接政府补贴、对

① 李巍．走向贸易保护主义——社会联盟与美国19世纪关税政策．美国问题研究，2009（1）．

② 李巍．走向贸易保护主义——社会联盟与美国19世纪关税政策．美国问题研究，2009（1）．

③ 张小青．论美国的贸易保护主义——从历史角度进行的分析．美国研究，1988（1）．

④ Chang，Ha-Joon. *Kicking away the Ladder*：*Development Strategy in Historical Perspective.* Anthem Press，2002：27–35.

于制造业投入的税收减免、提供公共设施等 11 项基本原则，为之后贸易保护与产业扶持政策的发展提供了基本的框架。[①]

到南北战争时期，1862 年和 1864 年两次通过的关税法案把当时的关税税率提到了美国 30 年以来的最高水平。[②] 南北战争后，关税税率依然保持在战时水平。表 2 是 1870—1897 年美国平均关税率，最高时期接近 50%。美国真正开始推行自由贸易是在第二次世界大战以后，彼时它已经成为全球工业发展的领导者。学者姜达洋在系统研究了美国的贸易保护历史后指出："早期美国经济发展正是得益于贸易保护，在美国建国以后的很长一段时期，美国恰恰是最坚定的保护主义国家，这也是美国早期经济发展的成功秘诀。"[③] 所以，无论是因为次贷危机，还是因为最近几年经济下滑，美国政府都会放弃长期以来的经济自由主义，转向贸易保护主义。在第一次工业革命和第二次工业革命时期，美国正是在这种大环境下发展起来的。

正如托拉斯所论述的："从一开始，美国资本主义就向人民昭示了后来被称作'混合型经济'的许多成分，无论在哪个层次上，政府总是起着积极的作用，尽管有时候也会使事情变得更糟……19 世纪美国各州和美国联邦政府所规定的政策不仅随意性强，而且互不衔接，但如果将这些政策综合起来，它们又能组成协调一致的合理政策模式……这一政策模式应该叫作发展中国家经济高速增长期以企业发展为基础、以市场发展为导向的进口替代模

① 姜达洋 . 美国贸易保护主义的历史渊源 . 西部论坛，2012（2）.

② Cochran T，Miller W，*The Age of Enterprise*：*A Social History of Industrial America*，The Macmillan Company，1942：16.

③ 姜达洋 . 美国贸易保护主义的历史渊源 . 西部论坛，2012（2）.

式。”[①] 托拉斯在对福特等美国大公司发展历史进行研究后认为，在美国历史上绝大部分时期，美国一直为企业发展提供尽可能多的机会——如同造就经济发展的温室。他比喻道：“（美国）私有企业的鲜花在此盛开，最后许多鲜花组成了花束。但如果没有这座温室，如果没有足够的阳光、温度和湿度，这些鲜花不可能绽放得如此绚烂多姿。”[②] 这种论调与强调自由和竞争、强调资本主义力量的西方主流历史叙事模式相比存在很大的差异，但从这个角度却能看到美国第二次工业革命腾飞背后隐藏的力量。

表2 1870—1897年美国平均关税率

年份	进口商品的平均关税率（%）
1870—1872	44.2
1873—1883	42.3
1884—1890	45.3
1891—1894	48.9
1895—1897	41.6

资料来源：U.S. Bureau of the Census，Historical Statistics of the United States from Colonial Times to 1970，Washington：USGPO，1975，Series U207-212。

此外，在第一次工业革命中后期和第二次工业革命时期，非常关键的一点是，美国政府开始强力推行“双重标准”的专利保护制度，一方面保护本国专利，另一方面纵容“山寨”他国技术。美国是全球第二个颁布专利法的国家（见表3）。为了自身经济的发展以

① 托马斯·K. 麦格劳 . 现代资本主义：三次工业革命中的成功者 . 南京：江苏人民出版社，1999：350.

② 托马斯·K. 麦格劳 . 现代资本主义：三次工业革命中的成功者 . 南京：江苏人民出版社，1999：350.

及配合美国的贸易保护政策，它曾经是全球最大的“山寨”国家。1790年，美国国会通过第一部《专利法案》，该法案规定“任何人或团体”都可以申请专利，到了1793年，该法案修改为仅美国公民可申请。[①]根据美国商务部下属的美国专利及商标局网站公布的数据，从1790年到1835年，美国颁发的9 225项专利中没有一项是授予外国人的。实际上，这一时期美国授予的专利中相当大一部分是对英国等工业发展较早国家同类技术的“山寨”。[②]对于这段历史，美国经济学家查尔斯·莫里斯2012年在《外交政策》上发表文章称：“今天，中国就是那个新兴的上升力量（即19世纪的美国），而美国却成了防范年轻崛起者的霸权国家。对中国而言，美国扮演的角色同200年前的英国毫无两样……”[③]

表3　各国专利法颁布时间

国家	英国	美国	法国	俄罗斯	荷兰	加拿大	德国	日本
年份	1623	1790	1791	1812	1817	1869	1877	1885

资料来源：韩蕊.美国专利制度的历史演进及其对技术创新的影响.华东师范大学2006届研究生硕士论文。

① Charles R.Morris. “We were Pirates，Too：Why America was the China of the 19th Century.” Retrieved 2012-12-06. http: //foreignpolicy.com/2012/12/06/we-were-pirates-too/#，2018-03-12.

② 孙力舟.美国曾费尽心机山寨英国技术.济南日报网，2013-08-04. http: //jnrb.e23.cn/shtml/jinrb/20130804/1168699.shtml.

③ Charles R.Morris. “We were Pirates，Too：Why America was the China of the 19th Century.” Retrieved 2012-12-06. http: //foreignpolicy.com/2012/12/06/we-were-pirates-too/#，2018-03-12.

与此同时，美国对本国专利的保护却日趋严格。美国的《专利法》在 1793 年进行过一次修订，在 1836 年和 1952 年又分别进行了两次重大的修订，特别是 1836 年的修订，对 19 世纪末 20 世纪初第二次工业革命时期专利申请数量井喷起到了非常重要的作用。表 4 是 19 世纪末欧美各国专利费及期限的比较，美国的专利费和保护年限较其他四国有明显的优势。图 2 是 1860—1920 年美国专利数增长图，美国专利申请的高速增长与美国政府所推行的专利保护制度和实际操作中的“双标”行为有着密切的关联。

表 4　19 世纪末欧美各国专利费及期限的比较

国家	美国	普鲁士	意大利	法国	英国
专利费（美元）	35	100	250	300	875
专利年限	17	15	15	15	14

资料来源：美国专利委员会 1986 年报告。

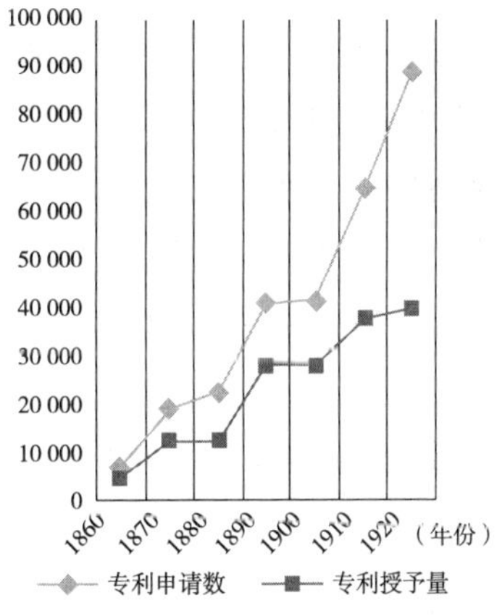

图 2　美国专利数增长图（1860—1920 年）

资料来源：金海军 . 知识产权私权论 . 北京：中国人民大学出版社，2004：104。

第四节　国家治理与现代信息技术革命

从20世纪中叶开始的信息技术革命给人类社会带来了深刻的社会影响。截至目前，以计算机发明为起点的信息革命已经渗透到了人类社会的每一个角落。计算机发明于美国，回顾美国计算机与信息技术的发展史，从半导体到计算机的发明，从软件开发到数字通信和互联网兴起，从集成电路、微处理器到高性能计算，都与国家的推动，特别是早期的投入直接相关。

与美国长期持续的投入不同，中国在信息技术方面的发展是跃迁式的。1994年中国正式接入国际互联网，进入21世纪以后，快速实现了从跟跑、并跑到部分领域领跑的转变。中国互联网络信息中心（CNNIC）报告显示，中国的数字化进程正以引领全球的速度高速发展。该报告称，截至2017年12月，我国网民规模达7.72亿，互联网普及率为55.8%。其中手机网民规模达7.53亿，是全世界最大的国家移动网络市场。另外，我国个人互联网应用保持快速发展，各类应用的用户规模均呈上升趋势，其中网上外卖用户规模增长显著，年增长率达到64.6%；手机应用方面，外卖类App、旅行类App的用户规模增长明显，年增长率分别达到66.2%和29.7%，中国市场逐渐成为全球体量领先的数字消费市场。①

中美两国的信息革命都与国家层面的推动有密切关系。从公开可查的数据看，国家治理对信息技术革命的影响主要体现在资

① 2018年第41次中国互联网络发展状况统计报告. CNNIC，2018-01-31. http: //www.199it.com/archives/685063.html.

金投入和人才培养两方面。

国家层面的持续投入与信息技术革命直接相关

图 3 是 1970—2001 年美国在计算机领域的总投入和计算机基础领域的投入。图 4 是 1978—1999 年美国在生物、化学、物理和信息技术领域的国家投入占总投入比重，其中物理与信息技术领域的投入总和长期保持在国家科研总投入的 15%左右。联邦政府在推动科研方面发挥了关键的作用。

从全球看，很多国家对科研的投入有限。根据美国国家科学基金会（NSF）2018 年的报告，1981—2015 年，从中国、美国、欧盟等 9 个国家和地区的科研投入情况看，中国自 2001 年以来对科研的投入陡然增加，并在 2013 年超过欧盟，成为全球第二个科研投入大国。

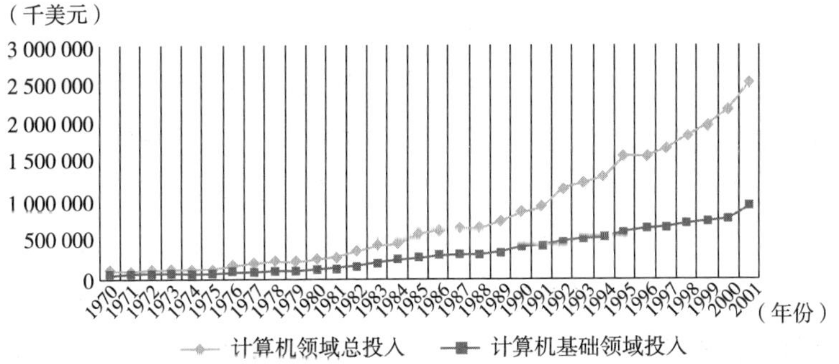

图 3 1970—2001 年美国在计算机领域的总投入和计算机基础领域的投入

资料来源：根据 NSF（1951—2001 年）报告表 25 和 35 绘制，https:// wayback.archive-it.org/5902/20160210231731/http: //www.nsf.gov/statistics/nsf01334/htmstart.htm，2018-03-12。

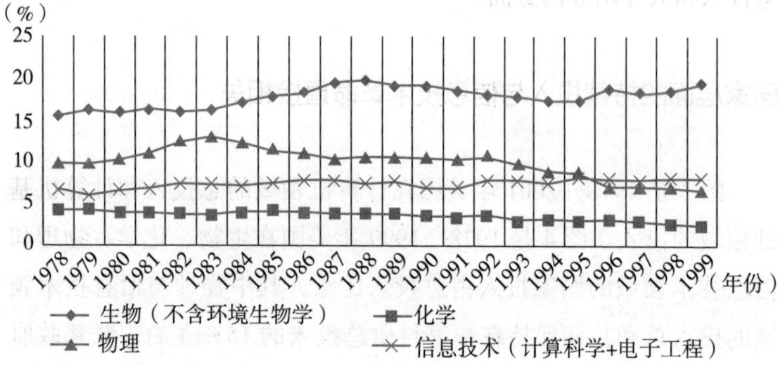

图 4　1978—1999 年美国在生物、化学、物理和信息技术领域的国家投入占总投入比重

资料来源：根据 NSF（1951—2001 年）报告表 25 和 35 绘制，https://wayback.archive-it.org/ 5902/ 20160210231731/ http: //www.nsf.gov/statistics/nsf01334/htmstart.htm，2018-03-12。

美国联邦政府的投入对美国基础科研的作用非常关键，然而，由于 2008 年金融危机的冲击，在 2010—2015 年的经济复苏期，美国对基础科研的投入有所下降，从 30%降到 25%左右。这与美国《复苏与再投资法案》（ARRA）以及 2011 年以后美国政府财政负担增加有关。其他国家的表现差异性很大，但以中韩两国的增幅最为明显。在具体投入上，根据 2014 年的数据，中国 84%的科研投入用在基础实验科学上，而美国的基础科研投入只占总科研投入的 64%。中国的基础科研投入主要用在难以产生短期利益的项目上，如材料科学、基础工业设备和系统研发、基础科学理论和基础实验科学等。

人才是信息技术革命的关键

人才是信息技术革命的核心要素。信息技术领域的竞争实质上是人才的竞争。2000—2014 年，中国颁发的科学和技术学士学位数量增长超过 350%，明显快于美国、欧洲与亚洲其他国家和地区。根据 NSF（2018）报告，2000—2014 年美国政府颁发的科技博士学位多于中国，美国和欧盟在涉及科技研究和其他工作方面虽然保持优势，但从增幅上看，相对优势在下降，中国的追赶速度惊人，并且有超过美国的趋势。[①] 而且，从 2000—2015 年中、美、欧盟、日、俄、韩等国家和经济体的科研人员的数量看，中国的科研人员数量已经超过美国，呈现出赶超欧盟、引领全球的趋势。

数字中国的崛起

（1）中国成为全球第二大科技风险投资市场

风险资本投资是对具有成功商业化潜力的新兴技术提供支持的重要指标。根据 2006—2016 年早期和后期商业化新技术相关风险投资体量的统计，[②] 2016 年全球风险资本投资总额约为 1 310 亿美元。美国吸引的风险资本投资略多于全球的一半，但份额一直在下降。2006—2016 年，美国的全球风险投资份额从 80% 下降到 52%。[③] 在中国，2006— 2013 年风险投资从约 10.1 亿美元的低基

① NSF（2018）报告 .https://www.nsf.gov/statistics/2018/nsb20181/，2018-03-12.

② NSF（2018）报告 .https://www.nsf.gov/statistics/2018/nsb20181/，2018-03-12.

③ PitchBook，Venture Capital and Private Equity Database，https://my.pitchbook，2018-03-12.

数跃升至 2016 年的 340 亿美元。中国新技术风险投资快速增加，占全球份额从不足 5%上升到 27%。[①] 近 10 年以来，中国已经发展成为全球第二大科技商业化应用风险投资市场。

（2）科学技术和工程领域学术研究论文发表数量全球第一

根据 NSF（2018）报告发布的数据，截至 2016 年，全球科技相关领域共计发表研究论文约 229.6 万篇，其中欧盟占 26.74%，排名第一；中国发表论文 42.61 万篇，占 18.56%；美国发表论文 40.9 万篇，占 17.82%，中国和美国分别排名第二和第三；印度占 4.81%；日本占 4.21%。但在工程领域，中国发表的科研论文数量占 28.9%，排名第一；在计算机领域占 8.7%，排名第二；在数学领域发表数量与美国持平，约占全球总量的 2%。[②]

（3）高科技产业发展迅速

在国家层面的大力推动下，中国产、学、研领域的合作日益密切，并取得了丰硕的成果。中国高科技制造业产出从 2003 年的 690 亿美元增长至 2016 年的 3 800 亿美元，已经超过日本和欧盟高科技制造业的发展。[③]

除了高科技产业以外，高性能计算机产业也发展迅速。从 2010—2016 年全球排名前 500 名的超级计算机台数看，中国增加了

---

① PitchBook，Venture Capital and Private Equity Database，https://my.pitchbook，2018-03-12.

② NSF（2018）报告 .https://www.nsf.gov/statistics/2018/nsb20181/，2018-03-12.

③ IHS Global Insight. World Industry Service Database，2017. Appendix Table 6-8. https://www.nsf.gov/statistics/2018/nsb20181/，2018-03-12.

26台（共计34台），到2016年已与美国持平，领先于其他国家。①

第五节　数字化正在重构未来大变局

随着无线网络基础设施和智能手机的全面普及，从街头巷尾到山村田野，中国正在悄无声息地经历着深刻的数字化变革。数字中国的发展掀开了历史上前所未有、波澜壮阔的一页。数字中国迅速崛起的原因是什么？未来会有什么样的问题和机遇？这是总结改革开放40年以来的经验、面向未来发展的核心问题。很重要的一点是不能简单地将其理解为一个经济发展过程。数字中国的建设涉及诸多方面，既要考虑全局战略统筹，也要兼顾局部突破；既要实现技术赶超，也要做好应对危机的准备。要真正对外讲好数字中国的故事，不仅需要展示数据和事实，更需要回到中国特色的发展理论体系，探索数字中国崛起的新动能。

“数字化”“自动化”“信息化”“智能化”

2007年初，国内自动化领域知名专家向《电气时代》期刊反映，业界在交流时经常会遇到“数字化”、“自动化”、“信息化”与“智能化”概念界定不清的问题。因此该刊在2008年第一期中特约中国自动化学会专家咨询工作委员会委员林军对上述几个概念专门进行了梳理。②但是截至2018年11月26日，从CNKI该

① Top 500 Lists. https://www.top500.org/lists/，2016-11-01.

② 林军．“数字化”、“自动化”、“信息化”与“智能化”的异同及联系．电气时代，2008（1）：132-137.

文的下载量和引用率（11 次引用，800 次下载量）来看，对以上概念的梳理并未引起足够的重视。我们基于林军的研究，对相关概念和内在关系进行了梳理。对这几个概念的区别是本节研究的基础。

表 5 是对“数字化”“自动化”“信息化”“智能化”概念的比较。从中可以看出，就概念的实际提出过程来看，自动化的概念最早出现，然后随着计算机的诞生而形成数字化的概念。20 世纪 60 年代，随着工业社会的发展产生了信息化的概念，并且随着信息技术、自动化技术的急速发展，机器开始朝着接近人类智能的方向发展，因而形成了“智能化”的发展趋势。在这个趋势下，我们能够清晰地看到数字化和信息化之间的联系。

表 5 “数字化”“自动化”“信息化”“智能化”概念的比较

	概念	背景
数字化	所谓数字化（Digitalization），一般是指利用计算机信息处理技术把声、光、电和磁等信号转换成数字信号，或者把语音、文字和图像等信息转变为数字编码，用于传输与处理。在军事上，“数字化建设”是在“信息化建设”之前出现的。这两个不同的称谓反映了同一事物的不同发展阶段。“数字化部队”是建立“信息化部队”的基础，“信息化部队”是“数字化部队”发展的必然结果。	与非数字信号（信息）相比，数字信号（编号）具有传输速度快、容量大、放大时不失真、抗干扰能力强、保密性好、便于计算机操作和处理等优点。可以说，从数字计算机诞生之日起，人类就已经进入数字化时代了。

续表

	概念	背景
自动化	根据《自动化（专业）概论》的定义，所谓自动化（Automation），是指机器或装置在无人干预的情况下，按规定的程序或指令自动进行操作或运行。从广义上讲，自动化还包括模拟或再现人的智能活动。	自动化是美国人 D.S. 哈德于 1946 年提出的。早在公元前 14—前 11 世纪，中国、埃及和巴比伦就出现了自动计时装置漏壶，这可以说是人类研制和使用自动装置的开端。
信息化	一般而言，信息化是指培养、发展以计算机为主的智能化工具所代表的新生产力，并使之造福于社会的历史过程。与智能化工具相适应的生产力，被称为信息化生产力。	“信息化”一词起源于日本。信息化的思想是 1963 年 1 月（也有学者认为是 1967 年 1 月）由日本社会学家梅棹忠夫发表的《信息产业论》中首次提出的，他认为信息社会是信息产业高度发达且在产业结构中占据优势的社会，信息化是由工业社会向信息社会演进的动态发展过程。该著作后被译成英文传播到西方，西方社会普遍使用的“信息社会”和“信息化”的概念是从 20 世纪 70 年代后期才开始的。
智能化	“智能化”这一概念目前还没有统一的定义，但应当指向两个方面：采用“人工智能”的理论、方法和技术处理信息与问题；具有“拟人智能”的特性或功能，例如自适应、自学习、自校正、自协调、自组织、自诊断及自修复等。	“智能化”是自动化技术当前和今后的发展动向，它已经成为工业控制和自动化领域的各种新技术、新方法及新产品的发展趋势和显著标志。中国人工智能学会名誉理事长涂序彦教授曾撰文论述《什么是“智能化”》。目前尚缺乏明确的、公认的科学定义。

资料来源：林军．“数字化”、“自动化”、“信息化”与“智能化”的异同及联系．电气时代，2008（1）：132-137。

数字化是信息化的表现和基础。数字是信息在计算机中存储的表现，而信息化在于数据的提炼、加工以及更有效的流动。[①]这一概念的区分对于回顾数字中国的建设历程至关重要，我们将在下一节展开论述。

深入认识数字时代的大变局

（1）500 年、400 年、300 年、200 年、100 年未有之变局

人类演进的历史大变局，不仅是某一方面的单点超越，更是在单点突破基础上引起的系统转变。了解目前国际形势从未有过之变局，必须从多角度出发，透析全局演进的整体逻辑。

从全球化领衔者的角度看，当下正处于 500 年未有之大变局，西方领衔全球化的地位正在让位于东方。自 16 世纪欧洲国家开创“大航海时代”以来，全球化的动力一直来自西方。无论是殖民、黑奴贸易、金本位制还是美元霸权，西方领衔全球化的总体局面长期没有发生变化，变的只是西方体系内的不同国家而已。然而，进入 21 世纪以来，中国、印度、东盟等东方文明逐渐成为新一轮全球化的主要动力，扛起了贸易自由化的全球大旗，连续 10 年来对全球经济增长份额的贡献都在 50%左右，将来领衔世界的潜力还会进一步爆发。多项权威研究报告认为，2050 年全球前四大经济体分别是中国、美国、印度与日本。东方文明在 500 年后将重新回到全球舞台的中心。

① 林军．“数字化”、“自动化”、“信息化”与“智能化”的异同及联系．电气时代，2008（1）：132–137.

从技术革命动能的角度看，当下正处于400年未有之大变局，智能浪潮正在以前所未有的速度颠覆人类运行逻辑与国家治理规律。17世纪以来，物理科学革命的发生使人类逐渐进入机械化社会，技术便捷化解放了人的四肢。此后，汽车、电力、飞机、网络的发展使人类变得更快、更强、更能跨越物理空间。21世纪初兴起的基因、纳米、超材料、云计算、数字货币、机器人服务、可穿戴设备、数字化家庭、智慧城市等智能浪潮，开始解放人类的大脑思维与神经指令。诚如布雷特·金在《智能浪潮：增强时代来临》一书中所说，当人类开始不必事事"亲自"思考、不必"亲自"发号施令时，生活习惯、金融运行、经济规则、社会治理、全球互动的惯性也将发生颠覆式的革命。国家如何在智能化社会的建构、数字化革命的推行进程中发挥正向作用，既为技术革命不可阻挡之方向而因势利导，又为防范技术产生的不确定性而维持社会稳定，中国正在做出积极的尝试。

从国内制度发展的角度看，当下正处于300年未有之大变局，西方现行的政治体制出现了衰败甚至崩塌的迹象。弗朗西斯·福山在新著《政治秩序与政治衰败：从工业革命到民主全球化》一书中反思道，源于18世纪、在社会契约与现代责任制前提下诞生的"多数决"制度出现了生物演化式的衰败。在美国，建国初期设计的政党制衡体系变成了现在的相互否决制，甚至还出现了"家族制的复辟"。20世纪70年代第三波民主化浪潮中，国家出现了集体性的政治固化、经济停滞、社会失序现象。福山的反思折射了人类政治制度设计的重新选择。在各国制度新一轮的设计上，公民权利、政党责任、社会法治、国家治理之间的平衡关系需要更深入的考量，这远比300多年前英国"光荣革命"基于个人选票的政治设计更为复杂、更有难度。历史尚未终结，新的世界进程刚刚开始。2018 年是全球金融危机十周年，环顾世界各国，普遍存在着对国内政治体制的集体性困惑与焦虑。国家发展道路到底该怎么走，中国正在做出符合本国国情的努力。

从学科理论范式的角度看，当下正处于 200 年未有之大变局，目前全球普及的学科范式暴露了前所未有的缺陷与短板。19 世纪以来，西方社会逐步形成了现代知识分工与学科划分体系，经济学、社会学、政治学等几大学科在现代大学的院系体系中越分越细，这导致知识分子在解释世界时形成了浓烈的“西方化”色彩。美国学者沃勒斯坦对此进行过深刻的“反思”。源于西方实践的社会科学理论越来越难以解释非西方社会的全新现象，而后者的含义、范畴、活跃度均远超前者。这种“学术赤字”迫切需要跨界知识大融通。2008 年国际金融危机、英国脱欧等“黑天鹅”事件的频繁出现，使西方社会科学理论的准确性、适用性频繁受到质疑。中国等大量新兴国家开创了新的发展实践，人类社会演进呼唤新的理论范式与思想创新。

从全球权力重心的角度看，当下正处于 100 年未有之大变局。进入 20 世纪以后，国际领导力出现洲际式转移。“一战”以后，全球权力重心从欧洲移至北美洲。现在，随着亚洲崛起，全球权力重心逐渐向亚洲转移，这包括亚洲国家的市场活跃度、创新研发投入、工业制造规模、电子商务普及度、移动支付普惠性、基础设施便捷化，甚至还包括时尚、旅游、电影、小说等消费文化行业，亚洲的全球号召力与软实力越来越使西方自惭形秽，以至于西方出现了集体性焦虑。正如新加坡学者马凯硕在其著作《新亚洲半球：势不可当的全球权力东移》中所说，欧美国家在自由贸易、全球变暖、核武器扩散、中东、伊朗等问题的处理上都已捉襟见肘，世界师法亚洲之长的时刻到了。虽然亚洲尚未做好掌握全球领导权的准备，但亚洲尤其是中国具有坚持原则、合作精神与实用主义等优势，使越来越多的人相信全球新领导力量的重心转移至亚洲是大概率事件。而过去10年，中国在多数行业出现对西方的“弯道超车”，并呈现越来越多行业的“换轨领跑”趋势，展现出中国将引领全球的制度性活力。

（2）变局不代表定局，会带来变数

“前所未有之大变局”的判断表明，未来已来。但变局意味着旧力量与新力量不断加剧博弈，也意味着尚未形成定局会存在变数。在这个进程中，中国人代表着各个层面上的新兴力量，需要有更充沛的勇气与智慧、更强大的耐心与定力，透析新机遇，确立大战略，主动迎接正在到来的巨大变局，力保在变局中前行、受益，而非倒退、受损。毕竟，“前所未有之大变局”远比我们想象的复杂。

变局往往不代表定局。很多时候，变化只是一种进行中的状态，未必就是最终的结果，甚至还有可能出现逆转。比如，冷战结束以后，整个西方世界都被空前的乐观主义情绪所笼罩，坚信“历史已终结”，资本主义模式已获得永久的胜利，任何国家的发展道路都将统合到西方设立的模式中来。过度骄傲的西方人当时肯定没想到，20多年后，“历史终结论”基本宣告破产，新兴经济体发展迅猛，西方世界颓势明显，欧美各国内部利益争斗，理念分化也变得难以调和。中国崛起遇到了“前所未有之大变局”，这是重大的战略机遇期，但切不可以为时局的变化会轻易地、必然地给中国带来巨大的利好。若不努力抓住，再好的机遇也会稍纵即逝。

变局常常会带来变数，由此产生不确定性，甚至带来冲突。比如，第一次世界大战伤亡惨重，战后全球反战情绪高涨，协调国际合作与减少冲突的国际联盟成立，数十国签署了《巴黎非战公约》，人们一度以为“一战”是“终结所有战争的战争”，世界永久和平的重大变局将至。人们未曾想到的是，“一战”结束10多年，爆发了席卷全球的1929年经济大危机，法西斯主义、军国主义势力上台，伤亡更惨重的第二次世界大战到来，在变局起初获益的多数国家最终都成了“二战”的受难国。知晓变局易、掌控变局难，要让变局顺着有利于自己的方向发展就更难了。中国当下已洞悉重大变局正在发生，但隐藏在变局中的风险、危机、冲突和可能性更需要琢磨、把握与防范。

通常情况下，变局从发生到结束有一段漫长的过程，即使朝夕之间发生的更替，其酝酿与后继效应也会超过人们的预期。互联网诞生于1969年，但在半个世纪后才在全球普及；东欧剧变、苏联解体发生在1990年前后，但对所在国与世界的影响足足延续了此后几十年；“9·11事件”仅发生在2001年飞机撞击美国世贸中心的瞬间，但由此引发的美国反恐战争以及全球格局的变化却一直延续到现在；2011年西亚北非变局一度被称为“阿拉伯之春”，但目前来看，也可能是“阿拉伯之冬”。可见，面对“前所未有之大变局”，中国仍需要有强大的战略耐心、政策毅力与理念敏感，深知世界的转化肯定无法在短期内完成，避免盲目乐观，保持头脑清醒。

正如习近平主席2018年初在党的十九大精神研讨班省部级开

班仪式讲话中指出的，“当前，我国正处于一个大有可为的历史机遇期，发展形势总的是好的，但前进道路不可能一帆风顺，越是取得成绩的时候，越是要有如履薄冰的谨慎，越是要有居安思危的忧患，绝不能犯战略性、颠覆性错误。”① 如何把握“前所未有之大变局”，并在变局中走好、走远，对中国来说至关重要。

（3）把握数字革命，应对未来大变局

一是要警惕“数字红利”背后的脱“实”向“虚”。正如前文所述，人类在经历了农业革命、工业革命后，现在正在经历信息革命，正是信息革命为中国顺利跨越中等收入陷阱提供了前所未有的历史性机遇。信息革命增强了人类脑力，数字化工具、数字化生产、数字化产品成就了数字经济，也促进了数字化生存与发展。信息革命以数字化、网络化、智能化为特征，为经济发展提供了新动能。近十年，云计算、物联网、移动互联网、大数据、智能机器人、3D 打印、无人驾驶、虚拟现实等信息技术及其创新应用层出不穷，不断催生新产业、新业态、新模式。人们在享受各种“数字红利”的同时，也看到了数字技术飞速发展过程中的各种“快速”致富机会。“数字化泡沫”如同其他经济过热发展一样，也难以避免泡沫的存在。因此，防止数字革命过程中的数字经济脱“实”向“虚”，是确保国家真正实现产业转型升级、应对未来变化的重要机会。数字革命不仅解放旧的生产力，更创造新的生产力。当前数字技术正广泛应用于现代经济和社会活动中，提高了经济效率，促进了经济结构加速转变，成为全球经济复苏的重要驱

① 习近平：以时不我待只争朝夕的精神投入工作　开创新时代中国特色社会主义事业新局面 . 人民网 .https://jhsjk.people.cn/article/29749016，2018-01-06.

动力。

二是数字中国是长期性、系统性和基础性建设过程，需要全方位协同合作，更需要战略高度的全面统合研究。这涉及智力和人才支撑、政策环境、传统基础设施数字化转型、大中小企业的资源对接、资源整合平台等各方面的系统、均衡发展。当前最为重要的是加快产业数字化，特别是要以信息技术改造传统产业，推动传统产业实现新发展。充分利用数字化技术对国民经济各部门进行全方位、多角度、全链条的升级和改造。在这一过程中，通过推动互联网、大数据、人工智能等新技术和实体经济的深度融合，能够发挥数字化在产业升级、产品开发、服务创新等方面的优势，促使传统产业不断实现数字化转型。国家基础设施领域的数字革命能够引领农业数字化、网络化、智能化发展，促进产销的精准对接，提高农业生产效率；在数字技术的驱动下，工业企业通过大数据分析，能够更好地了解用户、洞悉市场，提供更加个性化的产品和服务，促使生产、经营、管理更加智能、便捷和高效；数字革命还对整个社会生活的方方面面产生了直接影响，网上购物、移动支付、共享单车、远程教育等新的生活方式成为“新常态”。数字中国的建设是基础性的变革过程。

三是客观认识数字核心技术发展瓶颈。数字化建设是构建未来国家竞争新优势的重要先导力量。在数字革命引发的世界经济版图重构过程中，数字经济的发展将起到至关重要的作用。信息时代的核心竞争能力将越来越表现为一个国家和地区的数字能力、信息能力、网络能力。实践表明，中国发展数字经济有着自身独特的优势和有利条件，起步很快，势头良好，在多数领域开始形成与先行国家同台竞争甚至领跑的局面，未来将在更多的领域存在领先发展的巨大潜力。但是我们也要认识到，中国在数字核心技术方面依然与西方发达国家存在很大差距。因为，突破数字核心技术、掌握数字经济发展的主动权是在大变局中寻求定局的关键。如果不掌握核心技术，就会在技术标准制定、产业发展等方面受制于人。为此，必须全面加快网络核心技术自主创新，集中攻关人工智能、高性能计算、移动通信、量子通信、核心芯片、操作系统等重大前沿技术，为数字经济发展提供高速、移动、安全的支撑。我国信息技术产业体系基础较好，关键要加强创新，掌握核心技术。同时不断改革并完善网络信息技术创新的体制、机制，推进产、学、研、用有机结合，形成科技创新和产业应用互相促进的良好局面。

本章结语

全书以技术革命对国家发展的影响为基础叙事逻辑，具体从九个章节对数字中国的崛起进行解读。

第一章着重分析改革开放以来数字中国的发展过程。第二章探讨了数字化对中国社会的影响。第三章对 40 年来我国人工智能的发展与未来面临的问题进行了分析。第四章对数字丝绸之路的发展脉络进行了梳理，对相关发展进行了分析并提出建议。第五章尝试以区块链技术在中国的快速发展为例，解读我国对新技术的吸纳以及存在的问题。第六章就当前美国对中国制造业的技术围堵这一实际情况，结合历史上美国对日本、巴西等国的技术压制，说明美国对中国实施技术压制的必然性以及未来发展所面临的挑战。第七章主要分析我国半导体产业的发展状况，以及如何培养自身的高技术自主创新能力。第八章重点分析我国如何确保数字时代的国家发展安全问题。第九章结合世界百年未有之大变局，对数字中国的崛起以及未来数字经济的发展进行了展望。

全书如有疏漏之处，还请读者朋友们指正。

第一章

数字中国的崛起

2018年11月，比尔·盖茨在接受媒体采访时表示，数字化在中国很多领域实现快速发展，涌现出大量创新。“如果说哪个经济体的数字化发展最先进，那一定是中国。”比尔·盖茨对媒体说，数字支付在中国遍地开花，大家已经习以为常。[①]西方国家对数字中国的发展的认识，更多来自直观的观察，关注的是当前的情况。然而数字中国的崛起并不是一蹴而就的，是新中国成立以来漫长发展的过程。本书绪论部分已经阐述了新中国成立以来我国的技术发展对改革开放以后40年起到的基础性作用，本章将着重分析改革开放以后数字中国的崛起过程。

第一节　数字通信基础技术的发展

数字化的形成与现代通信技术的发展密切相关，特别是无线网络的高速发展，从1G到5G（G是Generation的缩写，是代的意思），通信网络逐步朝着摆脱有线限制、以用户为中心转变。如表1-1所示，最初的无线通信基于模拟信号，只能进行语音通信。从2G开始进入数字通信时代，为3G、4G打下了基础。我国在3G标准研发方面进行了大规模投入，但中国自主研发的第三代

① 邹多为，王亚宏．比尔·盖茨表示中国数字化发展已领先世界．人民网，2018-11-08.http: //world.people.com.cn/n1/2018/1108/c1002-30390153.html.

移动通信标准 TD-SCDMA，相对于其他两大国际 3G 标准 CDMA 2000、WCDMA 起步较晚，且产业链薄弱，后来停止了相关投入。[①] 2013 年前后，我国开始过渡到 4G 通信时代，4G 有 TD-LTE 和 FDD-LTE 两种制式。我国吸取了 3G 标准研发的教训，2013 年 12 月，工信部向三大运营商颁发 4G 牌照，4G 正式开始投入商用。截至 2016 年 6 月，中国移动主导制定的 TD-LTE 网络已成为世界主流的 4G 商用网络。其基站超过 132 万个，覆盖人口超过 12 亿，与 126 个国家和地区开通了 4G 漫游服务，客户近 4.3 亿。[②] 依托 3G 和 4G 的发展，我国在 5G 的研发上取得了先机，伴随物联网、虚拟现实技术、人工智能对无线带宽的巨大需求，5G 将迎来巨大的市场。[③] 我国在 2016 年初已经启动 5G 研发技术试验，搭建了开放的研发试验平台，处于全球领先地位。[④] 2019 年 11 月 1 日，5G 商用时代正式开启。强大的无线通信技术使人的瞬间交互的广度和深度迅速发展，构成建设数字中国的重要技术基础。当前我国在 5G 方面已经处于全球前沿，开始与西方国家并跑，甚至有领跑的趋势。然而，实现技术的追赶与超越，背后离不开持续的国家战略推进和政策支持，因此，下面我们将先对数字中国的发展历程进行回顾。

---

① 刘新芳 . 浅析移动通信技术发展历程以及发展趋势 . 科技视界，2017（33）.

② 中国移动通信技术的发展史：从“一片空白”到“领跑全球”. 南方日报，2016-05-17. http: //www.eepw.com.cn/article/201605/291218.htm.

③ 席玮 . 探究 5G 移动通信技术下传输未来发展趋势 . 通讯世界，2017（23）.

④ 我国正式启动了 5G 研发技术试验 . 新华网，http: //www.xinhuanet.com/live/2016-02-25/c_1118155286.htm. 2016-02-25.

表 1-1　1G ~ 5G 通信系统的演进

区别	1G	2G/2.5G	3G	4G	5G
时间	20 世纪 80 年代	20 世纪 90 年代	21 世纪初	2013 年前后	2016 年初
特征与服务	利用模拟无线电信号服务 模拟语音服务，无数据服务	GSM：支持数字语音服务 SMS 短信：改善语音清晰度，比较安全 GPRS：支持彩信、互联网通信	快速的数据传输速率，更高的网络容量 增强音频、视频流，可进行视频会议，支持 Web，浏览速度更快，支持 IPTV	融合数据和 IP 语音通信 完全分组交换网络 更高的带宽能提供多媒体低成本的服务，增强的音频、视频流可支持 IP 电话、高清移动电视等	同时访问不同无线电技术（增强多址技术） 完整的无线通信（无线万维网） 动态信息访问、具有 AI 功能的可穿戴设备等
网络标准	—	www	www（IPv4）	www（IPv4）	Wwww（IPv6）
信号	模拟	数字	数字	数字	数字
参考速率（bps）	2.4k	64 ~ 384k	2M	100M	大于 1G

资料来源：部分参考 Garg A. "Digital Society from 1G to 5G：A Comparative Study." IJAIEM, 2014（3）. 余全洲 .1G ~ 5G 通信系统的演进及关键技术 . 通讯世界，2016（22）.

第二节　数字中国建设历程回顾

数字化是信息化的基础，它是将抽象的东西（当然也有具体的东西）提炼出来变成具体的量化数据。信息化是在数字的基础上进行提炼，抽取有价值的东西后才成为信息。换句话说，数字是第一步，信息是第二步。[①]

十八大以来，党中央高度重视信息化发展，加强顶层设计、总体布局，做出建设数字中国的战略决策。而在此之前，我国主要推行的是信息化建设战略。从信息化建设到数字中国建设，转变的关键是从 3G 到 4G 网络的推广。十八大以后，4G 高速基础网络的推广带来数字通信的革命，使较低成本、瞬时交互成为可能，这是基础性的变革，为数字中国的建设提供了技术基础支撑。十八大以前，我国并不具备广覆盖、较低成本的移动高速网络，而是对传统通信网络的拓展以及原有信息的优化和整合。2018 年 4 月 20 日至 21 日，国家领导人在全国网络安全和信息化工作会议发表重要讲话时强调，要敏锐抓住信息化发展的历史机遇，自主创新推进网络强国建设。讲话指出："要发展数字经济，加快推动数字产业化，依靠信息技术创新驱动，不断催生新产业新业态新模式，用新动能推动新发展。"[②] 从中可以看出，数字中国建设是信息化发展的全面深化阶段，是从上到下自我改革的过程。

十八大之前的信息化建设：从大规模集成电路到泛在网络的提出

从当前公开的资料看，关于我国改革开放至十八大之前的信息

① 林军．"数字化"、"自动化"、"信息化"与"智能化"的异同及联系．电气时代，2008（1）：132–137.

② 习近平：敏锐抓住信息化发展历史机遇　自主创新推进网络强国建设．人民网，2018–04–22. http: //cpc.people.com.cn/n1/2018/0422/c64094–29941696.html.

化发展历史的划分并没有形成统一的意见。截至 2018 年 11 月，在网络及学术资料数据库中可检索到的、异议相对较少的是 2009 年国家信息中心信息化研究部李红升在其论文《中国信息化 30 年若干方面回顾与思考》中所提出的划分体系。[①] 我们在李红升相关研究的基础上，结合 2009 年之后的发展情况进行了补充和整理（见表 1–2）。

表 1–2　改革开放以来从信息化建设到数字中国发展历程回顾

分期	主要内容
1978—1990 年，信息化基础设施建设时期	1982 年 10 月，国务院成立了计算机与大规模集成电路领导小组，要求加快电子工业结构调整，推广计算机应用，建立人才队伍等。 1984 年中央领导层指出，新的“工业革命”表明，西方国家将从工业社会进入信息社会，这是我国的战略机遇，强调要发展现代化信息系统，普遍应用电子计算机，并成立了新技术革命对策小组，组建了计算机专项和光纤通信专项。 1984 年，计算机与大规模集成电路小组改为电子振兴领导小组，加快电子工业结构调整，开始了以民用、微电子技术集群为重点方向的发展路径。 “七五”计划期间，电子振兴领导小组重点做了 12 项应用系统工程，涉及邮电通信、经济信息系统、银行系统、电网监控、铁路系统等。这 12 大系统建设为我国后来的信息化建设奠定了广泛的技术和社会基础，其中部分领域展现出来的经济效益也为后来的发展提供了积极的预期。

① 李红升 . 中国信息化 30 年若干方面回顾与思考 . 中国信息界，2009（Z1）.

续表

分期	主要内容
1978—1990年，信息化基础设施建设时期	1986年3月，“国家高技术研究发展计划”启动，计划中信息技术项目的投资约占投资总额的三分之二。 1987年，中科院实现了与欧洲和北美的电子邮件通信。 1988年至20世纪90年代初，我国开始逐步扩大企业自主权，引导信息产业面向市场和民用需求发展，并在90年代初开始进行产权制改革，电子工业体制改革进入“快车道”。
1990年至21世纪初，向网络化转型阶段	1990年10月，注册登记了中国国家顶级域名.CN。 1993年3月，中国提出了建设包括国家公用经济信息通信网（简称“金桥工程”）、“金关工程”和“金卡工程”在内的“三金”计划。 1994年，中国的互联网开始进入大规模建设和商用化阶段。同年成立了联通公司，电信行业开始引入竞争机制。 1996年1月，中国建成公用计算机互联网，开始提供全国的商业化接入服务。到20世纪90年代末，中国互联网骨干网络基本建成，中国在互联网技术和应用领域进入与国际社会同步发展的轨道。 1996年1月，国务院信息化领导小组成立，统一领导和组织协调全国信息化工作。 1997年4月，《国家信息化“九五”计划和2010年远景目标纲要》发布。 1998年，邮政和电信分离，成立了邮电部电信总局。同年3月，国家信息化领导小组整建制并入新组建的信息产业部，负责推进国民经济和社会服务信息化工作。 1999年电信总局按业务纵向拆分，成立中国移动和中国电信两大集团；2001年，中国电信按地域拆分，分为南北两家，即中国网通和新的中国电信，电信行业的竞争格局基本形成。同年，国家信息化工作领导小组恢复。

续表

分期	主要内容
21 世纪初至 2011 年，国家战略形成初期	2000 年 10 月，“十五”计划提出了“以信息化带动工业化”的思想：“大力推进国民经济和社会信息化，是覆盖现代化建设全局的战略举措。”信息化首次被提升到国家战略高度。 2001 年 8 月，国家信息化领导小组重新组建。 2002 年 11 月，十六大报告进一步提出了“新型工业化道路”的思想。报告明确提出，要坚持以信息化带动工业化，以工业化促进信息化，走出一条科技含量高、经济效益好、资源消耗低、环境污染少、人力资源优势得到充分发挥的新型工业化路子。“新型工业化道路”是对“以信息化带动工业化”思想的进一步深化，为随后的“两化融合”理论奠定了基础。 2006 年 5 月，《2006—2020 年国家信息化发展战略》发布，内容包括对全球信息化发展趋势的基本判断、中国信息化发展现状和问题、战略方针和战略目标、战略重点、战略行动计划、战略保障措施等。 2011 年，“十二五”规划提出要大力推进国家电子政务建设，推动行政体制改革。
2012 年至今，数字中国建设阶段	2012 年 11 月，十八大报告指出，要建设下一代信息基础设施，发展现代信息技术产业体系，健全信息安全保障体系，推进信息网络技术广泛运用。 2013 年 8 月，《信息化和工业化深度融合专项行动计划（2013—2018 年）》发布，旨在推动信息化和工业化深度融合，以信息化带动工业化，以工业化促进信息化，促进工业转型升级。 2014 年 2 月，中央网络安全和信息化领导小组成立，该领导小组着眼于国家安全和长远发展，统筹协调涉及经济、政治、文化、社会及军事等领域的网络安全和信息化重大问题。 2015 年 3 月，国务院《关于积极推进“互联网 +”行动的指导意见》发布。

续表

分期	主要内容
2012年至今，数字中国建设阶段	2016年7月和12月，《国家信息化发展战略纲要》提出加快建设数字中国。《“十三五”国家信息化规划》将“数字中国建设取得显著成效”作为我国信息化发展的总目标。同年年底推出《大数据产业发展规划（2016—2020年）》。 2017年10月，十九大提出要加快建设创新型国家，推动数字中国建设。 2017年12月，习近平主席在中共中央政治局第二次集体学习时强调，要审时度势、精心谋划、超前布局、力争主动，推动实施国家大数据战略，加快建设数字中国。 2018年3月，中共中央印发了《深化党和国家机构改革方案》，将中央网络安全和信息化领导小组改为中国共产党中央网络安全和信息化委员会，全面统筹协调信息化和网络安全相关工作。 《2018年国务院政府工作报告》指出，要加大网络提速降费力度，实现高速宽带城乡全覆盖，为数字中国建设加油助力。

资料来源：工信部、国家信息中心①、网信办②，陈运迪.中国信息化发展历程.数码世界，2003（2）：52–53.有调整。

从表1–2中可以看出，我国信息化最早的相关建设工作是从20世纪80年代追赶建设大规模集成电路开始的。早在1984年，中央就明确指出新的“工业革命”是信息化革命，这是我国的战略机遇。经过几代领导人的努力，我国走出了一条由政府引导、

① 李红升.中国信息化30年若干方面回顾与思考.中国信息界，2009（Z1）：23–35.

② 网信办.数字中国建设发展报告（2017年）.国家互联网信息办公室，2018–05–06. http://www.cac.gov.cn/2018–05/09/c_1122794507.htm.

市场驱动、开放发展的道路。[①] 在改革开放最初30年，我国不仅完成大量重大信息化系统的基础设施建设工作，而且成功实现了从计划经济到市场化的转变。我国从1986年开始电子工业计划管理体制的改革，打破条块分割，实行政企分开，下放中央企业，扩大企业经营自主权，有力地增强了企业活力。[②] 进入21世纪以后，信息技术发展速度越来越快。如图1–1所示，网络技术向宽带、无线、智能方向发展，在新技术的推动下，搭建出能够实现人与人、人与物乃至物与物之间随时随地沟通的全新网络环境——泛在网，

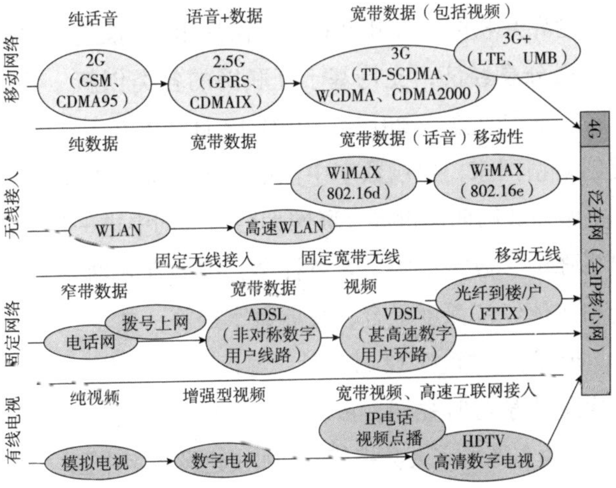

图1–1 信息网络技术发展趋势示意图

资料来源：江泽民.新时期我国信息技术产业的发展.上海交通大学学报，2008（10）：1589–1607。

① 江泽民.新时期我国信息技术产业的发展.上海交通大学学报，2008（10）：1589–1607.

② 江泽民.新时期我国信息技术产业的发展.上海交通大学学报，2008（10）：1589–1607.

普适计算正在变为现实，并逐步走进人们的生活。[①]这一判断凝聚了当时我国决策层和相关领域专家的共识。2008—2011 年是我国多网融合和宽带建设、新一代通信研发的关键时期，他们准确地抓住了泛在网多网融合和无线网络跨越式发展的方向，为 2012 年之后的大规模 4G 网络建设奠定了良好的软环境和硬件基础。

十八大之后的信息化建设：全面推进数字中国的发展

数字中国概念的提出过程。2015 年 12 月 16 日，习近平主席在第二届世界互联网大会开幕式上首次提出："推进'数字中国'建设，发展分享经济，支持基于互联网的各类创新，带动创业，提高发展质量和效益。"2017 年 10 月 18 日，十九大报告明确了加快建设创新型国家，建设数字中国的发展方向。同年 12 月 3 日，习近平主席在致第四届世界互联网大会的贺词中进一步指出："要建设网络强国、数字中国、智慧社会，推动互联网、大数据、人工智能和实体经济深度融合，发展数字经济、共享经济，培育新增长点、形成新动能。"12 月 8 日，习近平总书记在中共中央政治局第二次集体学习时强调，审时度势、精心谋划、超前布局、力争主动，推动实施国家大数据战略，加快建设数字中国。会上指出，要推动实施国家大数据战略，加快完善数字基础设施建设，推进数据资源整合和开放共享，保障数据安全，加快建设数字中国，更好地服务于我国经济社会的发展和人民生活的改善。[②]

---

① 江泽民. 新时期我国信息技术产业的发展. 上海交通大学学报，2008（10）：1589–1607.

② 习近平：实施国家大数据战略　加快建设数字中国. 新华社，2017–12–09.http: //jhsjk.people.cn/article/29696290.

全面推进数字中国发展。十八大以来，党中央、国务院相继出台《国家信息化发展战略纲要》《“十三五”国家信息化规划》等重大战略规划，明确数字中国建设发展的路线图和时间表；明确数字中国建设的三大战略任务是大力增强信息化发展能力、着力提升经济社会信息化水平、不断优化信息化发展环境；明确数字中国建设的六个主攻方向是统筹实施网络强国战略、大数据战略、“互联网 +”行动，整合集中资源力量，着力引领创新驱动培育发展新动能，着力促进均衡发展优化发展新格局，着力支撑绿色发展构建发展新模式，着力深化开放合作拓展发展新空间，着力推动共建共享释放发展新红利，着力防范风险夯实发展新基石；明确“十三五”时期数字中国建设的十个方面重大任务和十二项优先行动，加快推动经济社会的数字化、网络化、智能化进程，开启我国信息化发展新征程。[①]

第三节　数字中国崛起背后的中国特色力量

在回顾数字中国建设历程之后，相较于其他国家，我们发现有几个中国特色因素与数字中国的迅速崛起直接相关。

前 30 年计划经济的发展为中国在数字化时代的跃迁奠定了扎实的基础

改革开放前 30 年为中国在数字化时代的腾飞打下了三个扎实

① 网信办 . 数字中国建设发展报告（2017 年）. 国家互联网信息办公室，2018-05-06. http: //www.cac.gov.cn/2018-05/09/c_1122794507.htm.

的基础。目前国内对改革开放前30年计划经济为我国之后发展所产生的积极作用已经有比较成熟的研究，学者胡留洲对此有比较全面的文献综述[①]，结合他的综述和论点，我们适当进行了延伸。

学者武力从资源的角度分析认为，改革开放前30年计划经济在集中资源加快独立工业体系的建设方面发挥了重要作用，并保持了高积累下的社会稳定。[②]申立平、申忠民研究发现，计划经济体制在新中国成立初期曾有力地维护国家的统一和社会的稳定，并有效地调动了全国的资源进行工业化建设，初步奠定了独立的国民经济体系。[③]朱佳木从毛泽东时代对计划经济的探索及其对社会主义市场经济的意义的角度进行了探讨，认为毛泽东时代建立起来的自主基础工业体系使我国与世界先进工业国的差距大大缩短，而且在很多方面走完了西方国家用上百年时间才走完的路，这是很值得肯定的重要方面。[④]另外，从资本和金融的角度看，早期的计划经济体系也有独特的优势。沈秀伍和徐涛从工业筹资方式的角度对我国早期计划经济体系进行了研究，他们发现建立完整的工业体系需要密集和持续的资本投入和支持。对于我国这样一个经济、文化落后的大国而言，能够在短时期内建立独立的工业体系，创造出卫星上天、原子弹爆炸、发展为钢铁大国这样的业绩，以及迅速提高综合国力，没有一个高度集中的体制保障是很难实

① 胡留洲．计划经济与市场经济文献综述．中国商贸，2012（21）．

② 武力．中国计划经济的重新审视与评价．当代中国史研究，2003（4）．

③ 申立平、申忠民．社会主义计划经济体制下的个人困境．文学界（理论版），2010（4）．

④ 朱佳木．毛泽东对计划经济的探索及其对社会主义市场经济的意义．中共党史研究，2007（2）．

现的。[1]这些基础工业和国防体系的建设是构成自主创新独立产业链的基础，这在数字时代是所有基础数据链的源头。

综上所述，我们在看到现阶段数字化、信息化高速发展的同时，更要看到改革开放前计划经济时期打下的坚实基础。这也是其他国家很难看到的内在联系：一是建立了独立自主、相对完整的工业体系；二是建立了全国统一的市场，并且形成产业经济分区；三是计划经济调控为政府的数字化管理积累了扎实的经验。

在看待数字中国崛起的过程时，我们要将前30年的计划经济发展与政治上的探索分开来看，不能因为政治上的原因而否定前30年在基础工业积累、自主创新体系的形成等方面的贡献，以及在统一市场、基础人才积累、普及教育及推进社会阶层平等方面所起的积极作用。特别是要看到前30年经历的挫折培养了大批能够实事求是、脚踏实地、敢闯敢干的组织干部，这批人无论是留在体制内，还是后来加入市场经济建设的大潮，在早期改革开放和后来的数字化转型中都发挥了非常重要的作用。

中国的制度优势与组织学习能力契合信息技术革命的要求

民主集中制作为党的组织原则和组织制度，形成于20世纪初期，由俄国社会民主工党创用。[2]1927年6月，《中国共产党第三次修正章程决案》明确规定党部的指导原则为民主集中制。[3]此后

① 沈秀伍、徐涛．从工业筹资方式看计划经济及其转轨的必要性．经济研究导刊，2009（8）．

② 许耀桐．民主集中制在中国的创新发展．理论探索，2012（1）．

③ 中国共产党章程汇编．北京：人民出版社，1979：5–10.

中国共产党历次召开代表大会，在制定或修改党章中都对民主集中制做了阐述，党的领导人也对民主集中制做出重要的论述，使民主集中制在中国获得了创新性的发展。① 随着我党作为执政党不断积累经验，民主集中制理论体系也得到了迅速发展，并且始终与时代紧密结合。在信息革命时期，民主集中制通过即时交互数据链形成一个天然良性循环的闭环。中国现有的民主集中制模式与人机交互的即时信息交互数据链相结合，能对社会发展和变化产生即时的反馈，确保社会和市场的秩序，极大程度上降低了维护统一市场的成本。

有一点没有引起国内外研究中国民主集中制的学者的足够重视，但在信息技术革命以来却越来越重要，那就是中国共产党强大的组织学习能力。与民主集中制相配套的是规模浩大的在职官员培训体系。政府官员和组织学习培训体系主要由党校和行政学院承担。以党校为例，党校系统是一个至关重要的组织，全国近3 000所党校负责对4 000多万名有一定级别的党员干部进行培训，能使党员干部队伍保持与时俱进的能力。②

中国共产党这套庞大的学习系统分为三个层次：最核心的是政治局集体学习制度，其次是各级党校系统和行政学院系统，外围是中共与国内外高校合作的培训项目。自20世纪90年代以来，由于党对干部培训的高度重视，干部培训体系在中国成为仅次于国民教育体系的第二大教育体系。干部培训的规模相当惊人。据统计，改革开放以来，各级党政干部约有1.5亿人次受训，其中，1978—

① 许耀桐 . 民主集中制在中国的创新发展 . 理论探索，2012（1）.

② 中国共产党的学习系统分为哪三个层次 . 河南日报网 .2016-09-22. https://www.henandaily.cn/content/xxi/zbjtjian/2016/0922/16898.html.

2002 年约培训 3 000 万人次，2002 年以来培训 1.2 亿人次。[①] 官员的系统性、终身学习培训机制对于维持民主集中制的高效性和先进性起到了基础性的作用。学习型组织与动态发展的民主集中制为我国在技术高速发展的数字化时代始终站在时代前沿提供了保证。

男女平等政策的强力持续推进，为数字时代带来了重要的前进力量

从工业革命的视角看，每一次工业革命都是个人生产力的释放。随着科技的不断发展，依靠体力进行生产的重要性逐步下降，女性在社会发展中的重要作用越来越得到重视，特别是在数字化时代，女性的重要性更是得到彰显。有学者指出，女性在商业和社会中所扮演的角色是全球化最后一个阶段最重要的动力，同时，她们的角色在下一阶段的全球化中会更加举足轻重。[②] 在普遍应用互联网的数字化时代，女性思维特征逐渐成为人类的思想特质这一观点越来越引起人们的共鸣，主要表现在当代思想的体验化、互联网的情感化思维、去中心化思维等。[③]

尽管这一观点在学术界还存在一定的争议，但女性的网络消费力量却能提供强有力的证据。2014 年唯品会联合经济学人智库

---

① 中国共产党的学习系统分为哪三个层次．河南日报网 .2016–09–22. https://www.henandaily.cn/content/xxi/zbjtjian/2016/0922/16898.html.

② 亚力克·罗斯．新一轮产业革命：科技革命如何改变商业世界．北京：中信出版社，2016：40.

③ 互联网的女性主义特征．互联网周刊（北京）：2012–04–09. http: //tech.163.com/12/0409/14/7ULG546R0009387E_all.html.

EIU（Economist Intelligence Unit）发布的亚洲女性网购调研报告显示：在互联网数字时代，女性的消费力量是空前的，80%的家庭消费决策由女性做出，自己、孩子、家庭的消费决策权基本都掌握在女性手中。[①] CNNIC 的数据显示，截至 2018 年 12 月，我国网民规模达 8.29 亿，网民男女比例为 52.7∶47.3。随着网民，特别是移动网民的急剧增加，互联网的特性与女性的消费特点契合，互联网发挥了越来越重要的作用。中国作为当前男女平等政策持续推动排名前列的国家，对女性的赋权极大地解放了社会生产力。[②]“妇女能顶半边天”，在基于互联网的数字时代得到了前所未有的彰显。

美国白宫前科技创新顾问亚力克·罗斯在其著作中对比了女性在中国和日本的商业中所发挥的不同作用，他发现了在工作中对女性授权的好处以及把她们边缘化所付出的代价。

亚力克·罗斯研究数字时代产业革命的著作是《新一轮产业革命：科技革命如何改变商业世界》。他指出，早在毛泽东时期，女性平等就是中国政府一项重要的工作。政府号召女性在自己的社区和家乡开办小企业。在工厂中，女性获得和男性同等的薪资，享受子女护理津贴，同时还可以灵活安排时间。1/4 的都市女性能够上大学，而且她们的表现优于男同学。2013 年，中国担任高级管理职务的女性占比达到 51%，居世界第一。全世界最富有的女性亿万富翁中有一半出自中国。[③]

---

① 亚洲女性网购调研报告：“女钱”时代来临 . 南方网 .2014-12-29. http: //ht.topbiz 360.com/web/html/newscenter/transparent/163822.html.

② 李银河 . 中国妇女地位世界排名第 28 位 . 中国社会科学报，2010-06-29.

③ 亚力克·罗斯 . 新一轮产业革命：科技革命如何改变商业世界 . 北京：中信出版社，2016：43.

亚力克·罗斯在对比日本的情况后发现，日本女性在商业中就表现平平。但是他认为数据显示本不该是这样的结果，日本女性受到世界上最好的教育，这种优质教育在她们年轻的时候就开始了。在经济合作与发展组织的所有成员国中，日本女性在标准化测试中得分最高。虽然大学刚毕业的几年里，日本的女性劳动力充裕，但是女性在生完第一个孩子后，70%都会选择至少10年内不再工作，很多人甚至选择不再出去工作，而美国只有30%的女性会做出同样的选择。在挪威，81%的妈妈都会选择工作，这种现象延伸到每一个行业。日本只有不到14%的女性是大学研究员，19%的女性是医生，在政府工作的女性数据也差不多。在性别差异排名中，日本排在189个国家中的第123位。2014年，世界经济论坛发布全球性别差距报告，在142个被调查的国家中，日本这个世界上最富裕的国家之一排名第104位。[①] 中国对女性力量的重视以及对男女平权的持续强制政策推动，不仅契合了信息技术革命的发展趋势，更为全球的女权保护提供了切实可行的发展样本。

中国抓住了信息技术革命的关键变量：反计算力霸权

算法和计算力是决胜信息时代的两个关键软实力。人才的培养能有效促进算法问题的解决，但是决定国家计算能力提升的则是系统工程。

正如我们之前所论述的，数字时代的技术革命与之前最大的

① 亚力克·罗斯．新一轮产业革命：科技革命如何改变商业世界．北京：中信出版社，2016：43.

不同在于信息传播方式的根本改变：信息由单向传播为主向低成本、可移动的即时反馈互动传播方式转变。表 1–3 是我们总结的历次工业革命的核心力量。第一次工业革命和第二次工业革命时期主要是热力和电力的较量。随着集成电路、微型计算机以及基于电子技术的自动化生产线的大力发展，第三次工业革命时期主要突出的是系统集成化力量。这个时期的工厂生产链条可以实现全球化配置，在控制核心的集成能力的前提下，基于全球的物流系统使生产零部件的成本最优化。在第三次工业革命系统集成化发展的基础上，随着即时信息交互技术的发展，第四次工业革命时期各个集成化的数据链能够通过网络汇聚,从而使“计算力”（对数据的处理能力）成为第四次工业革命时期的核心变量。机器人、基因技术、大数据、云计算、万物互联与物联网、机器学习与人工智能，这些新鲜词汇堆砌起来的第四次工业革命的各种场景成为信息技术革命的重要特征，与计算力密切相关。

从国家层面看，我们认为国家计算力包含三个部分，一是大数据的计算能力的大小，二是大数据计算能力的商业应用成本的高低，三是国家维持独立自主计算能力的程度。美国自信息技术革命以来始终牢牢抓住了这三点。

表 1–3　第一次至第四次工业革命与国家的核心力量

工业革命阶段	工业	力源	国家治理
第一次工业革命	机械驱动	热力	规范化
第二次工业革命	电气驱动	电力	系统化
第三次工业革命	电子驱动	系统集成化力量	电子化
第四次工业革命	数字驱动	计算力	智能化

资料来源：该表为作者自己绘制。

首先，早在2008年美国总统大选时，美国就意识到了大数据的计算能力在社会和政治活动中的重要性。美国公认的在政治领域对大数据的灵活运用案例是奥巴马的两次总统竞选。奥巴马的竞选团队利用大数据深入了解诸如如何筹措资金、在哪里进行竞选活动和如何进行宣传等问题。在这方面，其他对手的竞选团队望尘莫及。奥巴马政府对国家计算力的重要性认识得非常清楚。2012年奥巴马政府启动了《大数据的研究和发展计划》，联邦政府开始推动政府公共部门与大数据的发展，提出用大数据技术改造传统国家治理手段和治理体系的问题。2014年发布《大数据与个人隐私：一种技术的视角》，关注数据隐私和信息安全保护问题。2015年发布《大数据与差别定价》，介入大数据市场的公平问题。2016年发布《大数据报告：算法系统、机遇与公民权利》，重心转向大数据时代的社会问题。结合本文第四部分的数据看，这四次美国联邦政府层面对大数据与国家计算力能力发展的政策支持，对美国大数据的使用和国家计算能力的提升起到了非常重要的作用。

其次，美国已经率先完成了全球计算力霸权的布局。这一点可以从计算中心布局上找到证据。以谷歌为例，根据现有资料统计，Google共有36个数据中心（包含在建），其中美国19个、欧洲12个、俄罗斯1个、南美1个、亚洲3个（中国2个、日本1个）。[①] 虽然Google并非完全独享这些数据中心，后者也向其他公司出租空间，但是控制权主要由谷歌掌控。图1-2是全球各国拥有的数据中心占比。截至2017年底，全球已有390多个超大规模的数据

① Erick Schonfeld. “Where are all the Google Data Centers?” . Retrieved 2018-12-06. 2018-04-11. https://techcrunch.com/2008/04/11/where-are-all-the-google-data-centers, 2018-03-12.

中心。这些数据中心设施绝大多数建在美国（占比44%），其次在中国（占比8%），其他分别在日、英、德等国和地区。[①]

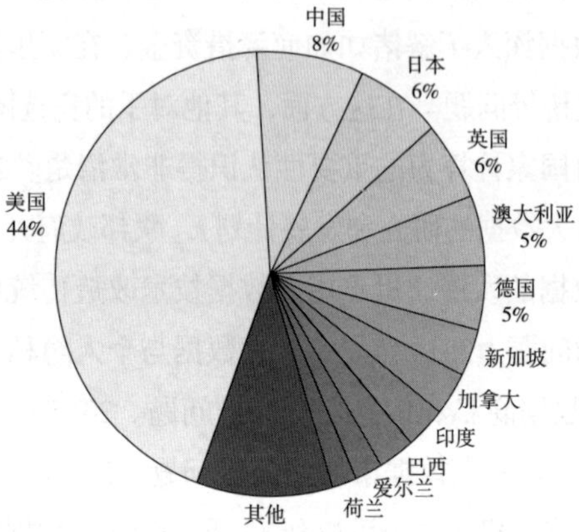

图1-2　全球各国和各地区拥有的数据中心占比情况（截至2017年12月）

资料来源：Synergy Research，http: //www.199it.com/archives/670459.html，2018年3月12日。

因此，我们要清醒地认识到，美国在保持计算力霸权优势的前提下，高举打开互联网国门的旗帜是符合本国利益的。但是对其他国家而言，如果没有与之抗衡的相对独立的计算能力，那么在第四次工业革命的时代，结局显而易见——沦为美国计算力控制下的附庸。

① 2017年全球大型数据中心总数超过390个.199it, 2018-01-08. http: //www.199it.com/archives/670459.html.

第四节　全面提速：数字中国的发展

数字经济已由新动能转变为关键发展要素

2018 年 4 月，首届数字中国建设峰会召开期间，国家互联网信息办公室发布的《数字中国建设发展报告（2017 年）》显示，2017 年，中国数字经济规模达 27.2 万亿元，同比增长 20.3%，占 GDP 的比重达到 32.9%。数字经济规模位居全球第二，① 其中信息技术与产业方面保持着平稳较快的发展，具体情况如下。②

信息技术与产业方面。2017 年，信息产业规模保持平稳较快增长，规模以上电子信息制造业同比增长 13.8%，手机、微型计算机、网络通信设备、彩电等主要电子信息产品的产量居全球第一，电子信息制造业加速转型升级。软件和信息技术服务业继续呈现稳中向好的运行态势，收入和效益同步加快增长，2017 年完成收入 5.5 万亿元，同比增长 13.9%，实现利润总额 7 020 亿元，同比增长 15.8%。技术创新能力大幅提升，信息技术发明专利授权数达 16.7 万件，已超额完成规划确定的 2020 年目标。通信业保持较快发展，电信业务总量达 27 557 亿元，同比增长 76.4%。

信息基础设施方面。宽带网络普及持续推进，网络提速效果明显。2017 年，三家基础电信企业固定宽带接入用户数达 34 854

① 数字经济规模位居全球第二：中国迈向数字大国 . 国家互联网信息办公室，2018-04-27, http: //www.cac.gov.cn/2018-04/27/c_1122751398.htm.

② 网信办 . 数字中国建设发展报告（2017 年）. 国家互联网信息办公室，2018-05-06. http: //www.cac.gov.cn/2018-05/09/c_1122794507.htm.

万户，全年净增 5 133 万户；4G 用户总数达 9.97 亿户，全年净增 2.27 亿户，固定宽带家庭普及率提前完成 2020 年目标。高速宽带用户占比大幅提升，100Mbps 及以上接入速率的固定互联网宽带接入用户达 1.35 亿户，占总用户的 38.9%，较上年提高 22.4 个百分点。电信普遍服务深入推进，网络扶贫网络覆盖工程成效明显，全国农村宽带用户达 9 377 万户，同比增长 25.8%，贫困村宽带网络覆盖率已经提前完成 2020 年目标。

数字经济方面。分享经济、信息消费蓬勃发展，新产品、新服务、新业态大量涌现，居民消费结构不断升级，2017 年全年信息消费规模达4.5万亿元,同比增长 15.4%。电子商务保持迅猛发展，成为拉动消费需求、发展现代服务业的重要引擎。网络零售额达 71 751 亿元，同比增长 32.2%。信息化和工业化融合发展水平进一步提高，重点行业数字化、网络化、智能化取得明显进展，关键工序数控化率达到 46.4%。

信息服务方面。社会信息化水平持续提高，信息惠民、便民、利民深入发展。2017 年，我国网民规模达 7.72 亿，较 2016 年增加 4 074 万人，全国社会保障卡持卡人数达 10.88 亿人，电子诉讼占比同比增长 3 个百分点，电子政务推动公共服务更加便捷。

总体来看，截至 2017 年底，数字中国建设取得了明显成效，“十三五”信息化发展主要指标完成情况良好，其中相当一部分指标完成情况已经超过预期。

未来数字中国的发展将呈现七大变化

一是数字内容消费将进一步与算法结合，所产生的社会价值和经济效益将会更大。二是平台经济的作用会进一步凸显。当前平台经济正在颠覆各个行业，重新改写企业的竞争法则，对传统的经济模式带来前所未有的冲击，未来这些改变将进一步加剧。三是数字化商业模式将更为多元，由于各种新媒体和网红模式的出现，引发了社会对数字模式的个人影响力的全新认知，个性化在数字时代的发挥推动商业模式日趋多元化。四是共享经济模式将向更多行业渗透，并开始从物质共享经济向内容和精神层面共享经济创新模式发展。五是虚拟现实技术对人们的感知方式和消费行为带来巨大冲击。虚拟现实技术逐步缩小人们线上和线下的体验差异，进一步模糊现实与数字空间之间的界限。六是将涌现新的数字服务中介行业。网络的发展并不会让中介行业消失,相反，由于网络高速发展，大数据爆炸性增长，普通民众将会越来越难以驾驭海量信息，对掌握丰富数据资源和处理数据能力的各领域中介的需求反而会不断增加。七是人作为数字资源的价值将更加凸显。在大数据技术的基础上，个体数字化汇聚以及海量数据形成了具有巨大价值的全新形态的资源。

第二章

我国数字社会的发展

数字社会是一个动态的概念，是现代社会人们在家庭、工作、教育和娱乐中采用新的信息通信和交互模式的结果。[①] 技术的发展总是以人类意想不到的方式对社会造成冲击。现在身边大部分人都有一部可以随时连接到互联网的手机。未来10年，数字化发展的步伐将进一步加快，数十亿传感器、发射器将实现照相机和其他无线通信设备的互联。

社会的数字化趋势已无法阻挡，正在引发一场深刻的变革。特别是数字内容的剧增和传播模式的改变，对电视、报纸等传统媒介产生了颠覆性的影响。而社交媒体、移动社交终端已经开始替代电话，正在改变人们的交互方式。换句话说，人与机器接触的时间越来越多于人与人之间的接触，人对人的了解与互动也越来越依赖机器。这是当前数字社会发展的明显趋势。本章拟从数字社会的技术基础，我国数字社会的发展现状、走向、对个人的影响，以及大数据与数字社会的发展趋势进行探讨。

① OECD，Forging a Digital Society ，http: //www.oecd.org/innovation/forging-a–digital-society.htm.

第一节 数字社会的技术基础演变

智能手机的快速增长

2016 年，全球销售的智能手机数量约 15 亿台，与 2012 年的 6.8 亿台相比显著增加。这意味着 2016 年全球 28%的总人口拥有智能设备，预计到 2020 年这一数字将增加到 37%。同年，北美和西欧的智能手机普及率将达到 60.5%。也就是说，到 2020 年，全球将近有 37%的人可以通过智能手机实现移动互联。

截至 2017 年 12 月，我国手机网民规模达 7.53 亿，网民中使用手机上网人群的占比由 2016 年的 95.1%提升至 97.5%。与此同时，使用电视上网的网民比例也提高了 3.2 个百分点，达到 28.2%。台式电脑、笔记本电脑、平板电脑的使用率均出现下降，手机不断挤占其他个人上网设备的使用。以手机为中心的智能设备成为“万物互联”的基础，车联网、智能家电促进“住行”体验升级，构筑个性化、智能化应用场景。移动互联网服务场景不断丰富、移动终端规模加速提升、移动数据量持续扩大，为移动互联网产业创造更多价值挖掘空间。[①]

图 2–1 显示出全球与我国移动互联网网民的增长情况，这两组数据表明，移动互联使人逐步实现了随处相连，构成了数字社会的核心数据源。

---

① 第 41 次中国互联网络发展状况统计报告 . 国家互联网信息办公室，2018–01–31.http: //www.cac.gov.cn/2018-01/31/c_1122346138.htm.

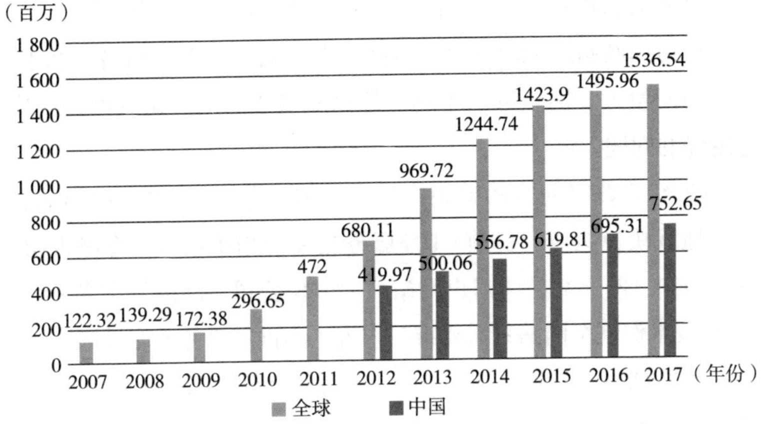

图 2-1　2007—2017 年全球及中国移动互联网网民增长情况

资料来源：Gartner，CNNIC 发布第 41 次中国互联网络发展状况统计报告。

内容分发网络 CDN 和云服务的发展促进了数字社会的共享化

第一章讨论了 5G 等现代通信技术设施对我国数字化的作用。本章将以内容分发网络为例，介绍软件层面创新对数字化的作用。内容分发网络 CDN（Content Delivery Network）系统技术从 1998 年美国麻省理工学院的研究项目演化而来，该系统融合了内容分发、请求路由、分布式处理和记账处理基础架构。2000 年开始投入商用，目前国内、国际大部分门户、电子商务、新闻等网站都采用 CDN 的方式。[①]

CDN 系统技术的目的是通过在现有的互联网中增加一层新的网络架构，将网站的内容发布到最接近用户的网络“边缘”，使用

① 陈明基，黄凤娟 . 一种内容分发网络的设计与实现 . 计算机与现代化，2016（7）.

户可以就近获取所需要的内容，解决互联网网络拥挤的状况，提高用户访问网站的响应速度。从技术上全面解决由于网络带宽小、用户访问量大、网点分布不均等原因所造成的用户访问网站响应速度慢的问题。①

CDN 为数字内容的繁荣提供了“加速器”，使数字内容能在不同地域快速响应。目前 CDN 服务主要应用于证券、金融保险、ISP、ICP、网上交易、门户网站、大中型公司、网络教学等领域。CDN 技术保证了网站只需要维护内容，不再需要考虑流量问题。②

通过 CDN，计算机不再是具有处理和计算资源的独立系统，而是越来越像一个能够存储在公共服务器上的数据的窗口。在用户可能拥有多个互联设备的今天，基于 CDN 和云共享的数字交互模式变得越来越重要，用户不会因为更换互联设备而影响内容使用。这些云服务还使数据共享和协作更容易获得支持。相较于创建一组原始文档的副本，然后尝试将所有单独的文档编辑整合到一个整体中，云模型仅通过更改文档的访问权限就可以实现共享文档。这个文档只有一个副本，所有文档的所有编辑和评论都可以使用。

第二节　互联网发展与数字社会的形成

1987 年 9 月，CANET 在北京计算机应用技术研究所内正式建成中国第一个国际互联网电子邮件节点，并于 9 月 14 日发出了中国第一封电子邮件：“Across the Great Wall we can reach every

① 赵红 .CDN 内容分发网络技术原理 . 建筑科技与管理学术交流会论文集 . 2017-08-01.

② 张忠杰，韩伟，乔海明 . 内容分发网络 CDN 技术及市场应用 . 中国新通信，2017（9）.

corner in the world”（越过长城，走向世界），揭开了中国人使用互联网的序幕。1994 年 4 月 20 日，我国连接互联网的 64K 国际专线实现了与互联网的全功能对接，从此中国被正式承认为真正拥有全功能互联网的国家。[①]

基础发展时期

表 2-1 是互联网发展不同阶段特征的总结。1994 年以前，我国互联网发展主要处于科研阶段。1994 年至世纪之交，是我国有线互联网主干网络建设时期。这一时期也是我国数字社会的第一阶段发展时期。在这期间，我国最早的门户网站、BBS、即时通信软件、在线联机游戏等诞生了，互联网商机也开始出现。例如 1998 年“世界杯”期间，新浪网以 24 小时滚动播出新闻的形式吸引了大量网友，这是早期互联网典型的“流量变现”案例。1999 年，阿里巴巴正式成立，通过 B2B 切入电商领域。[②]

表 2-1　中国互联网发展阶段与特征

阶段	萌芽期	Web1.0	Web2.0	Web3.0	Web4.0
大致时间	1994 年之前	1994—2001 年	2001—2008 年	2009—2014 年	2015—2024 年
无线网络	1G	2G/2.5G	2G/3G	3G/4G	4G/5G/6G（？）

① 中国互联网协会 . 中国互联网发展史（大事记）. 2013–06–27. http://www.isc.org.cn/ihf/info.php?cid=218.

② 一文读懂互联网运营的 20 年发展与演变 . 虎嗅网 .2016–12–26. https://www.huxiu.com/article/176091.html.

续表

阶段	萌芽期	Web1.0	Web2.0	Web3.0	Web4.0
阶段特性	科研阶段	社会化阶段	商业化阶段	即时化阶段	全面互联阶段
中国网民数	—	3%（3 370万，2001 年）	22%（3 亿，2008 年）	50%（7 亿，2015 年）	70%（预计 10 亿，2024 年）
全球网民数	0.4%（1 600 万，1995 年）	8.6%（5.73 亿，2002 年）	23.9%（15.87 亿，2008 年）	40%（30 亿，2015 年）	65%（预计 50 亿，2024 年）
产品、内容和商业创新	电子邮件等	B2C	博客、视频、SNS	微博、微信等	各行业全面变革
全球格局	美国绝对主导	美国主导	中国开始崛起	中国崛起	—

资料来源：部分参考方兴东，潘可武，李志敏，张静．中国互联网 20 年：三次浪潮和三大创新．当代中国史研究，2014（5）。

门户网站时期

进入 21 世纪的第一个 10 年，主要是以各类门户网站为主的流量竞争时期。这一时期网游开始兴起。以淘宝为首的电商开始飞速发展，各种以互联网内容运营为主的职业开始出现。截至 2010 年 12 月，中国网民规模达 4.57 亿，互联网普及率攀升至 34.3%，其中宽带规模为 4.5 亿，宽带普及率达 98.3%。同期微博、博客和团购的用户数已初具规模，我国微博客用户规模达到 6 311 万，在网民中占 13.8%；团购用户规模达到 1 875 万，在网民中占 4.1%。虽然我国 2009 年已进入 3G 时代，但 2010 年移动互联内容和商务应用使用率还是偏低。当年手机即时通信用户规模达 3.53 亿人，但手机的其他网络应用使用率偏低。[①] 移动互联的爆发是从 2013 年 4G 大规模普及开始的。

移动互联时代

根据 CNNIC 的统计，截至 2017 年，中国网民规模达 7.72 亿，最近五年互联网网民增速放缓，用户的绝对数量增长空间已经越来越有限。但是，最近五年智能手机等移动互联终端的大规模普及（见图 2-2）以及 4G 的大规模普及应用，使人们开始进入“互联网 +”时代，互联网不仅从广度上，也开始从深度上实现全面扩张，而移动互联网最直接的影响是数字内容价值的重要性日益体现出来。纵观近 30 年我国互联网的发展史，我国的数字社会经历了从科研院所等特定行业向全社会扩张，从静态到动态，从技术主导到内容主导，从以设备为中心到以人为中心的数字化过程。

第三节　我国数字社会的崛起与评价

我国数字社会发展的基础：大数据发展战略

（1）我国大数据产业发展迅速

2015 年被认为是我国全面推动大数据发展的开端年。2015 年 8 月 31 日，国务院正式发布的《促进大数据发展行动纲要》指出，

---

① 第 27 次中国互联网络发展状况统计报告 . 国家互联网信息化办公室 .2014-05-26. http: //www.cac.gov.cn/2014-05/26/c_126548718.htm.

信息技术与经济社会的交汇融合引发了数据迅猛增长，数据已成为国家基础性战略资源，大数据正日益对全球生产、流通、分配、消费活动以及经济运行机制、社会生活方式和国家治理能力产生重要影响。我国正式从国家层面全面推进我国大数据发展和应用，加快建设数据强国工作。2016 年，国家发改委、环保部、工信部、国家林业局、农业部等推出了大数据的发展意见和指导方案，涉及大数据整体行业、医疗健康、农业农村、交通运输、林业、生态、国土资源等多方面，并开始向全社会领域扩张。图 2-2 显示了 2015—2017 年我国大数据产业总体规模。根据中国信息通信研究院的调研数据，2016 年我国大数据产业总体规模比 2015 年增长了 28.6%，2017 年比 2016 年增长了 30.6%，预计 2018—2020 年增速将保持在 30%以上。

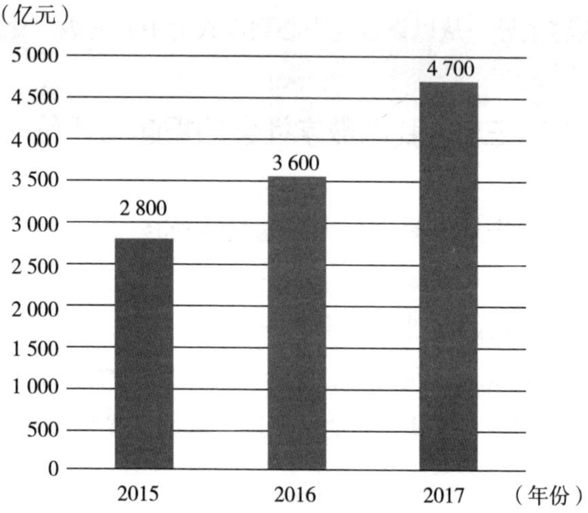

图 2-2　2015—2017 年中国大数据产业总体规模

资料来源：中国信息通信研究院。

（2）已经形成特色鲜明的多地区发展模式

2015年以来，我国形成了贵州、广州、武汉、重庆四种大数据产业体系特色发展模式（见表2–2）。在管理机制上，贵州、广州是由省一级政府直接牵头，武汉为市一级政府牵头，重庆为下辖行政区推动相关建设工作。四种模式特色鲜明：贵州侧重大数据平台建设，广州侧重数据交易体系，武汉模式与长江经济带大数据体系建设密切相关，重庆市探索的是大数据产业园以及和大中型企业合作的模式，紧贴实业发展和工业数据产业链。

表2–2　我国四种区域特色的大数据发展模式

模式	管理机制	运营模式	建设内容
贵州模式	成立贵州省大数据发展领导小组。领导小组下设办公室，办公室设在省经济和信息化委员会，由省经信委主管领导担任办公室主任。	组建以推动全省大数据产业发展为主要职责的国有全资平台公司。 成立贵阳大数据交易所。	贵阳市以“四抓四促”为路径，以大数据公共平台建设为支撑，以“块数据城市”应用示范为抓手，以数据立法与标准、数据开放与应用、产业聚集与融合为着力点，在理论创新、实践创新和规则创新等方面先行先试，打造大数据全产业链，建成大数据内容中心、服务中心和金融中心。
广州模式	2014年3月，省经济和信息化委员会下设广东省大数据管理局。2014年5月，广州市设立大数据管理局。	广州市发起并批准设立广州数据交易服务有限公司，2016年3月正式挂牌成立并开始运营，采用“政府指导，市场化运作”的方式。	广州数据交易服务有限公司致力于建设具有公信力的数据交易市场，围绕数据全要素流通流程，提供数据及资源要素交易组织服务、数据产品及数据咨询三方面的服务。

续表

模式	管理机制	运营模式	建设内容
武汉模式	设立武汉市大数据产业发展工作领导小组。 领导小组下设办公室，在武汉市信息产业办公室办公。 组建武汉市大数据产业专家咨询委员会。	成立武汉长江大数据交易中心，大数据交易中心采用市场化的运作方式。 构建大数据产业联盟。	构建既有全国领先水平，又有武汉市特色的大数据产业体系。 重点建8个云数据中心。 创立大数据中心，一是武汉长江大数据交易中心，二是华中大数据交易所，三是武汉东湖大数据交易中心。
重庆模式	渝北区整合主管机构职能，新组建重庆市渝北网络安全和信息化领导小组办公室。 渝北网信办直接在仙桃数据谷挂牌办公。	2014年4月，重庆市批准启动建设仙桃大数据产业园。 组建仙桃数据谷运营平台重庆仙桃数据谷投资管理有限公司。 2015年9月，由中兴通信、重庆有线等合资成立重庆前沿城市大数据管理有限公司。	“大数据、小传感、海存储、云应用”产业生态体系。 推进数据资源整合汇聚，重点打造8大支撑平台。

资料来源：国家信息中心。

我国数字社会发展的总体评价体系以及相关测评

（1）我国数字社会发展的测评体系

国家信息中心是最早对信息（数字）社会发展进行测评的机构。2006年我国制定了《2006—2020年国家信息化发展战略》，设定了在信息基础设施、信息技术产业、国民经济和社会信息化等领域的具体目标。国家信息中心提出了信息社会发展水平的测评指标体系。如前文所述，随着20世纪90年代以来2G数字通信技术的全面普及，信息社会的发展事实上等同于数字社会的发展。所以，国家信息中心的信息社会发展测评体系可以被认为是我国最早的权威数字社会发展测评体系。

基于信息社会指数（ISI），国家信息中心于 2010 年发布了首份《中国信息社会发展报告》，对全国及 31 个省份的信息社会发展水平进行了测评。2013 年起，测评研究范围扩大到地级以上城市。《全球信息社会发展报告 2015》首次对全球以及 126 个国家信息社会发展水平进行了定量测算与分析。

信息社会指数包含信息经济指数、网络社会指数、在线政府指数、数字生活指数四个部分，涉及近百个具体分解指标。如表 2-3 所示，ISI 的取值范围在 0 与 1 之间，ISI 的数值越高，信息社会发展水平越高。以信息社会指数为标准，可以将信息社会的发展过程划分为两大阶段，即信息社会的准备阶段（$0 < ISI < 0.6$）和信息社会的发展阶段（$0.6 \leqslant ISI < 1$）。

表 2-3　ISI 与信息（数字）社会发展阶段划分

信息社会的发展	准备阶段		发展阶段		
	起步期	转型期	初级阶段	中级阶段	高级阶段
信息社会指数	0.3 以下	0.3 ~ 0.6	0.6 ~ 0.8	0.8 ~ 0.9	0.9 以上
基本特征	信息技术初步应用	信息技术扩散加速，实效显现	信息技术影响逐步深化	经济社会各领域都发生深刻变化	基本实现包容的社会
面临问题	基础设施跟不上需求	发展不平衡	互联互通与实用性问题	包容性问题	技术突破与创新应用

资料来源：国家信息中心。

（2）我国数字社会发展的国际对比

2017年中国信息社会指数为0.4749，在全球126个测评国家中排名第81位。在55个“一带一路”沿线国家中排名第35位，比上年提升1位。在亚洲35个国家中排名第19位，与上年相同。中国信息社会发展虽然仍处于全球中下游水平，但是近年来保持了较高增长速度。如图2-3所示，2016—2017年中国信息社会指数增速为4.6%，高于“一带一路”国家、金砖国家、G20国家和亚洲国家的发展速度，也明显高于全球平均增速。[①]

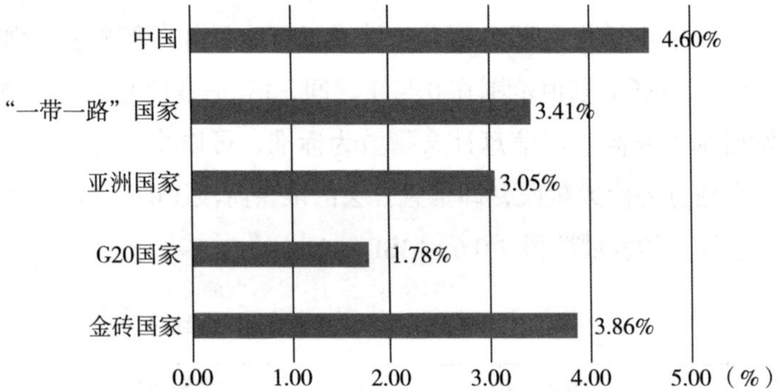

图2-3　2016—2017年中国、“一带一路”国家、亚洲国家、G20国家、金砖国家ISI增幅对比

资料来源：国家信息中心。

（3）我国国内数字社会发展的情况：政府数字治理稳步推进，居民生活数字化转变迅速

2017年中国信息社会指数达到0.4749，同比增长4.61%，处

① 2017年全球和中国信息社会发展报告．国家信息中心．2017-12-26. http: //www.sic.gov.cn/News/566/8728.htm.

于从工业社会向信息社会的加速转型期。相较于 2016 年，全国信息社会发展有所加快，信息社会指数同比增速提高 0.32 个百分点。2007—2017 年年均增长率为 8.35%，预计 2020 年全国信息社会指数将达到 0.6，整体上进入信息社会初级阶段。从信息社会发展的四个重点领域看，2017 年全国信息经济、网络社会、在线政府、数字生活指数分别为 0.4112、0.4250、0.6071、0.5443，其中，在线政府领域发展最快，同比增长 10.5%。[①]

从图 2-4 中可以看出，最近 10 年，我国居民的数字生活指数在 2007—2016 年保持了较高的增长速度，但 2016—2017 年增速放缓。在图 2-1 中，2016—2017 年移动互联网网民增速也在趋缓，这表明数字社会发展的横向扩张已经进入平原期，需要新的创新和动能转换。

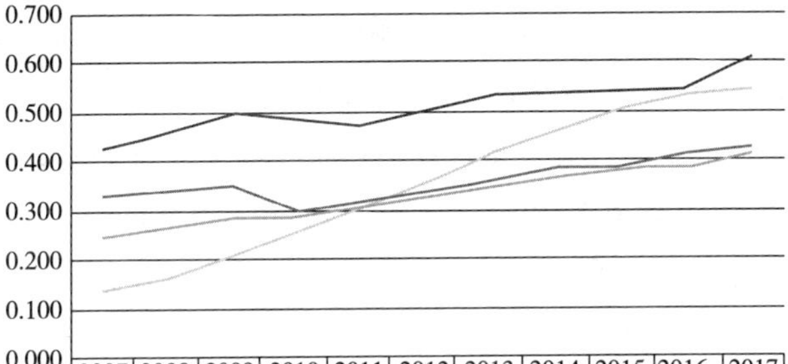

	2007	2008	2009	2010	2011	2012	2013	2014	2015	2016	2017
信息经济指数	0.252	0.265	0.281	0.291	0.312	0.332	0.347	0.368	0.380	0.387	0.411
网络社会指数	0.329	0.338	0.347	0.296	0.311	0.335	0.362	0.381	0.385	0.409	0.425
在线政府指数	0.431	0.457	0.502	0.486	0.470	0.503	0.536	0.541	0.545	0.550	0.607
数字生活指数	0.138	0.162	0.204	0.252	0.302	0.353	0.414	0.459	0.504	0.534	0.544

图 2-4　2007—2017 年信息（数字）社会四大领域发展情况

资料来源：国家信息中心。

① 2017 年全球和中国信息社会发展报告 . 国家信息中心 .2017-12-26. http: //www.sic.gov.cn/News/566/8728.htm.

数字经济评价体系下的数字化发展

（1）数字经济评价体系对比

数字经济对数字中国建设、数字社会发展影响有多大？这个关于测算和评价体系的问题当前并没有统一的答案。如表 2–4 所示，当前麦肯锡、波士顿咨询、埃森哲等均采用了自己的方法对中国的数字经济进行测算。中国信息通信研究院政策与经济研究所所长鲁春丛对这三家的测评体系进行了点评。他指出，麦肯锡只测算了数字经济中互联网 GDP 的规模，没有测算融合部分的规模。波士顿测算了 ICT 直接贡献的规模，融合部分只考虑了电子商务中 C2C 的交易额，对于规模庞大的高端工业传感器、工业控制系统、关键工业软件等融合类数字产品和服务没有纳入其中。埃森哲测算的是 ICT 直接贡献的规模，加上融合部分 13 个行业，得出我国 2015 年数字经济占 GDP 的 12%。2017 年，根据国家统计局发布的国民经济统计数据，通过测算 42 个行业，得出数字经济占 GDP 比重在 30%左右，应该是相对准确的。[①] 从表 2–4 的对比结果来看，我国的数字经济测算体系更符合数字中国建设和数字社会发展情况。

① 鲁春丛 . 中国数字经济发展与就业白皮书（2018 年）解读 . 通信世界 .http: //www.cww.net.cn/article?id=430288.

表 2-4　数字经济评价体系的 4 种方法

方法	主要评价方法	指标	代表性报告
麦肯锡 iGDP	iGDP	主要测算的是互联网 GDP，采用支出法，统计加总了创造、使用互联网网络和服务的个人消费、公共支出、私人投资和贸易差额。	2017 年 12 月，《中国数字经济如何引领全球新趋势》研究报告。
波士顿咨询	e-GDP	采用支出法，但统计范围比麦肯锡的大，评估所有与 ICT 设备创造生产、服务提供和应用相关联的活动，包括个人 ICT 消费支出、企业和个人 ICT 投资支出、政府 ICT 支出、ICT 设备出口净值以及 C2C 消费支出。	2017 年 1 月，《迈向 2035：4 亿数字经济就业的未来》。
埃森哲	多元回归分析法	不仅测算了“直接贡献”，即 ICT 硬件、软件等数字化产品和服务的价值，还测算了“间接贡献”，即数字化产品和服务在生产过程中产生的价值。由于数据原因，埃森哲只对金融、保险、通信、医疗、装备制造等 13 个行业进行了测算。	2018 年 4 月，《2017 中国数字经济发展报告》。
中国信息通信研究院	生产法测算数字经济规模	数字经济分成信息通信产业的直接贡献，即信息产业增加值占 GDP 的比例，还有信息产业应用到传统产业上导致的增加值占 GDP 的比例。 信息通信产业部分采用统计核算方法，即电子信息制造业、信息通信服务业、软件业的增加值之和。 数字经济融合部分则采用了“基于投入产出关联的核算方法”进行测算，其基本原理是经济产出是经济投入的结果，即通过投入产出表中各行业 ICT 产品和服务的投入与行业产出的对应关系，测算我国 42 个行业技术应用对行业产出的带动，相比于埃森哲的 13 个行业多出了 29 个。	《中国数字经济发展与就业白皮书（2017 年）》。

资料来源：中国信息通信研究院政策与经济研究所。

（2）我国数字经济已经成为产能升级关键引擎，向各行业广泛渗透

基于中国信息通信研究院的测评，当前我国数字经济发展有两个最为鲜明的特点：一是动能转换。数字经济高速发展，成为带动经济增长的核心动力。2017 年我国数字经济总量达到 27.2 万亿元，同比名义增长超过 20.3%，显著高于当年 GDP 增速，占 GDP 比重达到 32.9%，同比提升 2.6 个百分点（见图 2–5）。[①]

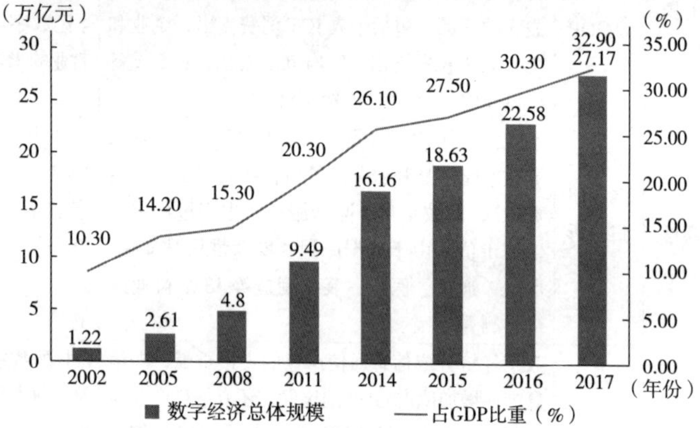

图 2–5　中国数字经济规模以及所占 GDP 比重

资料来源：中国信息通信研究院。

二是行业渗透差异较大。数字经济在各行业渗透程度不断加深。但我国各行业数字经济发展差异较大，服务业中数字经济占行业比重平均值为 32.6%，工业中数字经济占行业比重平均值为 17.2%，农业中数字经济占行业比重平均值为 6.5%，呈现出三产

① 中国数字经济发展与就业白皮书（2018 年）. 中国信息通信研究院 .

高于二产、二产高于一产的特征（见图 2-6）。[①]

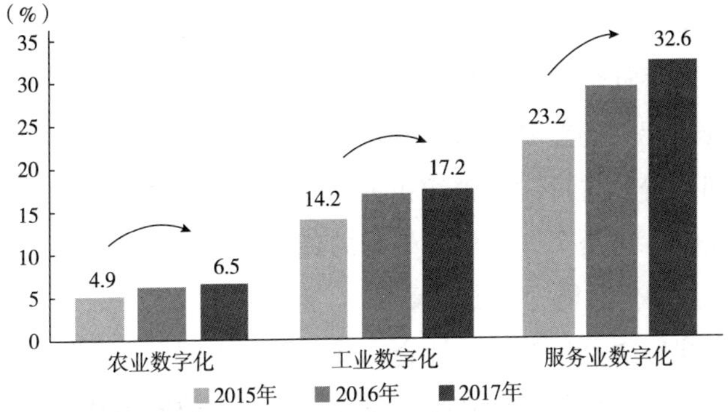

图 2-6　数字经济在各行业渗透加深

资料来源：中国信息通信研究院。

第四节　大数据、数字社会与未来治理

我国的数字化过程正在重塑当今的经济和社会，并直接影响未来的走向。而且，成功的数字社会发展是促进更具包容性和可持续增长的必要条件。与此同时，数字化也正在改变人与人之间的互动方式，改变经济的结构和商业模式。我们应该怎样理解数字与社会的交融？我国的数字社会治理模式又是怎样的呢？

数字与社会交互的三个层次

微观层次上的数字与社会交互涉及三个方面。一是社交网络

① 中国数字经济发展与就业白皮书（2018 年）. 中国信息通信研究院 .

及社交媒体的交互。移动互联空间实现“无处不在的互联”以后，社会个体包裹在社交网络和社交媒体当中，所有的社会行为都直接或间接、有意或无意地受到社交网络及社交媒体的影响。二是个体对数字社会信息的接收与分析过程。社会个体对接收数据信息的处理能力的差异，与其所能获取的有效社会自由、未来发展预期和既得利益可能性密切相关。三是个体对数字信息的优化决策和反馈。这是个体在信息处理的最终环节，基于自身社交网络体系和处理信息能力做出的反馈。

中观层次上的数字与社会交互主要是不同社会个体决策汇聚形成的社会集体行为的数字化反应。这是当前数字社会表现形态的重点，需要复杂的方法来建模，汇总和处理大量的信息。当前前沿的大数据技术，如深度学习等核心应用也处于这个层次，即对社会集体行为的数字化预测。

宏观层次上的数字与社会交互主要涉及均衡发展和社会公平，核心是创造更多变化。在数字与社会交互的微观与中观层次上，在数字社会的算法层次上，首要任务是寻求最优解——投入最少，获益最多。但在数字社会宏观层次上的数字交互，要考虑的问题是防止社会的固化和止步不前，以及创造更多的变化。这与数字社会微观和中观层次的数字交互是对立统一的。例如，在不平等问题上，因为公共物品、公共数据和公共网络的获取是不平等的，会加剧收入和财富的不平等，那么就需要结合经济、社会、文化、环境等各个方面的数据进行整合和均衡，以创造更多平等的机会。

因此，当我们讨论数字社会的时候，在数据问题上是要进行分层的。针对不同层次的数据问题进行不同目的的分析，同时相应的系统设计、算法修正存在很大的差异。这为制定公共政策、深化机构改革等提供了更精准、更高效和更有针对性的抓手。我国在基于数字社会的机构改革和治理模式发展方面已经走在了世界的前列。

我国已经形成基于人机交互的数字社会治理模式

我国的数字社会治理模式抓住了数字社会的关键点——人机交互 HCL（Human-Computer Interaction）。人机交互是指人与计算机之间使用某种对话语言，以一定的交互方式完成确定任务的人与计算机之间的信息交换过程。[①]人机交互侧重于计算机技术的设计和使用，以及人（用户）和计算机之间的交互关系。人机交互是计算机科学、行为科学、设计、媒体传播等多研究领域的交叉研究学科。我国在推进数字中国建设和进一步深化机构改革的过程中，已经形成了基于人机交互的数字社会治理模式。人机交互在技术层次上由三个主要特征组成，即用户、计算机及其交互或者协同。人机交互控制主要考虑以下 9 个要素（见表 2–5）。

表 2–5　人机交互的 9 个要素

要素	设计关键点
用户	动机，满足感，经验，享受，个性，认知过程和能力
接入	导航，输出设备，图标，命令，输入设备，图形，对话结构，用户支持，颜色的使用，多媒体，自然语言
环境	健康与安全，噪声，供暖，照明，通风

① 岳玮宁，董士海，王悦，等．普适计算的人机交互框架研究．计算机学报，2004，27（12）.

续表

要素	设计关键点
组织	工作设计，工作组织，培训，角色，政治
设计目标	任务分配，技能，简单，新颖，复杂，监控
舒适 / 自然度	座椅，布局，设备
限制条件	预算，建筑物，成本，设备，时间表，工作人员
产品要求	降低成本，提高质量，增加创新，增加产量，减少错误
系统性能	软件，硬件，应用程序

资料来源：Tech，S.（2016）. *Human-Computer Interaction：The Fundamentals Made Easy*。

从表 2–5 可以看出，人机交互是以人为中心的数字化系统工程。好的人机交互设计无处不在而又难以察觉，在无意识的过程中实现对人的自然化影响。当前我国的数字社会治理模式基本涵盖了人机交互的各个要素。如图 2–7 所示，已经能够实现党和政府与社会之间数据流的实时动态交互。这其中涉及“十二五”、“十三五”等国家战略和近 20 年来的多项重大信息（数字）工程建设任务。

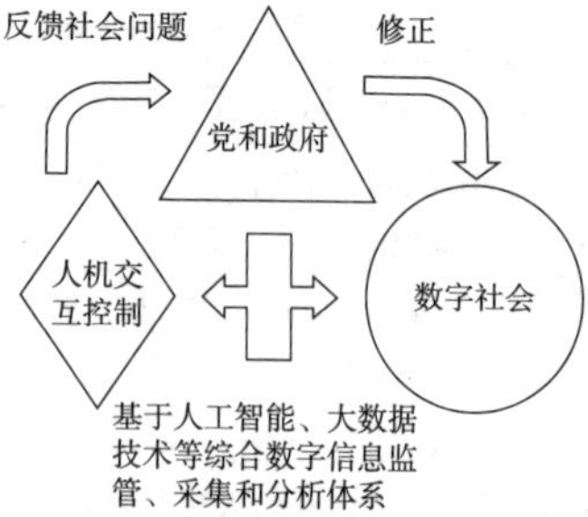

图 2–7　基于人机交互的数字社会治理模型

第五节　关于数字社会未来发展的建议

数字社会的发展带来前所未有的机遇，同时也带来了诸多挑战，如隐私、安全、消费者政策、竞争、创新、工作机会和技能发展等。若不能充分解决这些问题，可能会导致经济效率低下、政策滞后、不平等加剧以及社会结构失衡、增长放缓等一系列问题。

在数字时代，经济效益最大化和社会发展均衡化的有效政策组合是所有政府需要应对的挑战。要做到这一点，需要确保人人都能获得参与数字经济的机会，需要最大限度地提高技术的发展能力，同时还需要不断构建创新动能，以实现生产力的可持续性、包容性增长。

维持数字社会的竞争活力

维持数字社会的竞争活力，一方面要有不断打破垄断市场的机制体制。数字时代是赢者通吃的时代，一家独大足以扼杀绝大部分初创企业。如何保证中小企业能够获得与大公司均等的资源竞争权力，考验的是各国政府的魄力和执行力。另一方面，高速、易接入和低成本的互联网络是保证数字社会机会均等，以及竞争活力可持续发展的基础。

在农村和偏远地区，能够及时顺利地获取数据是相对欠发达地区实现跃迁的前提。随着智能移动设备成为关键，移动宽带成为至关重要的数字创新平台。此外，高速移动宽带对于贫困欠发达地区的进一步发展尤为重要。

改善偏远和欠发达地区的数字连通性，还有一个更重要的方面，即促进欠发达地区中小企业数字化。这需要我国在数字领域制定针对性的政策，特别是在宽带普及以及智能基础设施和物联网在提高中小企业产品附加值和服务收益方面起到越来越重要作用的今天，给予中小企业更加优惠的数字化政策，对于激活社会竞争活力，推动数字社会均衡发展尤为迫切。

制定和实施全面的数字社会战略

近 10 年，我国在促进数字社会发展方面制定了大量的鼓励性政策，当前主要集中在数字经济方面，如“十二五”规划将新一代信息技术列为国家战略性新兴产业，“十三五”规划明确提出，形成新一代信息技术等 5 个产值规模 10 万亿元级的新支柱。2015 年国务院总理李克强在全国两会上做政府工作报告时，首次提出“互联网 +”行动计划，在 7 月签批《关于积极推进“互联网 +”行动的指导意见》时，以及在 2015 年底世界互联网大会上均表示中国正在实施“互联网 +”行动计划，推进建设数字中国。

2016 年，国家发展改革委等四部门印发《“互联网 +”人工智能三年行动实施方案》。2018 年 3 月，数字经济首次写入政府工作报告。十八大以来，在中央推动均衡发展的总体战略的前提下，数字社会发展的战略问题逐步得到关注，并最终被提到与数字经济同样重要的发展层次上。

加强数字隐私和安全系统建设

伴随着数字技术的迅速普及，数字技术规模和范围的变化带来了安全和隐私风险，并可能对社会和经济活动产生重大影响。形势的发展需要强调在政策和做法上建立和维持信任，特别是中小企业和初创公司，在管理数字安全方面面临着巨大的挑战和隐私风险。数字安全事件可能导致消费者信任丧失、声誉受损或收入受损，对中小企业而言，可能比对大公司更具破坏性，因为它们更脆弱，且更难以承担数字隐私和数字安全的成本。数字隐私和安全体系建设能否作为面向未来的一项重要的数字社会公共产品纳入国家发展战略中，这个问题需要进一步探讨。数字社会已经到来，但是政府应该提供什么样的配套公共产品，目前还鲜有系统的讨论。

减少企业层面的数字社会准入障碍

数字社会最重要的一个特点是盘活了原来只属于公共领域的重要资产。例如原来政府持有的各类数据主要用于社会管理，并不能直接产生经济利益，但在数字社会时代，数字资产化使企业有了更广泛的市场接入点，政府原有的财政负担反而变成了数字时代企业争夺的重要“宝藏”。由于公共数据涉及国家安全，也存在诸多限制，我们建议借鉴美国的公共数字资源体系建设，让企业广泛参与进来，特别鼓励中小企业在公共数字领域释放企业创新活力，对政府与社会、政府与企业面向未来积极良性地互动来说，也是一种重要的落地方式。

反思数字技能人才的培养模式

过去20多年的数字化快速发展与我国的教育体系是分不开的，特别是大学扩招，推动了人力资本的持续积累。虽然中国劳动人口总量在2013年后见顶回落，人口红利逐渐消失，但工程师红利的效果逐渐显现。目前全国高校每年毕业的理工科研究生总数已上升至25万人，占总研究生毕业人数的比重稳定在45%左右，而招生人数更是上升至30万人。高等院校和研究机构正不断为业界持续输送技术人才。

持续的高投入、高回报也不断形成正向反馈。数字化相关行业不仅持续产生大量就业需求，也成为近几年最受高校毕业生青睐的热门行业。根据智联招聘《2016年秋季中国雇主需求与白领人才供给报告》，求职需求最多的十大行业中，数字经济相关行业占据三席，其中互联网行业超过金融、地产行业位居第一。与此同时我们也应该看到，随着人工智能的高速发展，数字社会对未来人才提出了全新的要求。

因此，确保每个人都拥有数字化技能是数字社会创新转化、高生产力和包容性增长的重要前提。但是，随着技术迭代和普及加速，对大部分人而言，仅凭专业技能推动创新的难度与日俱增。面向未来的数字社会发展，新的数字化人才除了需要具备专业技术，还需要掌握其他重要的软技能，如创业精神、组织知识、领导力和系统设计能力等。此外，在思维模式上，社会个体对新体验的开放性、适应性、韧性、沟通和团队合作，以及学习新技能的能力等，也会直接影响人才的创造价值。其中的原理很简单，纯技术的东西大部分会被人工智能代替，那么机器目前还难以替代的能力——人所特有的各种能力就会衬托到特别重要的位置。

提高数字社会承受能力和稳定能力

随着数字时代技术发展的不断加速，大部分产能不断惨遭淘汰，进而引发就业等一系列社会问题。但是，总体社会资源恒定的现实情况下，如果落后产能无法转化为增长力，那么企业在占用社会资源的同时，也会挤占其他更为先进企业的发展空间。[①] 有些类似的企业由于害怕被淘汰或者政府支持中断，而不顾自身情况逆向而行，以期通过增加更多的社会不稳定因素而绑架政府的支持。供给侧改革从降成本、去产能到去库存均收获了预期的效果。从目前的政策走向看，接下来供给侧改革的重心是去杠杆和补短板，其中补短板旨在提高供给效率，从而增加经济增长潜力。而无论是资本层面还是技术层面，在数字经济的提速、数字社会的全面发展方面都具有鲜明的导向性。

回顾历史，我们从农业时代迈入工业时代，与之相对应的是核心生产要素从土地和劳动力转为资本和能源，主导产业从劳动密集型的农业转为资本密集型的工业。现如今，全球数字时代已经到来，未来知识密集型的信息产业将成为主导产业，依托数字经济、数字社会的发展，数字中国的全面腾飞已经开始。

① Acemoglu，D.et al. *Innovation*，*Reallocation and Growth*，NBER Working Papers，2013.

第六节　关于数字社会未来发展的展望

数字社会的“获得感”与数字经济的发展息息相关

十八大以来，数字中国建设取得显著成效。我国适应和引领经济发展新常态，将信息化贯穿现代化进程始终，在推动产业全面升级、促进数字经济发展方面取得了世界瞩目的进展：不仅完成了从跟跑到并跑、领跑的发展转变，更为当前全球性经济形势低迷、逆全球化势力涌动的态势带来了全新的动能和希望。

数字经济的腾飞非一日之功。早在2000年，福建省极富前瞻性地提出了建设“数字福建”的战略构想，在很多西方发达国家还没有意识到数字力量时，就开始了数字动能的战略试点。随着我国的改革开放与深化机构改革，数字中国开始在各个领域展现，引领并逐步重构了社会的基础单元。持续扎实的战略执行力和领导力，逐步将数字中国的宏伟规划变成了现实，展现出面向未来的强劲动力。以数字经济为例，截至2017年，我国网民已达7.72亿，数字经济规模达27.2万亿元，同比增长20.3%，占GDP的比重达到32.9%，我国已经成为世界上首屈一指的数字经济体。

数字经济为老百姓带来了实实在在的“获得感”。习近平总书记在2016年4月20日至21日的网信工作会上强调：“网信事业要发展，必须贯彻以人民为中心的发展思想，把增进人民福祉作为信息化发展的出发点和落脚点，让人民群众在信息化发展中有更多获得感、幸福感、安全感。”我国的《“十三五”国家信息化规划》围绕建设数字中国，明确了17项发展指标，部署了10项重大任务、16 项重点工程。截至 2017 年底，国内信息技术发明专利授权数、光纤用户占宽带用户的比率、固定宽带家庭普及率、贫困村宽带网络覆盖率 4 项指标已经提前完成。良好的数字基础设施为大数据的高速交互提供了平台，特别是在“互联网 + 教育”“互联网 + 医疗”“互联网 + 文化”等方面，极大地促进了民生保障和群众生活的改善，群众的“获得感”大大增加。近年来，百姓少跑腿、数据多跑路，老百姓享受到了实实在在的福利。这为我国数字经济的下一步飞跃打下了坚实的社会基础和群众基础。根据 IDC 预测，2018 年中国广义的信息与通信技术市场规模将超过 7 200 亿美元，年增长率为 7.1%。此外，到 2021 年，至少 50% 的全球 GDP 将会是数字化的，中国数字经济比重将达 55%。

中国的数字经济转型为各国打开了希望之门。一方面，我国的数字经济腾飞为“一带一路”沿线国家带去了全新的发展动能。上海社会科学院研究显示，“一带一路”沿线国家的数字经济发展存在较大差异，在数字基础设施方面存在较大的“数字鸿沟”。受制于自身基础条件，其中“一带一路”沿线国家只能眼睁睁看着全球数字化进程越来越快，处于“干着急”的被动状态。随着我国数字产能的急剧提升，数字丝绸之路的推进为这些国家送去了进入数字时代的“入场券”。另一方面，数字经济转型托起了“金砖国家”新的双赢模式，例如 B2B、B2C 国际贸易成了全球经济增长的新亮点。中国的数字经济模式在俄罗斯、印度、巴西都已经产生示范性的影响作用，为带动金砖国家的数字经济繁荣做出了积极的贡献。

数字社会政策落地，需要进一步深化机构改革

2014 年“大数据”、2017 年“数字经济”、2018 年“数字中国”先后被写入政府工作报告，充分展现了我国在统筹推进“五位一体”总体布局、创新驱动发展战略、创新社会治理，以及在新的科技革命和社会革命中从跟跑转向并跑甚至领跑的重大突破。新时期如何为数字中国建设加油助力引起了广泛的关注。提升国家治理能力，建设数字中国没有成熟的经验可以借鉴，所以既要从历史中找答案，也要从现实中去探索。结合党的十九大以来的相关会议精神和 2018 年《政府工作报告》，为进一步深化机构改革、建设数字中国，有以下几个方面需要引起重视。

一是要推进数字供给侧改革，引领数字品质革命。我国目前已着手从建设大数据资源转向打造高品质数据产品的数字供给侧改革。2018 年《政府工作报告》明确指出，要实施大数据行动，加强新一代人工智能研发应用，推动医疗、养老等涉及民生的多领域“互联网 +”，积极推动数字供给侧改革，全面促进数字产品品质革命。同时，《报告》还提出要提高数字公共产品的服务，进一步推进城乡宽带覆盖和速度建设，取消流量漫游费，移动网络流量资费年内至少降低 30%，让群众和企业切实受益。人的数字化使数字资源成为国家之间争夺的新的核心战略资源，当前我国已经成为数字世界领跑者。

二是要化解数字中国治理的系统风险、社会公平问题和政府利益冲突。首先要防范现代化治理过程中的系统风险，包括法律法规与技术高速发展不协调、网络空间行为管理不规范、数字化政府系统运行不稳定等问题，避免数字中国时代“黑天鹅”事件引发大面

积政府功能的瘫痪。其次是数字中国治理现代化过程中的社会公平问题，包括维护数字平等权、完善数字福利机制、保证算法与程序正义等。同时要处理好数字中国现代化治理过程中的政府利益冲突，如应对数字化对政府原有权力体系的冲击，建立新的争议矛盾解决机制，打破部门利益，推动公共数字系统的整合等。

三是要注重均衡，促进数字中国和网络强国的发展。2011 年工业部发布了《物联网“十二五”发展规划》，对数字中国相关基础设施建设进行布局。2014—2016 年着力于大数据体系建设，2017 年，“数字经济”首次被写入《政府工作报告》，同年，十九大报告明确提出建设“网络强国”“数字中国”，其中“数字中国”首次被写入 2018 年《政府工作报告》。截至 2018 年，腾讯数据统计显示，微信在全球月活跃用户数已突破 10 亿，全球十大互联网企业里，中国企业占了 4 个。[①] 以“互联网 +”为手段，数字经济得到不断发展。立足均衡发展战略，我国向着数字中国和网络强国的目标不断推进。

四是持续稳定的政府领导力是数字中国发展的关键。在过去的 100 多年里，公共部门先后经历了两次重要的治理现代化改革，分别是 19 世纪末 20 世纪初开始的科层制改革和 20 世纪 80 年代兴起的新公共管理运动。两次公共部门改革都是因当时的社会危机和政府危机引发的。前者与工业革命相关，后者是因为 20 世纪 70 年代石油危机导致财政危机而出现的。纵观这两次改革，可以看到只有在面对社会危机时能保持稳定持续的领导力、不断进行

① 马化腾：微信用户超 10 亿，十大互联网公司中国占 4 个 . 网易，http: //dy.163.com/v2/article/detail/DC5KRRUG0517BT3G.html，2018-03-05.

自我变革的政府，才能真正把握时代脉搏。

亚里士多德说："最稳定的政体既不是民主政体，也不是寡头政体和君主政体，而是这三种政体（优点）的结合。"在政府治理现代化的道路上没有万灵药，不断自我变革是持续稳定政府领导力的重要表现形式。在政府领导力的推动下，通过政府组织的不断自我变革，确保政府自身能满足新的生产力与生产关系的需要，从而避免社会革命的暴力化，推动社会的和平稳步发展。

第三章

人工智能在中国

人工智能正处于高速发展过程中，只言片语很难做到一叶知秋，但每增加一片相关研究的“叶子”，就会更有利于接近本来的发展面貌。本章简要回溯人工智能的发展历程，对目前人工智能主流技术在我国的发展情况以及存在的问题进行探讨。

1965 年 4 月 19 日，仙童半导体公司的工程师戈登·摩尔在《电子学》杂志上发表了一篇题为《让集成电路填满更多的组件》的论文，预言半导体芯片上集成的晶体管和电阻数量将每年增加一倍。[①] 回首我国改革开放 40 年来的技术迭代进程，刚好与摩尔定律吻合，技术突飞猛进，成绩、问题与机遇并存。本章选取了最近几年发展比较迅猛的人工智能技术作为样本，对数字中国崛起过程中的技术问题进行了梳理。

在过去 60 余年的发展历程中，人工智能的发展历经起伏和波折，始终不变的是美国占据主导地位。从 IBM 开发的深蓝系统击败国际象棋大师加里·卡斯帕罗夫，到谷歌阿尔法围棋（Alpha Go），基本上前沿的人工智能进展都来自美国。但是，随着中国的迅速崛起，美国有了严重的危机感。本章将从人工智能发展历史以及我国的相关发展情况展开论述。

① Moore，Gordon E. “Cramming More Components onto Integrated Circuits” . *Electronics,* 1965，38（8）：114.

第一节　人工智能发展的历史

早在柏拉图和亚里士多德时代就已经有了让机器模仿人类的想法，但真正意义上的人工智能制造和设计实践是从19世纪开始的。我们参考维基百科关于人工智能历史的资料，经整理后概述如下。①

1952—1956年，人工智能的诞生。1950年，艾伦·图灵提出了著名的图灵测试，定义为“如果一台机器能够与人类展开对话（通过电传设备）而不被辨别出机器身份，那么称这台机器具有智能”②。1955年，艾伦·纽厄尔和赫伯特·西蒙在J. C. 肖乌的协助下开发了《逻辑理论家》。这个程序能够证明罗素和怀特海所著《数学原理》前52个定理中的38个，其中某些证明比原著更加新颖和精巧。西蒙认为它已经“解决了神秘的心/身问题，解释了物质构成的系统如何获得心灵的性质”③。1956年夏天，美国达特茅斯学院举行了历史上第一次人工智能研讨会，这被认为是人工智能诞生的标志。会上，麦卡锡首次提出了“人工智能”这个概念，纽厄尔和西蒙则展示了他们编写的逻辑理论机器。④

---

① History of Artificial Intelligence, https://en.wikipedia.org/wiki/History_of_artificial_intelligence, 2019-09-02.

② McCorduck, Pamela. *Machines Who Think*(2nd ed.), Natick, MA: A. K. Peters, Ltd., 2004.

③ McCorduck, Pamela. *Machines Who Think*(2nd ed.), Natick, MA: A. K. Peters, Ltd., 2004.

④ Crevier writes “the conference is generally recognized as the official birthdate of the new science”. 1993: 49.

1956—1974 年，黄金时代。达特茅斯会议后，人工智能引起了广泛关注，机器的智能化使很多人感到震惊。[①]学者对人工智能的前景表现得非常乐观，普遍认为具有完全智能的人工智能机器将在 20 年内实现。美国国防部高级研究计划局（DARPA）等政府机构对人工智能领域产生了很大的兴趣，并投入大量的资金。这一时期在搜索与推理、自然语言处理、机器视觉、自动控制等领域都有很多突出的贡献。

1974—1980 年，第一次寒冬（低谷）期。受制于计算机算力，当时的计算机有限的内存和处理速度不足以解决任何实际的 AI 问题。例如，奎廉在自然语言方面的研究结果只能用一个含 20 个单词的词汇表进行演示，因为内存只能容纳这么多。[②] 1976 年汉斯·莫拉维克指出，计算机离智能的要求还差上百万倍。他做了个类比，人工智能需要强大的计算能力，就像飞机需要大功率的动力一样，低于一个阈值时是无法实现的；但是随着能力的提升，问题逐渐会变得简单。[③]当时的计算力还远不能满足人工智能的要求。另外，AI 问题计算的复杂性也呈指数级增长。1972 年理查德·卡普根据斯蒂芬·库克于 1971 年提出的 Cook-Levin 理论证明，许多问题只可能在指数时间内获解（计算时间与输入规模的幂成正比）。除了那些最简单的情况，这些问题的解决需要近乎无限长的时间。这

---

① Russell, Stuart J.; Norvig, Peter. *Artificial Intelligence*：*A Modern Approach*（*2nd ed.*）. New Jersey, Prentice Hall. 2003：18.

② Buchanan, Bruce G. A Very Brief History of Artificial Intelligence. AI Magazine. 2005：53–60. https://web.archive.org/web/20070926023314/http: //www.aaai.org/AITopics/assets/PDF/AIMag26-04-016.pdf, 2007-12-26.

③ Crevier 1993，pp. 146–148，see also Buchanan 2005，p.56.

就意味着 AI 中的许多玩具程序恐怕永远也不会发展为实用的系统。[①] 这使早期乐观的预期遭受当头一棒，政府等资方由于看不到希望，纷纷撤资。AI 研发进入第一个寒冬（低谷）期。

1980—1987 年，繁荣期。进入 20 世纪 80 年代后，专家系统的崛起开始重新吸引资本的进入。专家系统是一种程序，能够依据一组从专门知识中推演出的逻辑规则在某一特定领域回答或解决问题。最早的示例由爱德华·费根鲍姆和他的学生开发，1965 年设计的专家系统 Dendral 能够根据分光计读数分辨混合物，1972 年设计的 MYCIN 能够诊断血液传染病。这些案例展示了这一研究方法的威力。[②]

专家系统仅限于一个很小的知识领域，从而避免了常识问题，其简单的设计又使它能够较为容易地实现编程或修改。专家系统让 AI 开始展现巨大的商业应用前景。

1980 年卡内基梅隆大学为数字设备公司 DEC（Digital Equipment Corporation）设计了一个名为 XCon 的专家系统，这是一次巨大的成功。1986 年之前，它每年为公司省下 4 000 万美元。[③] 全世界的公司都开始研发和应用专家系统，它们已经投入 10 亿美元以上，大部分用于公司内设的 AI 部门。为之提供支持的产业应运而生，其中包括 Symbolics、Lisp Machines 等硬件公司和 IntelliCorp、Aion

---

① Russell, Stuart J.; Norvig, Peter. *Artificial Intelligence*：*A Modern Approach*（*2nd ed.*）. New Jersey, Prentice Hall. 2003：18.

② McCorduck 2004，pp. 327–335（Dendral），Crevier 1993，pp. 148–159，Russell &Norvig 2003，pp. 22–23.

③ Crevier, Daniel. *AI*：*The Tumultuous Search for Artificial Intelligence*. New York, BasicBooks. 1993：198.

等软件公司。[①] 这个过程与当时计算机硬件发展和数据库技术的发展密切相关。同时，专家系统为 AI 发展与资本进入重新架起了桥梁。

专家系统的兴起掀起了“知识革命”，该系统的能力在于它能存储丰富的知识，因此知识库系统和知识工程成为 19 世纪 80 年代末 AI 研究的主要方向。[②]

1982 年，物理学家约翰·霍普菲尔德证明一种新型的神经网络（“Hopfield 神经网络”）能够用一种全新的方式学习和处理信息。几乎与此同时，杰弗里·辛顿和大卫·鲁姆哈特推广了反向传播算法，一种神经网络训练方法。这些发现使 1970 年以来一直遭人遗弃的联结主义重获新生。[③]

另外，由于处理问题复杂度的增加，20 世纪 80 年代也兴起了开发新一代计算机的浪潮。1981 年日本启动了第五代计算机的研发工作[④]，英美也开始推动大投入的高性能计算相关的研发工作。

1987—1993 年，第二次寒冬（低谷）期。专家系统应用的局限性问题开始显现，如 XCon 等早期获得成功的系统逐渐暴露出

---

① Russell, Stuart J.; Norvig, Peter. *Artificial Intelligence*：*A Modern Approach*（*2nd ed.*）. New Jersey, Prentice Hall. 2003：24.

② Russell, Stuart J.; Norvig, Peter. *Artificial Intelligence*：*A Modern Approach*（*2nd ed.*）. New Jersey, Prentice Hall. 2003：22–23.

③ Russell, Stuart J.; Norvig, Peter. *Artificial Intelligence*：*A Modern Approach*（*2nd ed.*）. New Jersey, Prentice Hall. 2003：25.

④ McCorduck, Pamela . *Machines Who Think*（*2nd ed.*）. Natick, MA：A. K. Peters, Ltd. 2004：436–441.

系统维护费用昂贵、难以升级、容错率低等问题。[①] 同时，由于专家系统应用的领域和场景有限，商业前景并不及最初的预期，新的一轮撤资潮开始出现。到了 20 世纪 80 年代晚期，战略计算促进会大幅削减对 AI 的资助。DARPA 的新任领导认为 AI 并非“下一个浪潮”，拨款将倾向于那些看起来更容易出成果的项目。[②] 除专家系统外，到 1991 年，日本持续了 10 年的第五代计算机工程事实上被证明是失败的 [③]，整个 AI 发展陷入新的低谷。

1993—2011 年，第三次发展期。这一时期是计算机产业高速发展时期，特别是互联网的全球化，对人类知识融合和创新产生了革命性的影响。这一时期发生了一系列 AI 历史上的革命性事件，1997 年深蓝电脑在国际象棋大赛中首次战胜人类 [④]；2005 年，在 DARPA 无人驾驶大赛中，斯坦福的无人驾驶汽车夺冠，成功实现自动行驶 131 英里（约 210 千米）。这段时期人工智能相关的基础科学得到了迅速发展。特别是在互联网高速发展，以及全球海量基础数据积累和摩尔定律的推动下，高性能计算系统不断升级，为大数据时代人工智能的飞跃奠定了基础。

2011 年到现在，大数据驱动 AI 发展时期。在全球范围内，从 2011 年开始，在谷歌搜索指数中大数据的词频骤升（见图 3–1）。

---

① McCorduck, Pamela . *Machines Who Think*（*2nd ed.*）. Natick, MA ： A. K. Peters, Ltd. 2004 ：435.

② McCorduck, Pamela . *Machines Who Think*（*2nd ed.*）. Natick, MA ： A. K. Peters, Ltd. 2004 ：430–431.

③ McCorduck, Pamela . *Machines Who Think*（*2nd ed.*）. Natick, MA ： A. K. Peters, Ltd. 2004 ：441.

④ McCorduck, Pamela . *Machines Who Think*（*2nd ed.*）. Natick, MA ： A. K. Peters, Ltd. 2004 ：480–483.

这得益于20世纪末至21世纪前10年全球互联网的高速发展和海量数据的积累。大数据的应用与计算能力的快速发展渗透到各个领域。深度学习，例如深度卷积神经网络和递归神经网络的发展进步，在人工智能图像、视频、语音识别等领域的发展较为迅速，逐渐形成了基于特定技术的技术生态。机器学习是当前人工智能技术用到的主流机器学习算法。机器学习是指计算机系统用于逐步改善其在特定任务上的性能的算法和统计模型的研究。[①] 通俗而言，机器学习是指在没有明确编程的情况下从数据中学习的计算系统。目前机器学习技术发展迅速，且在人工智能工程领域应用越来越广泛。

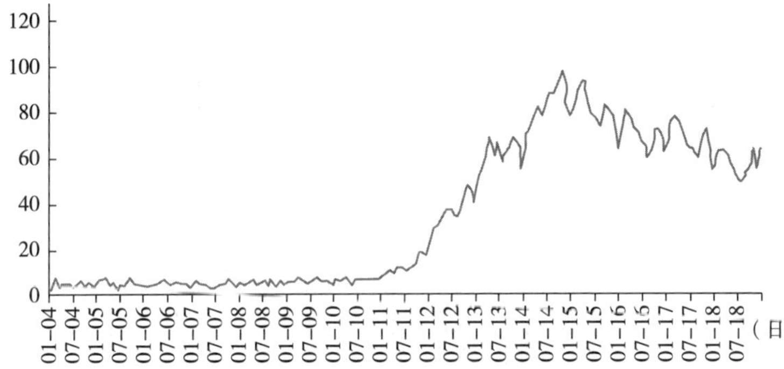

图 3–1 大数据谷歌趋势搜索指数

资料来源：谷歌趋势搜索，搜索时间2018年12月15日。

① Koza, John R.; Bennett, Forrest H.; Andre, David; Keane, Martin A. *Automated Design of Both the Topology and Sizing of Analog Electrical Circuits Using Genetic Programming.* Artificial Intelligence in Design 1996. Springer, Dordrecht. 1996：151–170.

第二节 人工智能发展的崛起

我国的人工智能发展开始逐步与美国缩小差距

（1）我国人工智能申请专利增长较快。2012 年以来，我国在互联网、大数据与人工智能方面发展迅速。图 3-2 是 2007—2016 年我国人工智能相关专利的申请数量。2014 年人工智能专利申请数达到了 19 197 项，2015 年为 28 022 项，2016 年为 29 023 项。

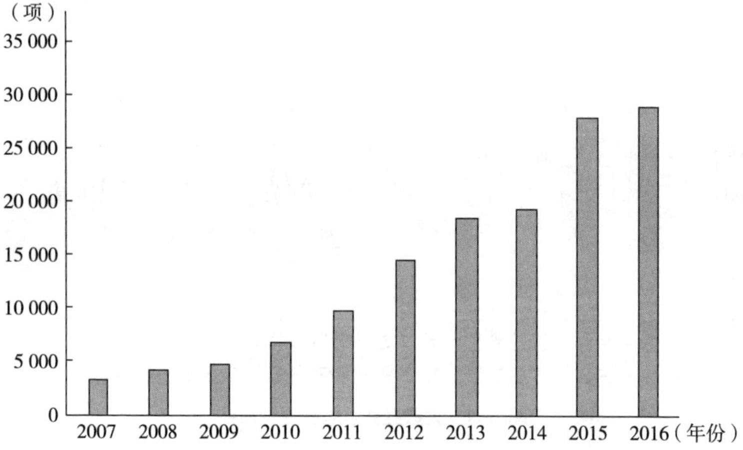

图 3-2 2007—2016 年中国人工智能相关专利申请数统计

资料来源：2017 年中国人工智能行业白皮书，iiMedia Research，2017.11。

（2）人工智能公司创业情况。根据艾媒咨询的统计，当前人工智能领域创业公司在机器视觉领域占比最多，达 17.7%；紧随其后的是服务机器人领域，占比 15.0%；再次是语音及自然语言处理，占比 9.75%；智能医疗占比 8.4%，无人驾驶占比 6.2%，并且随着行业之间的横向关联和纵向拓展而不断发展（见图 3–3）。

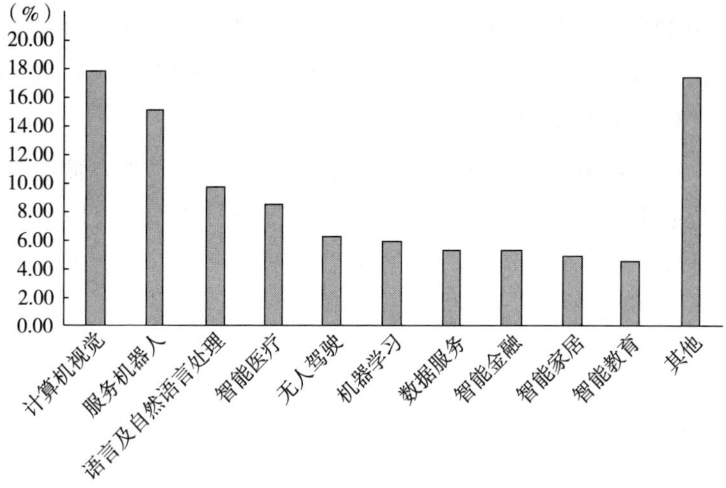

图 3–3　人工智能创业公司涉及行业情况（截至 2017 年 10 月）

资料来源：2017 年中国人工智能行业白皮书，iiMedia Research，2017.11。

（3）产业投资热情高涨。如图 3–4 所示，2013—2017 年，我国人工智能领域的投资热情持续高涨。2017 年投融资总规模达到 1 800 亿元人民币，平均每笔金额接近 6 亿元人民币。

（4）中国与美国在人工智能方面的竞争。当前美国在人工智能领域的优势首次受到挑战，特别是中国人工智能的发展速度很快，并且成绩突出。衡量国家科学力量的一种原始但有用的方法是研究一个国家在主要科学出版物市场的表现。人工智能领域的重要科学会议之一是人工智能促进协会年会（Annual meeting of the Association for the Advancement of AI），1980 年首次举行，当时没有一篇论文是由中国研究所的研究人员撰写的。但是近 20 年来，中国在人工智能领域的论文产出，从 1997 年的 1 000 余篇快速增长至 2017 年的 37 000 余篇，在该领域发表论文的全球占比也从 1997 年的 4.26% 增长至 2017 年的 27.68%，中国与美国的论文产出分别位于全球第一和第二，是位于第三的英国产出量的 3 倍以上（见图 3-5、图 3-6）。①

从这个趋势看，现在很难避免中国与美国在人工智能方面的主导地位上进行激烈的竞争。以欧洲为例，欧洲在科技领域一直是全球高峰地区，和美国遥相呼应。但当前欧洲并没有一个国家能够在人工智能投融资数量上与中国竞争。为什么中国突然表现得如此突出？

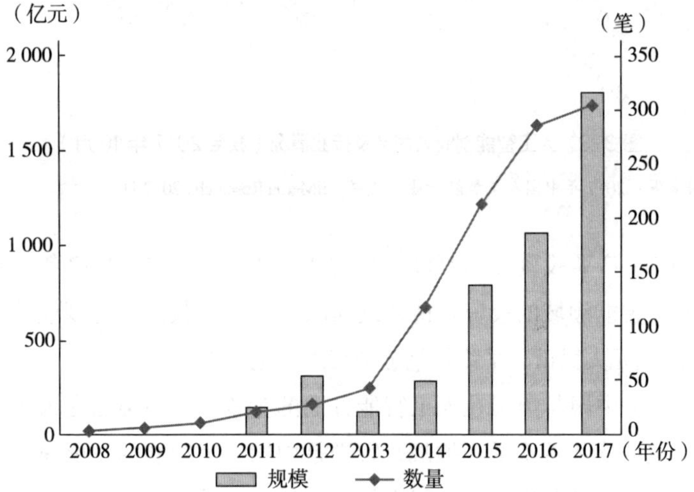

图 3-4　中国人工智能领域投融资规模和数量

资料来源：中国通信研究院，2017 年中国人工智能产业数据报告。

① 中国人工智能报告 2018. 清华大学中国科技政策研究中心 .

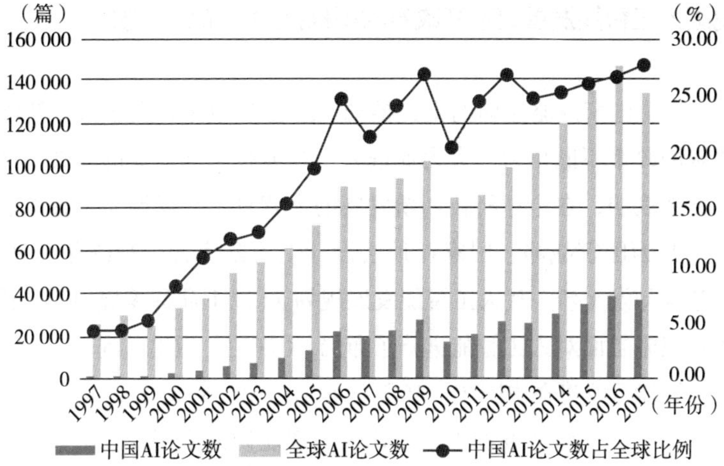

图 3-5　中国 AI 领域论文产出及其在全球占比发展趋势（1997—2017 年）

资料来源：中国人工智能报告 2018。

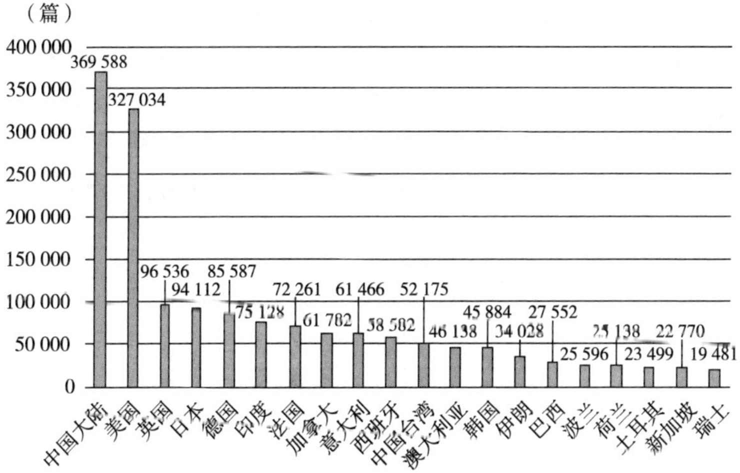

图 3-6　全球 AI 论文产出最多的 20 个国家和地区（1997—2017 年）

资料来源：中国人工智能报告 2018。

我国人工智能发展离不开政府的积极推动和市场的激励

（1）国家战略层面的大力推动。2015 年以来，我国人工智能领域的政策不断出台，大力促进人工智能技术和产业的发展。这清晰地表明，在全球科技创新发展的大背景下，发展人工智能已经上升为国家战略，国家在顶层设计上不断完善。2017 年 7 月，国务院印发《新一代人工智能发展规划》(以下简称《规划》)，首次在战略层面对人工智能进行了布局。《规划》指出，到 2030 年，人工智能行业将在中国产生10万亿元的产业带动效益。2018年《政府工作报告》强调要加强新一代人工智能研发应用，我国人工智能发展已经进入全面推进阶段。

表 3-1　我国人工智能政策法规汇编

时间	行政机关	政策标题	主要内容
2015 年 5 月	国务院	《中国制造 2025》	首次提出智能制造
2015 年 7 月	国务院	《“互联网 +”行动指导意见》	明确人工智能为重点发展领域
2016 年 4 月	工信部、国家发改委、财政部	《机器人产业发展规划（2016—2020 年）》	聚焦智能工业型机器人发展
2016 年 5 月	发改委、科技部、工信部、网信办	《“互联网 +”人工智能三年行动实施方案》	规划人工智能产业体系建设
2016 年 7 月	国务院	《“十三五”国家科技创新规划》	研发人工智能、支持智能产业发展
2016 年 9 月	国家发改委	《国家发展改革委办公厅关于请组织申报“互联网 +”领域创新能力建设专项的通知》	将人工智能纳入“互联网 +”建设专项

续表

时间	行政机关	政策标题	主要内容
2016 年 12 月	国务院	《“十三五”国家战略性新兴产业发展规划的通知》	支持人工智能领域软硬件开发及规模化应用
2017 年 3 月	国务院	《政府工作报告》	人工智能出现在《政府工作报告》
2017 年 7 月	国务院	《新一代人工智能发展规划》	提出阶段性战略目标
2017 年 12 月	工信部	《促进新一代人工智能产业发展三年行动计划（2018—2020 年）》	推进人工智能和制造业深度融合
2018 年 1 月	中国电子技术标准化研究院	《人工智能标准化白皮书（2018 版）》	提出能够适应和引导人工智能产业发展的标准体系
2018 年 3 月	国务院	《政府工作报告》	加强新一代人工智能研发应用
2018 年 4 月	教育部	《高等学校人工智能创新行动计划》	优化高校人工智能创新体系
2018 年 11 月	工信部	《新一代人工智能产业创新重点任务揭榜工作方案》	树立企业标杆

资料来源：中国信息安全，2018，5（101）：74-76，以及前瞻产业研究院。

（2）市场规模不断扩大。2017 年我国人工智能行业资金额达 645 亿元，融资事件达 492 起；2018 年前三季度我国 AI 发生融资事件 441 起，总金额达 825 亿元。根据 CB Insight 数据，2017 年全球人工智能融资规模达到 152.42 亿美元，中国已对美国实现超越，融资规模占比 49%。资本的涌入进一步催熟 AI 技术，加快技术在应用层的下沉。

图 3-7 是截至 2018 年 AI 各领域融资额度分布。我国的市场规模在人工智能发展过程中有独特的优势。当前 AI 热潮背后的机器学习技术严重缺乏数据。为了识别人脸，翻译语言和无人驾驶汽车需要大量的“训练数据”—— 我们每次上网或使用智能手机时产生的机器学习算法的“燃料”。我国单一市场的人口比美国和欧洲的总和还要大，而且中国公司在获取数据方面具有天然优势。由于巨大的人口基数，腾讯、百度、阿里巴巴和京东等中国科技公司在用户数量和市值方面都是全球巨头，它们在人工智能方面的投资比较广泛。例如，截至 2018 年 2 月，微信用户已超过 10 亿人次[①]。规模化的大数据市场铸就了中国人工智能发展的强大驱动力。

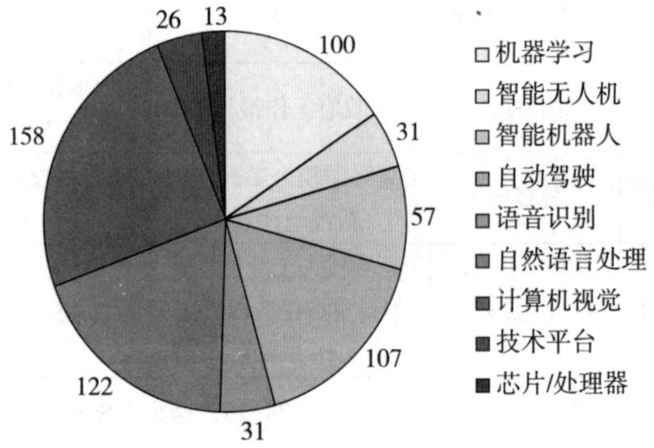

图 3-7　中国 AI 各领域融资额度分布（亿元）

资料来源：Statista.com。

① 马化腾 . 微信活跃用户数全球超过 10 亿人 . 新浪科技，2018-03-05. https://tech.sina.com.cn/roll/2018-03-05/doc-ifyrztfz8050525.shtml.

（3）企业的转型升级。我国近年来的企业转型升级在智能化方面取得了不小的成绩。人工智能正在成为全新的生产要素，将改变企业竞争及增长方式，并将至少在三个方面推动增长：首先是智能自动化效应，AI能够自动执行实体环境中对敏捷性及适应性要求较高的复杂任务，同时伴随大规模的重复工作能够进行自我学习以实现持续升级；其次，AI可以补充和增强现有劳动力及资本，对其赋能，提高资源利用效率；最后，人工智能可以激发大量创新，如无人驾驶、新零售等，故人工智能未来将成为社会发展的基础设施，作为新的生产要素彻底改变企业的竞争及增长方式。据埃森哲数据统计，未来与AI深度融合的企业能够将赢利能力平均提升38%，同时AI将为教育、制造、批发、零售等16个行业额外带来超14万亿美元的总附加值。

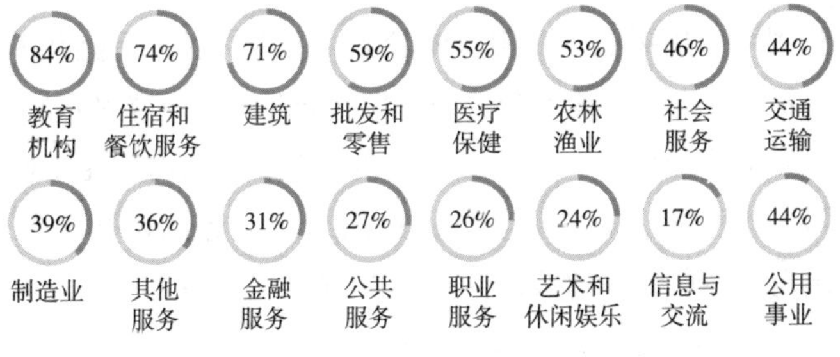

图3-8　人工智能为各行业带来的利润提升

资料来源：埃森哲。

截至2018年，我国国内人工智能主要在三个产业方向的发展上具有代表性。一是人工智能推动安防行业进一步升级，拓宽行业成长空间。受益于AI机器视觉技术的迅速成熟，安防行业亦逐步由"看得见"向"看得清"到"看得懂"发展，智能安防能够自行提取更多细微特征，大幅减少人力及开发成本，将原来的事后追责转变为事前预防及事中识别，大幅提升政府和企业工作效率，如 2017 年商汤科技的人脸识别在重庆落地后，相比人工效率提升 200 倍。安防行业从过去的模拟到数字再到高清化时代，每一次产业升级都伴随着市场需求的进一步释放。我们认为，在智能化时代，安防行业的市场边界将进一步拓宽，未来“AI+”视频监控将逐步下沉至自动驾驶、智慧医疗、环境监测等下游新兴应用，市场空间将进一步拓宽。预计 2020 年我国安防行业整体规模将超过 9 000 亿元。

二是智能语音，AI 时代的流量入口，科技巨头纷纷布局。智能语音通过高准确率的语音识别技术调取相应应用。在技术层面，智能语音龙头科大讯飞的识别准确率达 98%，阿里达摩院日前开源的语音识别模型 DFSMN 准确率也已达到 96.04%，技术已达到可应用标准。在用户体验上，语音交互大幅提升了便捷性及娱乐性，作为智能家居控制入口的同时也是内容娱乐的出口，形成良好的用户体验。从行业发展角度来看，国内外亚马逊、谷歌、阿里、京东、百度等科技巨头均推出了自家的智能音箱产品。根据国金证券研究所的数据，截至 2018 年第一季度，全球智能音箱出货量逾 900 万台，中国市场达 180 万台，仅次于美国的 410 万台，成为全球第二大市场。多因素推动下，智能音箱市场风口已来。

三是自动驾驶，人类逐步交出操控权，提高安全系数。自动驾驶是人工智能的重要落地领域。目前各整车厂及科技巨头均在自动驾驶领域有所布局：整车厂方面，奥迪 L3 级 A8 已实现量产上市；特斯拉宣布覆盖各类驾驶场景的完全自动驾驶将于 2019 年末上市；通用汽车计划2018年生产数千辆自动驾驶汽车，用于来福车（Lyft）出租车服务。科技巨头方面，谷歌Waymo（谷歌拆分出来的自动驾驶公司）已于2018年拿到首个商业自动驾驶打车服务执照；百度Apollo于同年11月与一汽共同宣布中国首款L4级自动驾驶乘用车的量产计划。巨头纷纷发力，自动驾驶行业持续火热。据Strategy Analytics预测，到2035年无人驾驶汽车将创造8 000亿美元的市场规模，2050年将达到7万亿美元。

第三节　人工智能发展的未来

从基础设施到应用层面的全方位发展

人工智能研究的领域主要有五层（见图3–9），第一层是基础设施建设，包含数据和计算能力两部分，数据越大，人工智能的能力越强。第二层为算法，如卷积神经网络、LSTM序列学习、Q-Learning、深度学习等，都是机器学习的算法。第三层为重要的技术方向和问题，如计算机视觉、语音工程、自然语言处理等。另外还有一些类似决策系统，比如增强学习或一些大数据分析的统计系统，这些都能在机器学习算法上产生。第四层为具体的技术，如图像识别、语音识别、机器翻译等。第五层为行业的解决方案，如人工智能在金融、医疗、互联网、交通和游戏上的应用等。①

① 腾讯AI Lab张潼主任带你轻松get AI新知识．腾讯云，https://cloud.tencent.com/developer/article/1005143.

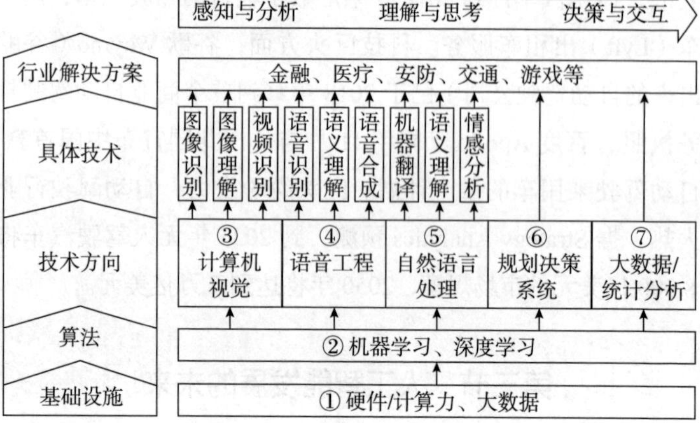

图 3-9　当前人工智能产业相关基础产业架构

资料来源：腾讯 AI Lab，图表由张潼绘制。

人工智能正在重塑我国的信息产业

当前产业正在跨界和重构，传统的芯片商、运营商、设备商和互联网公司及云服务商的合作和竞争边界变得越来越模糊，设备商和云服务商巨头进入芯片领域已成为普遍趋势。这主要体现在两个方面。

一方面，AI 颠覆芯片产业格局，行业进入全面竞争阶段。不同于传统通用芯片功能，AI 时代，底层芯片的设计目的并非执行逻辑复杂的指令，而是实现大规模数据训练和推理。随着“AI+”成为普遍商业模式，人工智能已成为芯片产业最重要的增长动力，未来将加速普及渗透。芯片市场蛋糕越做越大，拥有不同功能和定位的芯片将长期共存，百花齐放。全球 AI 芯片产业目前已初步形成五大阵营：一是传统的芯片企业转型升级做 AI 芯片，海外公司如英特尔、AMD，国内公司如杭州国芯、瑞芯微等；二是初创AI芯片公司，海外如SambaNova Systems、Movidius，国内如寒武纪、地平线、深鉴科技等；三是互联网公司巨头进入AI芯片领域，海外如谷歌、脸书等，国内包括阿里巴巴、百度等；四是传统的ICT巨头进入AI领域，海外如IBM，国内如华为；五是中国独有的产业生态，即从矿机芯片向AI芯片进行转型，典型的如比特大陆、嘉楠耘智等。

另一方面，人工智能的软件技术平台将是巨头的必争之地。人工智能平台是AI领域的“下一代操作系统”,这一领域将成为谷歌、微软、脸书、亚马逊等大玩家的竞争重点。谷歌推出了TensorFlow跨平台深度学习架构，能够实现云端大规模学习到终端多平台部署的无缝衔接；微软推出的CNTK支持对常用深度神经网络架构的结构性执行，比如卷积神经网络、循环神经网络和长短期记忆网络，同时支持多个计算设备以及多个GPU的计算；此外亚马逊、脸书、阿里巴巴、腾讯等均已推出自己的AI软件平台。我们认为，人工智能平台的技术壁垒高，马太效应强，且需要长期持续的大规模研发资本投入，未来这一领域将是国际巨头间的博弈。

中国机器人制造业未来将引领全球

2005—2015年，中国工业机器人用10年时间完成了日本20年的发展历程，从上游核心零部件到中游本体再到下游系统集成，从无到有，形成了完整的产业链。从国际对比看，根据IFR数据，中国、日本、韩国、美国、德国五个国家消费了全球73%的机器人，同时也是全球重要的机器人制造大国。中国后来居上，成为世界上第三个具备完整产业链的国家，另外两个是日本、韩国。美国和德国均缺乏核心减速器企业，不具备完整产业链。除了发展速度以外，我国的机器人产业未来将引领全球还有以下四点原因。

第一，初步形成与下游制造业匹配的产业集群。类似日本，中国机器人产业也出现与制造业需求相匹配的产业集聚现象，汽车业、3C 电子制造业集聚的珠三角、长三角地区也是机器人产业集群的核心区域。无论是整体机器人企业地域分布，还是机器人系统集成商企业地域分布，珠三角、长三角合计占比都超过 70%。

第二，人工智能技术研发已经与发达国家处于并跑和领跑阶段。这一点已在前文论述，人工智能技术作为支撑机器人的核心技术，与机器人发展关系密切，我国在这方面的优势同样非常明显。

第三，国产化率持续提升，产品结构升级快。近年来国产机器人销量高速增长，2018 年上半年，机器人本体销售国产占比进一步提升，从 2015 年的 19.42%左右上升到 28.48%。另外，高端多关节机器人国产化率也在提升，2018 年第三季度达到 23.21%，是 2013 年的 3 倍多。

第四，国产机器人产品结构和应用结构不断优化升级。根据国产工业机器人产业联盟的数据，产品结构不断升级。2018 年上半年国产工业机器人关节型人销量 8 956 台，同比增长 22.3%，占国产机器人比例 40.15%，位列第一。对比 2015 年，关节型机器人占比从 27.5%提升到 40.15%，坐标型和 SCARA 机器人占比下降，机器人产品结构不断向高端升级。同时，国产机器人应用结构也在不断优化。对比 2017 年上半年和 2018 年上半年数据，国产机器人下游应用工艺结构有所改善，2018 年上半年低端应用搬运下料占比 60.8%，比 2017 年上半年下降了 3.33 个百分点，应用结构工艺方面也不断升级优化。

第四节　人工智能发展的分析：以智慧城市为例

当前我国智慧城市建设的基本情况

智慧城市的系统建设理念最早由 IBM 于 2008 年发出智慧星球（Smarter planet）倡议时提出，认为智慧城市架构可以将城市基础设施、人力服务和城市管理整合成一体，以建立内在相连、智能化的市政和城市治理体系。[①] 智慧城市在宏观上是一种利用数字化、智能化技术实现城市治理的宏观理念。狭义上指的是以物联网为基础，通过物联化、互联化、智能化方式，让城市中各个功能彼此协调运作，以智慧技术高度集成、智慧产业高端发展、智慧服务高效便民为主要特征的城市发展新模式。[②] 大数据是人工智能的"燃料"。图 3-10 是百度指数关于 2014—2019 年"大数据"与"智慧城市"的词频指数。从指数上看，智慧城市与大数据几乎同步发展，与大数据密切相关。

我国智慧城市发展迅速。根据德勤 2018 年 3 月发布的《超级智慧城市报告》，目前全球已启动或在建的智慧城市已达 1 000 多个，中国在建 500 个，远超排名第二的欧洲（90 个）。[③]

---

① "Smarter Planet"，IBM，https://www.ibm.com/ibm/history/ibm100/us/cn/icons/smarterplanet/transform/，2019-04-18.

② "Connected Vehicles in Smart Cities：The Future of Transportation". Retrieved 2018-11-16. https://interestingengineering.com/connected-vehicles-in-smart-cities-the-future-of-transportation，2019-04-18.

③ Deloitte. "City：Happier Society with Higher Quality". https://www2.deloitte.com/cn/en/pages/public-sector/articles/super-smart-city.html，2019-04-18.

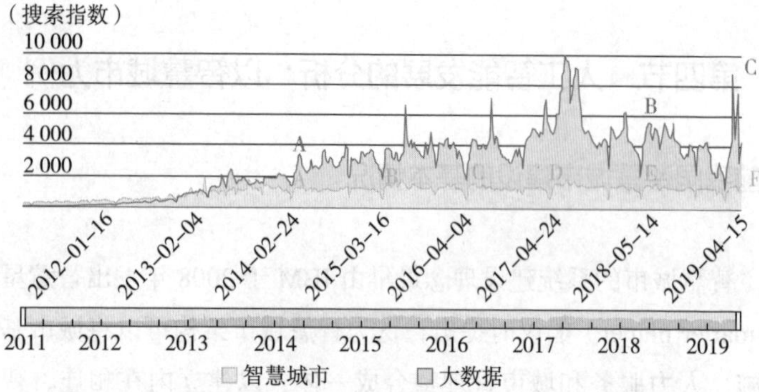

图 3-10　中国“智慧城市”与“大数据”两个概念搜索词频（2012 年 1 月—2019 年 4 月）

资料来源：百度搜索指数。

我国的智慧城市建设与地方政府的引导和推动紧密相连，2012 年我国出台了《国家智慧城市试点暂行管理办法》《国家智慧城市（区、镇）试点指标体系》，2014 年出台了《国家新型城镇化规划（2014—2020 年）》《关于促进智慧城市健康发展的指导意见》《促进智慧城市健康发展部际协调工作制度及 2014—2015 年工作方案》，2015 年出台了《关于推进数字城市向智慧城市转型升级有关工作的通知》《关于开展智慧城市标准体系和评价指标体系建设及应用实施的指导意见》，2016 年出台了《新型智慧城市评价指标体系》《新型智慧城市建设部际协调工作组 2016—2018 年任务分工》，2017 年出台了《智慧城市技术参考模型》《智慧城市评价模型及基础评价指标体系》等，2018 年出台了《智慧城市顶层设计指南》等。

从政府公开信息来看，2013—2018 年，由各地方政府委托的智慧城市项目的中标数量从 12 个激增到 162 个，年复增长率超过 45%，其中沿海发达地区的智慧城市项目显著多于其他地区。从地域范围来看，华东、华北、中南地区的项目数量占全国总量的近 70%，是智慧城市建设的集中区域。另外，中国智慧城市建设也已经形成了成熟的生态链。总体来看，智慧城市行业已经形成以行业巨头（如华为、阿里巴巴、腾讯、平安、移动、联通）、第三方专业服务（如软通、易华录）、技术提供方（如百度、京东）为核心的产业生态格局。其中，华为、软通智慧、腾讯、阿里巴巴、易华录、神州数码、平安科技等厂商，在智慧城市领域拥有众多的合作企业，在行业生态网络中处于核心节点位置（见图 3-11）。

智慧城市的解决方案：以华为为例

如图 3-11 所示，华为是截至 2019 年初，中国智慧城市建设的主要供应商，并且已经有了大量的智慧城市成功案例。华为聚焦的是智慧城市的核心内容——智慧城市的神经系统。图 3-12 是华为智慧城市解决方案的整体架构——“一云、二网、三平台”。一云，指云数据中心；二网，由连接人的城市通信网和连接物的城市物联网构成；三平台，包括大数据服务支撑平台、ICT 能力开放平台和业务应用使能平台。其中，云数据中心和平台构成了城市智慧大脑，是中枢神经系统，二网则是周围神经系统。凭借这套智慧城市理念，华为联合多家合作伙伴，已形成 24 类超过 100 种解决方案，帮助全球 40 多个国家建设了 120 多个智慧城市。在国内，仅在 2016 年，华为就参与了 42 个智慧城市项目的建设，与 62 个城市签署了智慧城市战略合作协议。[①]

① 华为打造智慧城市“神经系统”助力 120 多个城市数字化转型 . 人民网，http: //tc.people.com.cn/n1/2017/1129/c183008-29673618.html.

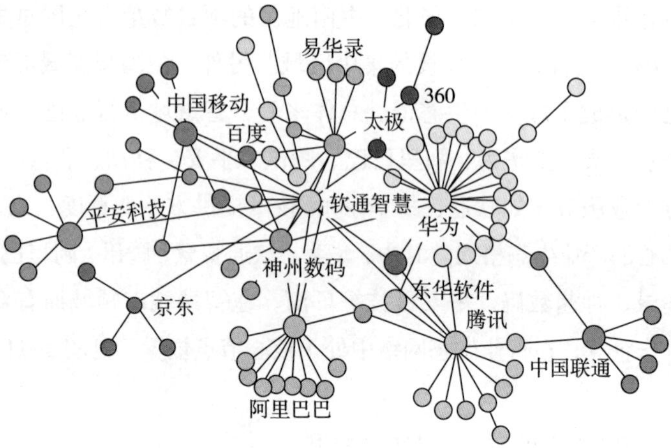

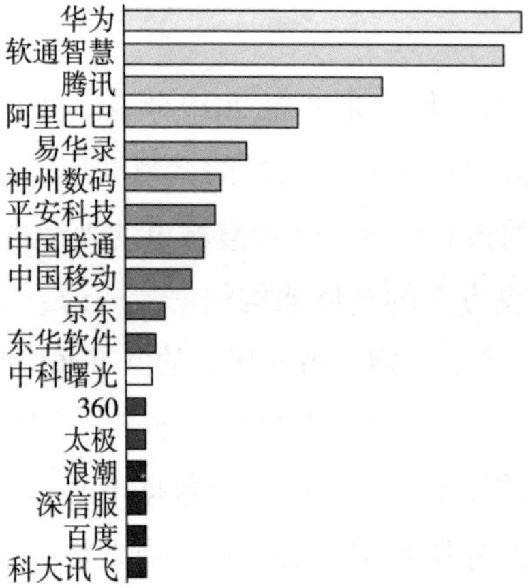

图 3-11　中国智慧城市主要厂商生态合作网络与网络中心度（2019 年 2 月）

资料来源：艾瑞咨询研究院。

资料说明：生态合作网络中的每个节点代表一个厂商，节点间的连线表示两个厂商之间具有较密切的合作关系。网络中心度（Betweenness Centrlity）表示该厂商作为一个节点在网络关系中的重要程度，分数越高表示该厂商越有能力促进其他厂商间的联系。

图 3-12　华为智慧城市解决方案整体架构

资料来源：华为官网。

华为在智慧城市建设方面的优势是在推进数字化转型过程中的数字融合能力——推进业务融合、数据融合、技术融合，实现跨层级、跨地域、跨系统、跨部门、跨业务的协同管理和服务。其中业务融合是指跨界重组业务流程，实现业务和流程融合。华为积极联合合作城市，设立大数据局、智慧办等机构，促进智慧交通、智慧环保、智慧医疗等相关业务融合。数据融合是指传统政务更多的是条块管理，缺乏跨部门协同作战的能力，数据统筹难。华为凭借领先的 ICT 基础设施解决方案，助力地方政府促进跨平台建设，提高横向统筹。技术融合是指华为在智能城市建设中的关键举措，就是构建智慧生态圈以推动技术融合——基于开源架构，构建开放平台，确保城市的信息资源向前能兼容，向后不被绑架。

华为企业 BG 总裁阎力大在华为官网撰文指出，智慧城市是迭代演进的建设过程，只有起点，没有终点，已经从 1.0 走到了 3.0。在智慧城市 1.0 阶段，以早期的电子政务雏形为标志，居民和组织可在网上查询及办理相关业务；进入智慧城市 2.0 阶段，移动互联网和政务应用得到普及，市民可以更加方便地通过手机 App 处理各种相关事务和社会活动；同时，政府与民众通过手机有了更多的互动；而在智慧城市 3.0 时代，物联网是智慧城市的核心基础，通过物联网的部署，真正实现了数字技术与城市治理各方面相结合，最终通过城市的海量数据挖掘提升智慧城市的治理能力，实现城市的可持续性发展。① 由此可以看出，智慧城市 3.0 阶段与之前的智慧城市发展有着本质的区别，正在实现数字虚拟化与实际物理城市运营的同步化和全仿真模拟化，实现真正的人工智能的城市自我治理系统。

第五节　关于人工智能发展的建议

怎样进行人工智能监管？据可查资料，目前还没有一个国家有成熟的方案。普京曾经指出："人工智能是未来，但也有难以预测的威胁。无论谁成为这个领域的领导者，都将可能主宰世界。"

过度避免风险会是最大的风险所在：以无人驾驶为例

2018 年以来，随着人工智能技术带来的各种改变，例如对工作的威胁，对个人大数据信息的精准分析，引起了世界各国的普遍恐慌。规避风险是人的天性，但不是发展的目的。托马斯·阿奎那曾经写

① 阎力大 . 新 ICT，打造智慧城市神经系统 . 华为网站 .https://e.huawei.com/cn/publications/cn/ict_insights/201806041634/comment/201807031413?source=corp_comm.

道："如果船长的最高使命是保护他的船只，那么他永远只会停留在港口。"与所有创新类似，人工智能的最终目标是促进人类社会的发展，安全虽然是发展的一部分，但是过度担忧在一定程度上会阻碍技术的发展。下面以无人驾驶为例来说明这个问题。

当前无人驾驶技术发展全面加速。尽管2018年出现了两起无人驾驶车祸致死事件，但大部分无人驾驶汽车公司的发展并没有受到影响。自动驾驶人工智能系统的发展不能只局限于实验室，而是需要大量的实际路况测试和数据训练。通过公路的无人驾驶实际运行，让驾驶AI学习规范、合法和安全的驾驶，不断修复存在的系统问题。当前美国部分州政府通过了无人驾驶公路测试法案，其中加州对无人驾驶发展的支持最为积极。根据加州车辆管理局的报告，2017年无人驾驶车辆的实际公路测试中，测试车辆以完全无人干预的自动驾驶模式运行的里程数超过50万英里（80多万千米）。其中Waymo和Cruise（通用汽车子公司）自动驾驶测试里程数最多。图3–13是加州车管局DMV公布的2017年1月至11月各公司汽车自动驾驶平均里程数（自动行驶距离/人为干预次数）。

图中数据显示，大部分公司2017年下半年人为干预自动驾驶的频率明显下降。Waymo公司1月至6月无人驾驶平均里程数是4 847英里（约7 800千米），7月至11月增长了55%。通用公司的无人驾驶里程数从1月至6月的627英里（约1 009千米）增加到了7月至11月的2 750英里（约4 425千米），增长338.6%。百度也表现不俗，增长了600%，无人干预自动驾驶平均距离达到了119英里（约191千米）。根据加州DMV的数据，当前获准在公路上进行无人驾驶汽车数量达400余辆（可查数据是409辆）。其中 Cruise 公司最多，占 104 辆；其次是苹果和 Waymo，分别是 55 辆和 51 辆。Waymo 公司是当前加州唯一允许在不配置备用驾驶员的情况下，在公路进行自动驾驶测试的公司。

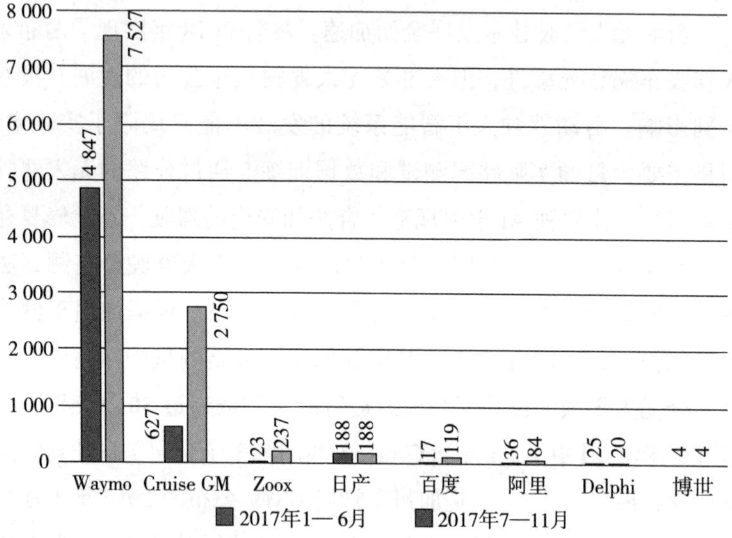

图 3-13 各公司汽车自动驾驶平均里程数（2017 年 1 月—11 月）

但民众特别是发达国家的民众对无人驾驶的担忧却越来越强烈。从 2018 年初的民意调查看，亚非拉人民对自动驾驶的热情远高于西方发达国家。根据盖洛普 2018 年初对 1 503 名美国民众对无人驾驶相关问题进行的调查，有 34% 的人表示他们期望未来 6～10 年美国能普及无人驾驶，有 19% 的受访人认为未来五年无人驾驶就会随处可见。

各地区民众对自动驾驶的接受程度差异较大。跨国咨询公司益普索集团（Ipsos）近期对中国、印度等 15 个国家 2.15 万人的抽样调查表明，亚非拉国家普遍比较欢迎自动驾驶，而西方发达国家反对人数占比更多。如图 3–14 所示，印度和中国对自动驾驶最热情，分别有 49%和 46%的人表示非常期待。根据 Ipsos 的调查，在南美，巴西有 31%的受访者表示欢迎自动驾驶，和俄罗斯接近。但美国可能由于受最近几个月无人驾驶车祸事件的影响，有近四分之一的人表示不会尝试自动驾驶。欧洲国家反对自动驾驶的人也比较多，德国占 31%，法国和英国分别占 25%和 24%，加拿大也有 24%的人明确表示反对。

虽然无人驾驶汽车发展过程引发了民众对于安全的焦虑，但究竟是进一步加强监管还是提供较为宽松的环境？从当前美国和我国的实际情况来看，并没有因为存在风险而加强对无人驾驶的束缚。

根据皮尤调查 2016 年的数据，2006—2016 年，美国的人类驾驶员造成 4 万人不必要的死亡。换句话说，每天有 100 人被一名人类驾驶员杀死。另外，自动驾驶汽车可以将交通事故死亡率降低多达 90%。①Mercatus Center 模型表明，5%的监管延迟可能会产生额外的 15 500 例不必要的死亡事故。延迟 25%意味着 112 400 名不必要的死亡。② 所以，从长远发展看，因为害怕无人驾驶带来的风险而限制其发展，本身就是最大的风险，因为无人驾驶较之于人类驾驶有着明显的优势。其他人工智能领域也存在类似问题。

① Michele Bertoncello and Dominik Wee. “Ten ways autonomous driving could redefine the automotive world” .https://www.mckinsey.com/industries/automotive-and-assembly/our-insights/ten-ways-autonomous-driving-could-redefine-the-automotive-world.

② https://www.mercatus.org/system/files/mercatus-thierer-automated-vehicles-v1.pdf. 2018–05–24.

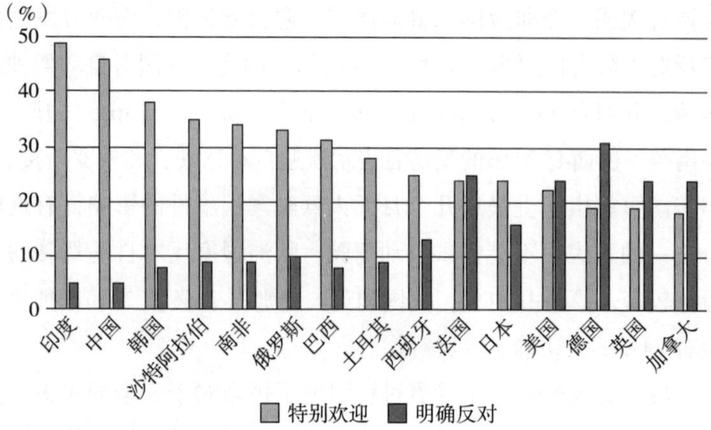

图 3-14　部分国家民众对自动驾驶汽车的态度（省略态度中立人数占比）

资料来源：Ipsos。

当前我国人工智能发展遇到的问题

一是大数据生态有待进一步完善。人工智能是以大数据为基础的，需要依托大数据对机器智能进行训练。在这方面，我国依然存在一些问题。首先，大数据生态系统方面落后于美国，缺少统一的标准和跨平台共享。其次，公共大数据开放有限。开放政府大数据有助于私营部门的创新，但我国的公共部门开放的大数据依然相对较少。最后，跨国大数据流动存在安全问题，我国在这方面面临的挑战越来越严峻。

二是人工智能人才问题。我国在人工智能基础研究方面落后于美国，主要原因是人才短缺。当前我国对人工智能高端人才的渴求非常强烈。据麦肯锡统计，美国超过半数的数据科学家拥有 10 年以上的工作经验，但我国相关领域的科技人员中，高达 40% 的人不足

5 年工作经验。我国当前只有不到 30 个专注于人工智能的大学研究实验室，仅靠这些实验室无法培养足够多的人才来满足人工智能行业的需求。此外，人工智能人才的分布也不均匀，主要集中在计算机视觉和语音识别领域，而其他领域的人才相对较少。

三是人工智能核心硬件领域依然存在诸多不足。我国的微处理器长期以来严重依赖进口，部分类型的高阶半导体则几乎完全依赖进口。为解决这一难题，并掌握半导体核心技术以提高未来我国更广泛地布局人工智能领域的能力，我国在 2014 年发布《国家集成电路产业发展推进纲要》和《中国制造 2025》，设立了一个超过 200 亿美元的基金，通过并购、投资入股国内外半导体产业等，积极扶持国内半导体产业，虽然已初见成效，但自主创新之路仍然艰辛漫长。

对未来我国人工智能发展的建议

纵观人工智能的发展，既有低谷，也有高峰，一路走来，在曲折中前进。人工智能的发展既离不开基础设施的建设，也离不开市场利益的推动。未来，人工智能的发展会越来越广泛，它会促进全行业数据的加速产生，推动移动化计算的发展，在垂直领域，AI 也会向商业化发展靠拢，创造出更多直接的经济价值。因此，回归基础建设、完善大数据生态、加强知识产权保护，依然是当前我国推动人工智能发展的重点，这三项基础工作做好了，才能进一步激发社会的创新能力，激活企业的人工智能创新动力，为我国在数字时代的腾飞培育坚实的核心动能。

第六节　关于人工智能发展的展望：无法回避的人文关怀

数字革命正在改变人的生活，数字革命发展的人工智能化也正在对原有机械和模拟电子设施基础的工业体系结构进行替换。但是，人工智能对人和社会的影响远不止于此。数字技术正在急速改变人的信息分享方式、旅行、疾病治疗和娱乐的方式。并且，随着计算力的不断提升，可以预见的是，整个人类社会的转型才刚刚开始。

回溯人类已有的记载，技术革命不仅仅是人类历史上有趣的大事件，而且是历史的发动机。人工智能更是比以往任何时代的历史引擎有威力。从目前的技术革命进程看，苹果电脑、推特社交网络、各种虚拟穿戴设备等并没有特别明显的差异，在技术上处于同一层次。对人工智能的长远认知需要更多细节的支撑。

我们需要超越已有物质存在的视角来看待这个问题。1898 年人们首次坐电梯时甚至需要服用“晕电梯药”来克服不适，现在人们对电梯已经习以为常。人本身对技术的发展会有一个适应过程，但这个适应是把双刃剑，既有好的方面，也存在负面影响。特别是在适应技术发展的过程中，人类能够保证自己一直处于优势吗？人工智能对人类工作的替代，事实上已经引起了恐慌。这种人本身的感受，是不是应该比冰冷的机器更值得我们广泛关注呢？

此外，究竟是什么支撑着人工智能的长远发展？斯蒂夫·沃兹尼亚克 2015 年曾说，“人工智能将来会比我们更聪明。当它的智商超过我们，它会意识到它需要我们，就像我们需要宠物一样”。人类真的会变成人工智能的宠物吗？

第一次工业革命的历史记载了工人的血泪与悲剧，最终孕育了马克思主义。蒸汽与煤驱动的历史齿轮告诉我们有很多人为技术进步付出代价。例如1862年哈特利煤矿的矿难中，204名矿工由于地下排水泵事故而被活埋地下，不难想象他们和他们的家人当时所遭受的痛苦。对于被社交媒体各种信息淹没的现代人来说，久远的矿难很难吸引他们的注意力，那只是湮灭在历史进程中的千万次代价之一。蒸汽时代悲惨的矿工已经消失，但是煤炭等能源驱动的技术进程影响至今。从这种角度看，历史的发展在一定程度上是去人化的，甚至让人感到残酷和无情。而现在人工智能革命的猛烈程度已远远超过300多年前煤炭驱动的蒸汽革命给社会带来的冲击。人工智能又将会或者正在给人类带来什么灾难？多少人和家庭会为此付出代价？这些问题不能等我们想明白了才来解决，我们更需要的是人类在面对共同未知的恐慌时彼此更多的关注与关怀。

第四章

数字丝绸之路：全球互联构想

数字丝绸之路是2017年5月14日，国家主席习近平在北京出席“一带一路”国际合作高峰论坛开幕式，并发表《携手推进“一带一路”建设》的主旨演讲时正式提出的。他指出，我们要坚持创新驱动发展，加强在数字经济、人工智能、纳米技术、量子计算机等前沿领域合作，推动大数据、云计算、智慧城市建设，连接成21世纪的“数字丝绸之路”。①

2019年4月26日，习近平主席在第二届“一带一路”国际高峰论坛开幕式上发表主旨演讲时，对数字丝绸之路的发展进一步提出了要求：“我们要顺应第四次工业革命发展趋势，共同把握数字化、网络化、智能化发展机遇，共同探索新技术、新业态、新模式，探寻新的增长动能和发展路径，建设数字丝绸之路、创新丝绸之路。”这为下一步建设数字丝绸之路指明了方向。②

综合当前各类文献看，数字丝绸之路概念雏形源自2015年第二届世界互联网大会。2015年12月16日，习近平主席在第二届世界互联网大会开幕式上发言指出，要加快全球网络基础建设，促进互联互通，深入贯彻落实习近平主席重要讲话精神。此次大会举办了重要的分

① “数字丝绸之路”，共建共赢共享．中国财经报．2017-06-12，http://www.cfen.com.cn/dzb/dzb/page_7/201706/t20170612_2620404.html.

② 习近平出席第二届“一带一路”国际合作高峰论坛开幕式并发表主旨演讲．人民日报，2019-04-27.

论坛“数字丝绸之路·合作共赢”。[①] 分论坛围绕如何建设数字丝绸之路，构建中国与沿线国家之间的互联互通，拓宽网络基础设施建设的领域和空间，促进沿线国家的发展等展开了讨论。在分论坛的资源整合模式创新环节，由26家机构和知名公司发起并签署了数字丝绸之路建设联盟的意向书。本章从数字丝绸之路的发展脉络出发，进而对当前我国发展数字丝绸之路的问题、优势以及可行性方案进行探讨，并根据研究提出相关建议。

第一节 数字丝绸之路的研究进展和实践

数字丝绸之路的国内与国外研究进展

国内研究情况

截至2019年3月25日，通过CNKI主题词搜索关键词“数字一带一路”和“数字丝绸之路”，共有相关期刊论文65篇，主要刊发于2014—2018年。

2014年，中国科学院地理科学与资源研究所学者诸云强团队完成了一项重要的国家自然科学基金资助项目研究《数字“丝绸之路经济带”与信息化基础设施建设科技支撑计划》。[②] 诸云强团队立足于数字丝绸之路的经济发展动能，提出了数字丝绸之路经

① 逸秋．推进网络共建 让“数字丝路”越走越宽．人民邮电．2015-12-18，第5版．
② 诸云强等．关于制定“数字‘丝绸之路经济带’与信息化基础设施建设科技支撑计划”的思考．中国科学院院刊，2015（1）．

济带与信息建设总体架构。该体系从数据基础设施到互联网经济合作交流，共分为4个层次，分别为信息化基础设施层、数字存储和共享层、数据分析中心层和数字丝绸之路应用层，是“一带一路”共建国家经济发展、沿线国家交流体系下，公开可查文献中最早的数字丝绸之路经济发展模型。

2016年，闵祥鹏、卢勇提出以数字技术为主导，解决我国“一带一路”文化发源地文化遗产挖掘整理、推广推介的数字化问题。[①]方英、刘静忆分析了中国与“一带一路”沿线国家间出版物贸易和版权贸易的格局和态势，并从善用政府政策和平台、创新走出去内涵、发展数字出版、培养翻译和版权贸易人才等方面，提出了出版企业积极实践国家战略和开展国际合作的策略。[②]T.H.尤金娜、杨俊东从数字经济视角对欧亚经济联盟与“一带一路”对接进行了研究，认为数字经济领域的合作为俄中经济合作提供了新的机遇，分析了欧亚经济联盟与“一带一路”对接背景下，统一数字空间发展的现状、出现的问题以及发展前景。数字经济领域的合作为中俄经济合作提供了新的机遇。[③]程昊、孙九林等基于实证数据，研究了“一带一路”信息化发展格局，分析发现“一带一路”沿线各国信息化基础设施建设存在较大“数字鸿沟”，同时各国信息产业贸易发展格局极不均衡，进而提出我国针对“一

① 闵祥鹏，卢勇．“一带一路”文化发源地挖掘与当代重建——以文化遗产的数字保护与虚拟重建为例．淮阴工学院学报，2016（2）．

② 方英，刘静忆．中国与“一带一路”沿线国家间的出版贸易格局．科技与出版，2016（10）．

③ T.H.尤金娜，杨俊东．从数字经济视角解读欧亚经济联盟与“一带一路”对接．东北亚学刊，2016（5）．

带一路”的信息化发展规划，即突破“一带一路”，沿“一带一路”六大经济走廊，通过输出信息化产品及服务，深化互联互通合作，建设数字“一带一路”。[①]

2017年，敦煌网发布了《“一带一路”跨境数字贸易（出口B2B）发展报告》。报告显示，受“一带一路”倡议利好，从交易额上看，我国跨境出口“一带一路”沿线国家B2B交易额呈现爆发式增长；从地区分布上看，数字贸易在东欧地区占有较大的份额。[②]张耀军、宋佳芸研究认为，数字“一带一路”建设面临的挑战不容忽视：沿线国家大数据战略意识不强，大数据基础设施水平不一，大数据安全威胁不断，大数据标准制定能力不均等问题，需要强化大数据战略思维，优化数字化顶层设计等，保障数字“一带一路”道宽路畅。[③]黄意武、游登贵从数字出版业研究出发，认为需要打造数字出版合作交流平台、国际经济文化交流平台和数字出版产业协同平台来积极融入“一带一路”建设，从数字出版相关业态增强中国数字出版的影响力和渗透力。[④]赵豪迈认为急需发起“一带一路”新型智库信息工程，加快构建中国特色新型智库，服务“一带一路”倡议。[⑤]

2018年，张伯超、沈开艳通过选取与数字经济发展紧密相关

---

① 程昊，孙九林，董锁成，郭鹏，李富佳，李宇，李泽红，王卷乐.“一带一路”信息化格局及对策.中国科学院院刊，2016，31（6）.

② “一带一路”跨境数字贸易（出口B2B）发展报告.商业观察，2017（12）.

③ 张耀军，宋佳芸.数字“一带一路”的挑战与应对.深圳大学学报（人文社科版），2017（34）.

④ 黄意武，游登贵.中国数字出版产业融入国家“一带一路”布局的思考.中国出版，2017（6）.

⑤ 赵豪迈.“一带一路”新型智库信息工程建设概述.电子政务，2017（5）.

的代表性指标数据，构建“一带一路”沿线国家数字经济发展就绪度指标体系，定量评估“一带一路”沿线国家的数字经济发展条件，发现各国在要素禀赋与基础设施、信息通信技术水平以及营商与创新环境方面存在较大差异，“一带一路”沿线国家在数字经济领域存在进一步深化交流与合作的可行性和必要性，我国互联网与信息通信行业企业要抓住这一重大历史机遇“走出去”。[①]孙杰贤认为，对于沿线国家的企业来说，“一带一路”将有助于其有效利用境内外两种资源，开拓境内外两个市场，以此获取更大的成长空间。[②]庄怡蓝、王义桅认为各国应在开放包容、互相信任的基础上，通过网络基础建设共同推动“一带一路”数字经济发展。[③]

国外研究情况

截至 2019 年 3 月 25 日，通过佐治亚理工学院图书馆综合数据库系统能够检索到的关于中国数字丝绸之路的研究论文有 19 篇。比较有代表性的有如下几篇。

英国《经济学人》在 2018 年 6 月刊文认为，西安在中国数字丝绸之路发展中有很强的竞争力。[④]波兰华沙经济学院政治研究系教授克日什托夫・科兹沃夫斯基研究认为，“数字丝绸之路”的概念是中国电信企业“走出去”政策的自然延伸，可以满足尚未满

① 张伯超，沈开艳.“一带一路”沿线国家数字经济发展就绪度定量评估与特征分析.上海经济研究，2018（1）.

② 孙杰贤.“数字一带一路”：中企通信的硬本领和软实力.中国信息化，2018（3）.

③ 庄怡蓝，王义桅.发展“一带一路”数字经济的初步思考.中国信息安全,2018（3）.

④ A Web of Silk; Digital Infrastructure. *The Economist*，2018，427（9094）：38.

足的数字连接需求。更大的联通性不仅可以为中国企业在电子商务和其他领域的现有市场打开大门，还可以为中国企业提供机会，创造新的市场。对大多数亚洲国家来说，中国数字产品的价格比欧盟或美国产品更有吸引力。如果中国成功地为数字不发达的亚洲国家提供自己的技术解决方案，它将享有技术标准提供商的特权，这是现代企业（运营）管理的“金色圣杯”（Golden Grail）。但是，数字丝绸之路的问题是缺乏具体的内容。总的来说，数字丝绸之路看起来不像一个明确和连贯的构想，而更像包含了“从中国科学院地球观测项目到小米手机销售”在内的比较宽泛的概念。[①]

卡内基梅隆大学洪升（音译，Hong Shen）教授认为，国家之间已经形成了一个越来越复杂的联盟。中国本土互联网公司正在打造一个多面性的“数字丝绸之路”，旨在缓解工业产能过剩，促进中国企业全球扩张，支持人民币国际化建设和以中国为中心的跨国网络基础设施建设，并促进以互联网为基础的“包容性全球化”[②]。美国加州大学经济学系郭国峰（音译，Kwok-Chiu Fung）等学者研究认为，许多创新可能起源于加利福尼亚的硅谷。然而，中国适应并改造了一些这样的发明和创新，同时独立创造了许多技术商业模式。通过新的丝绸之路，中国可以进行第二个扩散过程，

① Krzysztof Kozlowski. “BRI and Its Digital Dimension：Twists and Turns”. *Journal of Science and Technology Policy Management*. https://doi.org/10.1108/JSTPM-06-2018-0062. 2019-03-25.

② Shen，H.，“Building a Digital Silk Road? Situating the Internet in China’s Belt and Road Initiative”. *International Journal of Communication*，2018（12）：19.

并将创新从硅谷传播到其他“一带一路”国家。[①]

瑞典学者彼得·西尔（Peter Seele）等认为，在一个高度网络化、全球化、复杂化和数字化的资源有限的世界，可持续成功的关键要素是：共同思考、合作、学习、创造和组合创新，并共享共同发展，增进集体智慧。通过将“一带一路”与数字基础设施和企业数据管理系统互联，就可以实现协调而分散的工作，并对社会责任产生积极影响，例如找到供应链、数据管理、企业监管等问题的可持续性解决方案等。[②]

英国国际发展部（DFID）于2019年3月发布了《沿着数字丝绸之路实现复杂的发展目标》的报告。该报告指出，数字丝绸之路有助于联合国可持续发展目标（SDGs）的实现。报告同时指出，中国的数字化愿望超越了光纤电缆的建设，并涵盖各种技术的销售和出口等。中国不仅在信息与通信技术基础设施方面，而且在更广泛的技术方面正在成为世界领军者。报告强调，将数字丝绸之路仅仅视为（信息通信）基础设施建设是一个代价高昂的错误。报告认为，包括纳米技术、量子计算和人工智能等在内的日益凸显出来的前沿技术发展潜力和出口竞争力有待进一步探索。关于ICT和SDGS的文献揭示了加速采用ICT和实现复杂发展目标之间的协同效应和潜在的权衡。这种复杂的关系必然会对数字丝绸

① Fung, K.C., Aminian, N., Fu, X. and Tung, C.Y., “Digital Silk Road, Silicon Valley and Connectivity”. *Journal of Chinese Economic and Business Studies*, 2018, 16 (3): 313–336.

② Seele, P., Jia, C.D. and Helbing, D., “The New Silk Road and Its Potential for Sustainable Development: How Open Digital Participation could Make BRI a Role Model for Sustainable Businesses and Markets”. *Asian Journal of Sustainability and Social Responsibility*, 2019, 4 (1): 1.

之路产生影响。[①]

数字丝绸之路成功实施的项目和政府实践

"数字丝路"国际科学计划（DBAR）的提出与发展[②]

2016年5月16日至17日，"一带一路空间认知国际会议"大会主席、著名遥感学家、中国科学院院士郭华东提出了基于空间观测的数字"一带一路"国际科学计划倡议。[③]

DBAR主要是以地球大数据为抓手，围绕"一带一路"农业与粮食安全、气候与环境、海岸带与海洋、灾害风险、高山与极地寒区、自然与文化遗产、城市与基础设施、水资源与水安全所面临的可持续发展问题开展研究，服务于联合国2030年可持续发展目标。根据第三届数字丝绸之路论坛公布的信息，截至2018年12月底，已有53个国家和地区、国际组织参与。[④]

DBAR主推的数字丝绸之路地球大数据平台已完成一期建设，实现六大类数据的数据检索、共享、产品可视化展现，并通过中文、英文、法文等多种版本，支撑8个数字丝绸之路国际卓越中心的在线标准化数据共享。数字丝绸之路地球大数据平台现已研发"一带一路"资源、环境、气候、灾害、遗产等专题数据集94套、自

① Hernandez，K. "Achieving Complex Development Goals Along the Digital Silk Road". Retrieved 2019-03-08. https://opendocs.ids.ac.uk/opendocs/handle/123456789/14396, 2019-03-25.

② "数字丝路"国际科学计划网站 .http: //www.dbeltroad.org。

③ 我国科学家提出"数字丝路"科学计划新构想 . 光明日报 .2016-05-17, 第6版 .

④ "数字丝绸之路地球大数据平台"发布 . 搜狐网 .http: //www.sohu.com/a/279979909_114731.

主知识产权数据产品57类、共享数据超过120TB，可为“一带一路”农情动态、遗产地监测、生态环境变化、海岸带演变、自然灾害监测、城市扩张、重大工程建设提供全面的联合国可持续发展目标指标示范支持。① 全部建设工作预计到2026年完成。

政府与企业的数字丝绸之路实践

截至2019年4月底，中央层面还没有正式出台相关的整体推进计划。在经济合作与发展的层面上，最初的相关类似概念是2011年由敦煌网提出的。敦煌网2011年提出要打造21世纪的“网上丝绸之路”并搭建全球企业电子商务平台。② 2013年我国正式公布“一带一路”倡议后，相关的网络化、数字化“一带一路”发展思路也开始被广泛探讨，地方政府反应积极。虽然在具体说法上有差异，但在内容上都与地方经济发展和加强“一带一路”倡议密切相关。

最早开展数字丝绸之路实践的地方政府是陕西省。2014年10月24日，第八届中国国际软件服务外包大会在西安高新区召开，陕西省政府提出了“引领数字丝绸之路，打造西部硅谷”的设想。通过积极落实“一带一路”倡议，提出要在数字丝绸之路的建设中，省、市两级政府将发展软件和信息服务业作为西安国际化发展的先导性产业、推动产业升级的驱动性产业来抓。③ 随后，北京、

---

① “The 3rd Digital Belt and Road Conference Held at Tengchong, Yunnan”. Retrieved 2018-12-07. http: //www.dbeltroad.org/index.php?m=content&c=index&a=show&catid=85&id=639, 2019-3-27.

② 李一丹．网上丝绸之路对区域经济的影响研究．中国社会科学院研究生院，2017.

③ 汪名立，王嘉楠．引领数字丝绸之路　打造西部硅谷．国际商报，2014-10-28.

浙江、广东、湖北等其他地方省市陆续开始推进。2019年以来，我国主要信息产业相关企业对数字丝绸之路的关注也越来越密切。其中阿里巴巴、腾讯、网易等大互联网公司已经开始采取相关的积极行动。综合整个数字丝绸之路的发展脉络来看，“数字经济”是数字丝绸之路的核心。2017年5月“数字丝绸之路”概念提出以来的相关情况如下。

首先，在企业方面，我国非常重视数字丝绸之路相关业务的拓展。特别是近年来我国在互联网、通信、电子等领域的企业发展迅速。依托大数据、云计算、人工智能等技术，在积极推动与发达国家展开竞争的同时，搭乘“一带一路”发展的快车，越来越重视数字丝绸之路的市场拓展。目前，企业层面的数字丝绸之路拓展主要有两个方面：一是数字（计算）服务，例如阿里云飞天技术。“飞天”可以将遍布全球的百万级服务器连成一台超级计算机。根据已公开的数据，当前阿里云在东南亚等地已建立至少15个飞天数据中心，为当地提供高性能的计算服务。[①] 二是数字化产品交易，京东大数据显示，通过电商平台，中国商品销往俄罗斯、乌克兰、波兰、泰国、埃及、沙特阿拉伯等54个沿线国家，同时，超过50个沿线国家的商品通过电商平台走进了中国。通过数字丝绸之路，各国之间的数字贸易飞速发展，民间商贸往来在世界地图上构成的连接线日益繁密，形成了进一步扩大文化、商品流通，实现共同繁荣的交流支点。[②] 另外，随着2016年中欧班列正式通行以来，在交通方面

① 赛迪网．中国企业引领数字丝绸之路发展 .2017-11-28，http: //www.ccidnet.com/2017/1128/10337111.shtml.

② 赛迪网．数字丝绸之路的内涵与价值 .2017-11-28, http: //www.ccidnet.com/2017/1128/ 10337094.shtml.

与“一带一路”沿线国家的联系加强，我国各区域商品的物流投放能力会更强，未来参与的企业将会更多，涉及面也会更广。

同时，地方政府对数字丝绸之路的积极性热情高涨。浙江省成立了“数字（网上）丝绸之路国际产业联盟”来推动数字经济和数字丝绸之路建设。该联盟已经与30多个国家和地区建立了合作关系，涉及大数据、物联网、云计算、新型智慧城市等数字经济领域的重点项目。此外，浙江还积极推动城市间的数字丝绸之路合作。例如杭州市与塞尔维亚尼什市签署了加强“数字丝绸之路”建设合作意向书，以推动数字经济共同发展等。①据已有资料，北京市在数字丝绸之路方面的建设起到了华北地区ICT产业桥头堡和数字化生态圈发展的示范作用。②数字化生态圈是以数字经济为核心的区域新经济发展生态体系。根据《中国城市数字经济指数白皮书（2018）》，全国数字经济排名前10的城市中，北京是北方唯一上榜的城市。③此外，北京还在数字丝绸之路软实力建设方面发挥着核心作用，政府、智库、高校、科研院所、行业组织等广泛参与其中。广东的数字丝绸之路发展注重与“海上丝绸之路”对接，并充分发挥华人华侨资源的优势，密切海内外沟通、激发华人华侨活力，力促数字经济层次上与中国香港和澳门地区以及东南亚等沿线的经济融合与文化沟通，积极推动国际数据港建设。

---

① 王世琪等. 数字经济暨数字丝绸之路国际会议提出携手共建数字丝路. 浙江在线. 2018-09-19. http: //zjnews.zjol.com.cn/zjnews/zjxw/201809/t20180919_8302051.shtml.

② 数说北京：数字经济下的制造业. 北京市统计局.2018-03-13，http: //www.bjstats.gov.cn/tjsj/ssbj/201803/t20180319_394696.html.

③ 中国城市数字经济指数白皮书（2018）. 新华三集团.2018-04-23，https://www.sohu.com/a/229203699_472878.

特别值得注意的是，湖北省等长江经济带区域数字经济的发展正在成为数字丝绸之路的标杆力量。《中国数字经济发展与就业白皮书（2018 年）》显示，2017 年湖北数字经济总量 1.21 万亿元，全国排名第七位，中部排名第一位。湖北省数字经济发展势头强劲，《湖北省工业互联网发展工作计划（2018—2020 年）》提出，力争到 2020 年建成全国先进的互联网基础设施，打造 20 个全国行业级工业互联网平台，带动 10 万家中小企业上网入云；积极招商，引进航天云网、用友、浪潮、软通动力等落户湖北，参与工业互联网建设。[①]

第二节　我国数字经济发展概况

我国正在加速向数字经济转型

2016 年 9 月 G20 峰会上，二十国集团对数字经济进行了定义："数字经济是指以使用知识和信息作为关键生产要素、以现代信息网络作为重要载体、以信息通信技术的有效效率提升和经济结构优化为重要推动力的一系列经济活动。"[②]

当前，以信息通信技术为代表的创新在多领域群体性加速突破，实体经济利用信息通信技术的广度和深度不断扩张，新模式、新业态持续涌现，经济成本大幅降低，效率显著提升，产业组织形态和实体经济形态不断重塑，融合型数字经济在数字经济中的

① 2017 年湖北省数字经济总量 1.21 万亿元　列全国第七中部第一 . 湖北电视台网站 . 2018-05-25，http: //news.hbtv.com.cn/p/1378143.html.

② 张伯超，沈开艳 . 以数字经济发展推动"一带一路". 社会科学报，2018-03-22(002).

地位更加凸显，对数字经济增长的贡献率进一步提升。

融合型数字经济在数字经济中的占比持续上升（见图 4–1）。国际金融危机以来，主要国家融合型数字经济占整体数字经济的比重始终居于主导地位。2016 年，美国、德国、日本、英国、法国、韩国、巴西、俄罗斯、印度、印度尼西亚融合型数字经济占比分别为 87.6%、89.4%、87.4%、82.9%、84.7%、74.0%、78.2%、75.9%、70.0% 和 57.1%。中国融合型数字经济占整体数字经济的比重快速上升，增速与发达国家基本相当。2016 年融合型数字经济占总体数字经济规模比重已达 77.2%。截至 2018 年，我国数字经济规模达到 31.3 万亿元，占 GDP 比重达 34.8%。[①] 预计未来数字化转型会进一步加速。

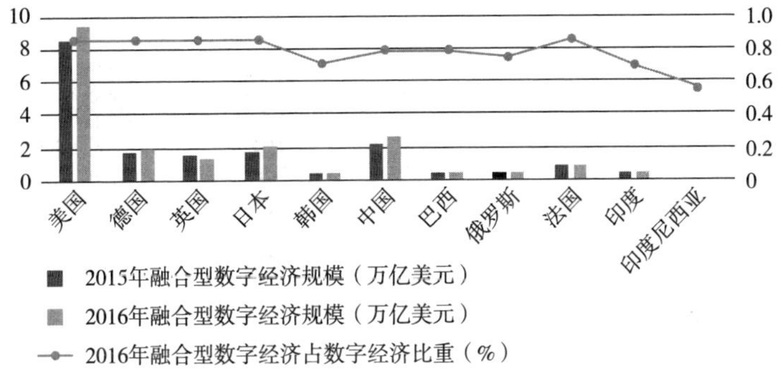

图 4–1　2015—2016 年主要国家融合型数字经济规模及占总规模比重

资料来源：2017 中国数字经济发展报告，中国信息化百人会。

① 2018 年我国数字经济规模达到 31.3 万亿元，占 GDP 比重达 34.8%. 新华网 . 2019–05–07. http: //www.inpai.com.cn/news/doc/20190507/21191.html.

中国数字经济领跑全球，为数字“一带一路”发展奠定了良好的基础

中国的数字化消费已经在人数和市场规模上领跑全球

2018 年埃森哲中国消费者洞察报告显示，中国的数字化消费已经在人数和市场规模上领跑全球。其中网购用户人数 4.6 亿人，是美国的 2.6 倍。中国还有最大的网购市场规模，线上零售销售总额达 5.6 万亿元人民币（8510 亿美元），是美国的 2.2 倍（见图 4–2）。数字经济的高速发展对中国消费产生了革命性的影响。据埃森哲测算，在 2017 年居民新增消费中，数字兼职带来的多元收入、互联金融与手机支付三大推手至少贡献了 3 000 亿元的购买力，占整体新增消费的 9%。

	网购规模（亿美元）	网购用户（亿人）	移动支付渗透率	手机上网时间（小时/每天）
中国	8510	4.6	62%	3.1
中国是美国的	2.2倍	2.6倍	3.2倍	1.5倍
中国是国际平均水平的	18.7倍	9.4倍	3.8倍	1.5倍

图 4–2　中国数字消费领跑全球

资料来源：埃森哲，2018 中国消费者洞察报告。

中国已经率先进入“永远在线”电子商务时代，本土产品竞争力越来越强

随着中国互联网和智能手机用户数量的不断增长以及人们

在线上网时间的增加，中国已经率先拉开了“永远在线”的序幕。根据 Statista 的报告，到 2017 年，全球电子商务市场价值 1.5 万亿美元。中国是全球最大的电子商务市场，收入达到 4 970 亿美元。基于 14%的年增长率，预计到 2022 年市场将超过 9 590 亿美元。第二大电子商务市场是美国，2017 年收入为 4 210 亿美元，再次是欧洲，收入为 3 300 亿美元。美国的电子商务市场增长率明显低于中国，每年增长 8%～9%。[①] 到 2018 年，中国电商收益已达 6 339 亿美元，远超其他国家，且未来增长指数强劲。

线上和线下购物的稳定融合是电子商务发展的重大趋势。例如，亚马逊收购 Whole Foods 显示了合并线下和在线零售的明确意图。我国的发展趋势也与其相似。阿里巴巴正在逐渐向线下扩张，并开始开设实体店。阿里巴巴首席执行官张勇指出，“线上线下不可分离，消费者是同一群人，人们坐在这里，可人们永远在线。新零售的一大特征就是打破了线上线下的边界”。[②] 线上与线下融合的趋势也可以从数据上找到证据（见图 4–3），例如传统依赖线下服务和挑选的服饰、鞋帽、手袋、包和配饰等，这些领域的电商已经是全球领先。根据 Statista 的预测，到 2023 年中国将成为时装电商的主要聚集区。商家越来越了解线上线下融合的快销平台的好处。综合来看，未来的竞争趋势会围绕用户体验这一核心变量展开。

---

① “Statista Digital Market Outlook 2017” .https//static2.statista.com/download/pdf/Digital_Economy_Compass_2018.pdf，2019–03–26.

② 从张勇在全球零售论坛演讲上观察 300 顶级企业 CEO：谁是尖子生？搜狐新闻 . 2018–06–15.http: //www.sohu.com/a/235922239_115888.

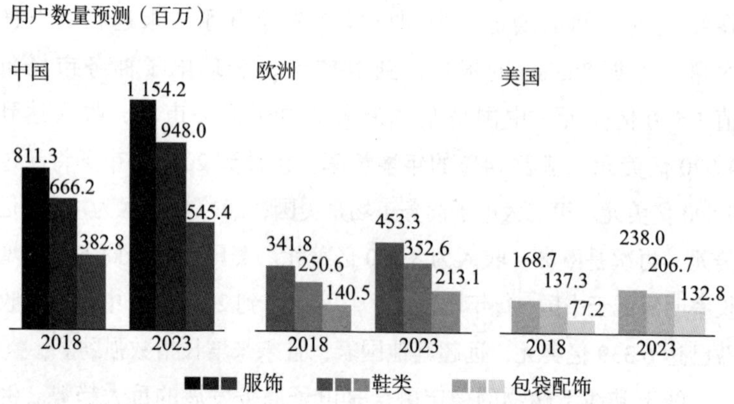

图 4-3　Statista 预测到 2023 年时装电商的主要聚集区

资料来源：Statista Digital Market Outlook 2019。

同时，中国本土智能手机品牌迅速崛起。图 4-4 是 2013—2018 年中国智能手机出货量的市场份额。从中可以看出，华为等本土手机品牌崛起，苹果、三星等市场份额下降。本土智能手机品牌的崛起，表明数字经济方面从底层设备到应用软件等份额的纵向和横向扩张，这是构建独立的数字经济发展的基础。

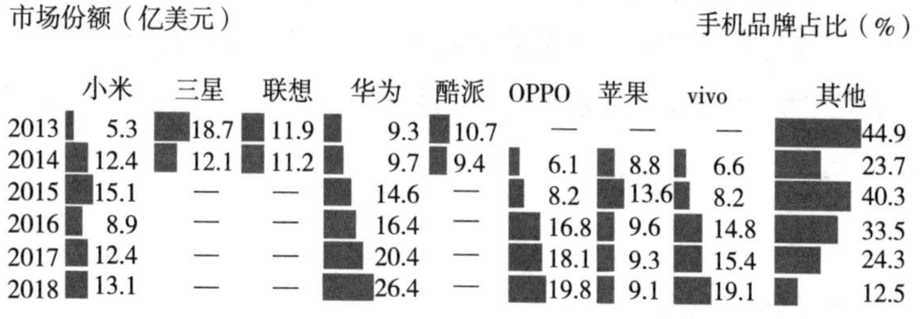

图 4-4　2013—2018 年中国智能手机出货量的市场份额

资料来源：IDC，February 2019。

第三节　“一带一路”沿线国家的数字经济发展

“一带一路”沿线国家数字经济发展“就绪度”不一

2017 年，上海社会科学院张伯超、沈开艳两位学者对“一带一路”沿线国家数字经济发展就绪度进行了定量评估。该项研究将数字经济就绪度分为高技术可用度、IT 产品进出口占比、宽带普及率、每百万人安全服务器等指标。基于量化指标体系对东盟、西亚、中亚、南亚等地区共计 42 个“一带一路”沿线国家进行的量化分析发现,“一带一路”沿线国家的数字经济发展“就绪度”存在较大差异，在信息基础设施方面存在较为严重的“数字鸿沟”。[①]

张伯超、沈开艳的研究表明，东南亚地区新加坡、马来西亚等国的数字经济基础和发展程度明显高于柬埔寨、印度尼西亚等国。在中亚腹地，哈萨克斯坦明显高于其他几个相邻国家。此外，尼泊尔、巴基斯坦、印度等国家数字经济的发展基础也存在各自的掣肘。中东欧地区相对而言数字经济就绪度明显高于中亚地区。

“一带一路”沿线移动互联增速高于有线互联

根据 We Are Social 和 Hootsuite 两家全球机构发布的《2018 全球数字化报告》，在中亚约有 3 600 万人使用互联网，约占 5 个国

① 张伯超，沈开艳.“一带一路”沿线国家数字经济发展就绪度定量评估与特征分析.上海经济研究，2018（1）.

家总人口的68%。哈萨克斯坦的互联网用户比例最大。乌兹别克斯坦近1 550万人使用互联网，而哈萨克斯坦的这一数字逾1 400万人。[①]结合图4–5可以看出，从中亚地区所有国家的互联网使用水平来看，哈萨克斯坦是中亚地区互联网普及度最高的，已接近77%。土库曼斯坦、巴基斯坦、阿富汗三个国家的互联网接入占比不足20%。总体而言，“一带一路”的主要沿线国家目前互联网用户的分布数量在全球排名来看是比较靠后的。

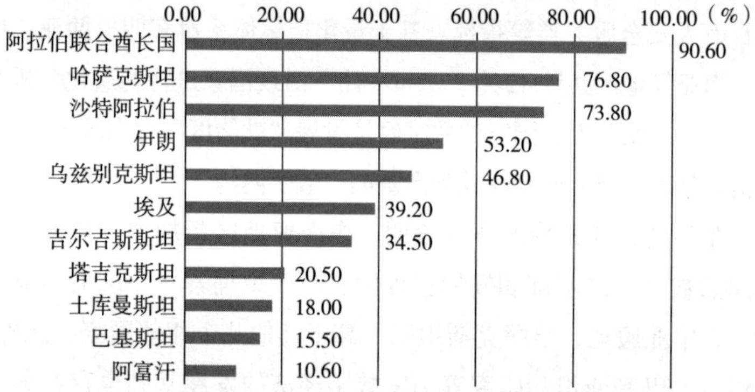

图4–5　中亚和中东地区“一带一路”主要国家互联网普及率情况

资料来源：Statista.com Global Mega Trends 2017。

虽然总体互联网用户占比较低，但是互联网“无线化”的趋势较为明显。根据2018年4月中国驻哈萨克斯坦大使馆的调研情况，当前中亚五国呈现出无线网络扩张大于有线互联体系增长的趋势。中亚国家通过固定宽带连接互联网的发展并不快。2002年，吉尔吉斯斯坦只有36名用户（单元）接入。目前宽带接入已经占

① We Are Social，Hootsuite，“Digital in 2018”. https://hootsuite.com, 2018–12–11.

据该地区互联网市场的主要份额。[①] 这得益于 Wi-Fi 的普及，以及电信运营商提供了越来越多相对便宜的无线通信服务，使移动通信设备及移动互联网资费相对便宜，从而使无线互联具备超越有线网络的趋势。例如在土库曼斯坦，几乎所有互联网访问都是通过手机进行的，移动设备互联网接入的份额增长了 32%，而台式电脑和笔记本电脑的互联网接入份额下降了 56%。在乌兹别克斯坦，移动电话几乎赶上了有线设备，而在塔吉克斯坦，它们已经被超越。截至 2018 年初，哈萨克斯坦有超过 600 万移动互联网用户，占该国总用户数的 33%。乌兹别克斯坦有近 1 000 万活跃移动互联网用户，占该国总用户数的 30%。在土库曼斯坦有 50 万人积极使用移动互联网，占该国总用户数的 9%（见图 4-6）。[②]

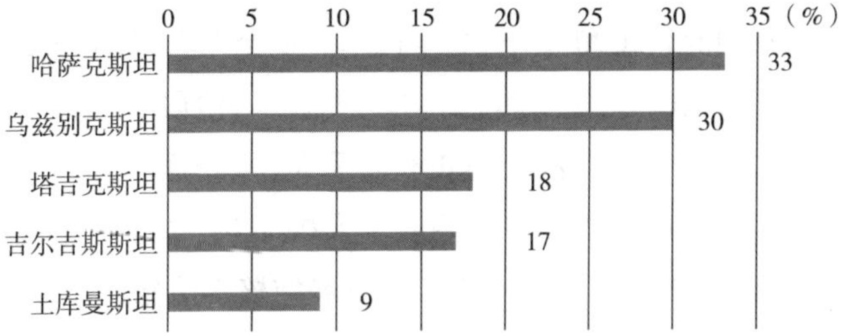

图 4-6 中亚五国移动互联网用户占总用户人数比例

资料来源：Cyber 2018 Global Digital，转引自中国驻哈萨克斯坦大使馆官网。

无线互联网增速高于有线互联的趋势在国内同样表现明显。根

① 中亚国家互联网使用情况分析 . 中国驻哈萨克斯坦官网，2018-04-04,http: //kz.mofcom.gov.cn/article/scdy/201804/20180402728232.shtml.

② 中亚国家互联网使用情况分析 . 中国驻哈萨克斯坦官网，2018-04-04,http: //kz.mofcom.gov.cn/article/scdy/201804/20180402728232.shtml.

据 2017 年第 40 次《中国互联网络发展状况统计报告》，截至 2017 年 6 月，我国手机网民规模达 7.24 亿，较 2016 年底增加 2 830 万人。网民中使用手机上网的比例由 2016 年底的 95.1％提升至 96.3％，手机上网比例持续提升。[①] 除了无线通信技术发展以及相关费用下降外，无线互联的灵活性以及受地域限制较小的特性也给移动互联发展速度高于有线互联带来了天然优势。

第四节　全球互联网发展转型

全球信息化浪潮经历了三个阶段，第一阶段是单机信息处理时代（20 世纪 50 年代至 80 年代中期），这个时期如 IBM 的初代计算机和微机工作站等，主要关注的是单机的信息处理能力；第二阶段为互联网时代（20 世纪 80 年代中后期至今），核心关键点是信息的交互和互联；第三阶段为物联时代（现阶段），这一阶段伴随着人工智能的发展、数据的获取以及人、物的数字化，变得越来越重要。而物联网的数字化涵盖了人机交互、机器与机器的交互等广泛领域，构成了数字经济当前发展的核心动能。

互联网新接入人数速度放缓，但个人网络使用时间变长，互联网变化趋势明显

2018 年 5 月底，有着“互联网女皇”之称的玛丽 · 米克尔发布了《2018 年互联网趋势报告》。数据显示，在全世界范围

① 2017 年第 40 次中国互联网络发展状况统计报告解读 . CNNIC.2017-08-04.http: //www.199it.com/archives/619827.html.

内，互联网用户和智能手机的增速都在下滑，但人均接入网络的时间在增多。[①] 该报告指出，一是全球网络用户已达到全球人口的一半以上，尚未接入互联网的人口越来越少。2017 年是全球智能手机出货量首次未能实现增长的一年。随着全球智能手机用户量越来越多，用户增长变得越来越困难。互联网用户的增长也面临着相同的趋势，2017 年增长率为 7%，低于上年的 12%（见图 4–7、图 4–8）。二是个人用在网络上的时间不断增多。2017 年，美国成年人每天在数字媒体上花费 5.9 小时，高于前一年的 5.6 小时。其中约 3.3 小时用于手机，这是数字媒体消费全面增长的原因。

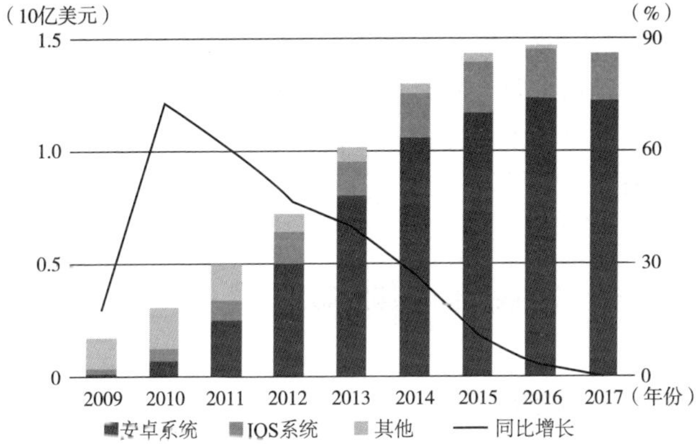

图 4–7　全球智能手机销量与增幅

资料来源：Internet Kleiner Perkins，"Trends Report 2018"。

① Mary Meeker. "Internet Trends 2018" . https: //kpcbweb2.s3.amazonaws.com/files/121/INTERNET_TRENDS_REPORT_2018.pdf，2019–03–26.

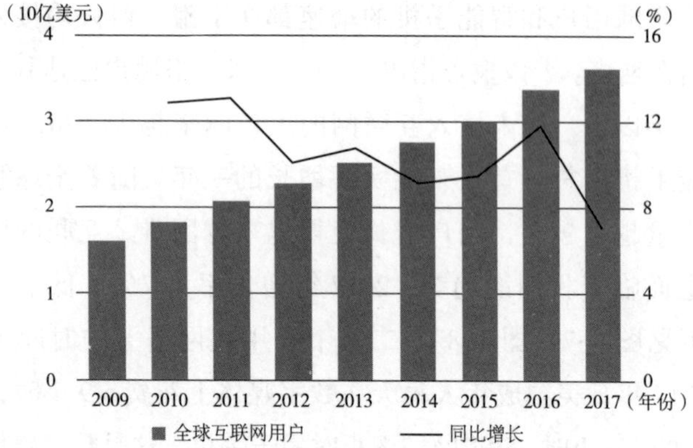

图 4-8　全球互联网用户数量及增长速度

资料来源：Internet Kleiner Perkins，“Trends Report 2018”。

这意味着，除了对以人为基础的用户进行深度的数据挖掘外，更为重要的是需要进一步拓展互联体系的新维度。这也是需要急速拓展互联新维度的重要原因，而物联网正是构建万物互联体系的关键所在。

万物互联与全球物联网的急速发展

国际物联网增速加快

据市场研究公司 Gartner 统计报告，2017 年全球物联网设备数量将达到 84 亿，比 2016 年增长 31%，而全球人口数量为 75 亿，2020 年物联网设备数量将达到 204 亿。① 较之于人际互动为主的互

① Gartner 报告表明 2017 年物联网设备数量将首次超过全球人口．凤凰科技 .2017-02-08.http: //wemedia.ifeng.com/8028692/wemedia.shtml.

联网，物联网以非常低调的方式在急速扩张（见图 4–9）。

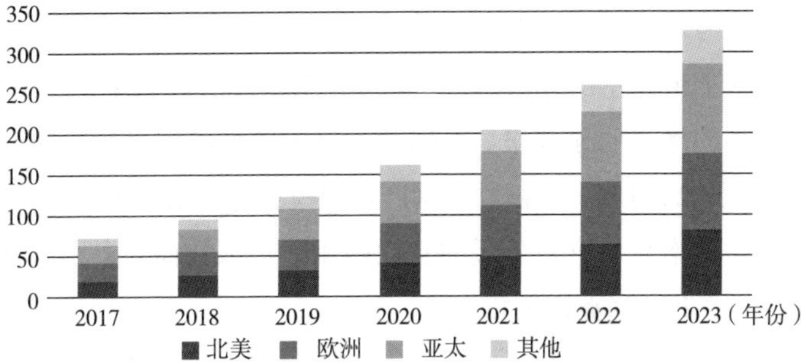

图 4–9　2017—2023 年物联网全球各区域发展趋势图

资料来源：Harbor Research; Statista Estimates 2018。

在市场构成方面，如图 4–10 所示，智慧城市、工业互（物）联和医疗健康物联市场份额最多，分别占 26%、24% 和 20%。其次是智慧家居、车联网、穿戴设备等。物联网的发展是对人与物互动的全方位渗透，其市场量级、覆盖范围都远远超过了互联网。

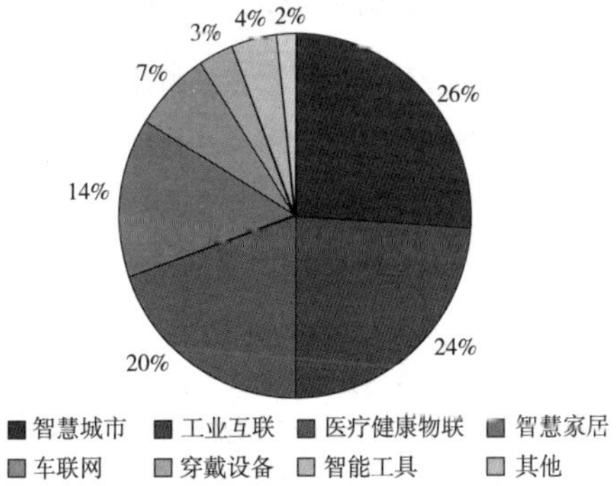

图 4–10　2017 年全球物联涉及主要产业市场份额

资料来源：Growth Enabler，2017。

我国对物联网发展高度重视，发展迅速

根据 2017 年 7 月运营商世界网公布的物联网领域的统计数据，中国已成为全球规模最大的物联网市场，2015 年中国物联网市场规模已达 7 500 亿元，2016 年为 9 300 亿元，涨幅达 24%。① 其中无线互联的增速明显加快。根据新华社中国经济信息社的研究报告，预计到 2020 年，我国物联网产业规模将超过 1.5 万亿元。② 物联网的快速增长对日益放缓的互联网用户接入数而言，是全新的发展动能，我国对此高度重视。

自 2013 年以来，我国先后出台了多项政策措施，全面推动我国的物联网发展（见表 4–1）。特别是 2017 年 1 月公布的《信息通信行业发展规划物联网分册（2016—2020 年）》，已经成为我国物联网产业未来五年发展的指导性文件。根据相关规划，我国将加快推进移动物联网部署，构建 NB-IoT（窄带物联网）的基础设施。同时我国还将加快推进物联网与云计算、大数据、人工智能、5G、低功耗广域通信网等新技术的加速融合，逐步形成物联网开源创新生态圈。

表 4–1　我国近年来对物联网产业的政策支持

时间	政策名称	政策内容	发布部门
2013.2	《国务院关于推进物联网有序健康发展的指导意见》	实现物联网在经济社会各领域的广泛应用，基本形成安全可控、有国际竞争力的物联网产业体系。	国务院

① 李俊阳 . 运营商世界网五大行业研究报告正式发布 .PChome.com.2017–07–24. https://article.pchome.net/content–2020221.html. 工信部：中国物联网产业规模已超 9 300 亿 . 搜狐财经，2017–09–14，http: //www.sohu.com/a/191935219_732051.

② 中经社：2016—2017 年中国物联网年度报告 .2017–09–14，http: //www.199it.com/archives/633242.html.

续表

时间	政策名称	政策内容	发布部门
2016.3	《国民经济和社会发展第十三个五年规划纲要》	建设物联网应用基础设施和服务平台，推进物联网重大应用示范工程，广泛开展物联网技术集成和模式创新，丰富物联网运用。	国务院
2017.1	《信息通信行业发展规划物联网分册（2016—2020年）》	推进物联网感知设施规划，2020年公众网络M2M连接数突破17亿。	工信部
2017.3	《2017年国务院政府工作报告》	深入实施《中国制造2025》，加快大数据、云计算、物联网应用。	国务院
2017.5	《关于实施深入推进提速降费、促进实体经济发展2017专项行动的意见》	加快窄带物联网商用，拓展蜂窝物联网在工业互联网、城市公共服务及管理等领域的应用。	工信部、国资委
2018.3	《2018年国务院政府工作报告》	加快新旧发展动能接续转换。深入开展“互联网+”行动，实行包容审慎监管，推动大数据、云计算、物联网广泛应用，新兴产业蓬勃发展，传统产业深刻重塑。	国务院

资料来源：人民网、中信建设投资证券研发部。

第五节　物联网“寂静革命”与数字丝绸之路发展契机

目前关于物联网的定义，因涉及不同的角度，在学术界依然存在一定的争议。总体来看，物联网指的是具备与互联网进行信息交互的物理对象形成的网络。物联网通过各物理设备嵌入式互联单元，构成了融合物理环境和数字环境的互联体系。物联网的概念最初是由麻省理工学院自动标识中心（MIT Auto-ID Center）在1999年射频识别（RFID）技术基础上提出的构想，旨在建立

“任何时刻、任何地点、任何物体之间的互联，成为无所不在的网络并进行无所不在的计算”。

物联网在数字化进程发展方面具有天然的优势

物联网的数据收集并不会引起用户的注意，例如智能家居物联网的数据收集等，物联网的数字交互和数据收集过程并不容易被用户察觉，是在悄无声息的过程中进行的。但物联网与个人密切相关，渗透到个体活动的每一个单元，事实上是一个悄无声息且最为彻底的数字化过程，因此我们称之为“寂静革命”。

这种数据收集的模式与互联网有很大的区别，在跨文化地域的数据利用上有着很大的优势。从使用者的角度看，互联网主要是人与人（或人与相关内容）的互动，如微信聊天、看网络新闻、在线购物等。互联网的数据形成与地域、文化、语言区域特点密切相关，而物联网主要是人与物的互动，如智能冰箱、智能空调、无人驾驶互动等。

从技术层面看，物联网对数据的收集是从传感器开始的，这是对人作为个体单元的全面渗透，并不需要人在互联网上生活才能产生数据。物联网无时无刻不在用数据描述用户的状态。如表4–2所示，物联网结构可以分为感知层、网络层和应用层三个层次，涵盖了人类活动从个体到组织，从家庭到所在城市乃至整个社会的数据感知和交互，是面向未来的数字化的基础。整个物联体系具备了将人的活动用数字的方式描述出来的条件。

传统观点认为物联网是互联网的延伸，但事实上随着物联设备的激增，物联网已经占据了互联体系的基础地位，如通过物联网收集到的社会大众不同生活场景的数字信息，就是当前整个数字经济的重要数字基础。物联网所沉淀的是用户无意识状态下，或者个人习惯的“数字交互”，例如多久开冰箱喝一次饮料，周末都去什么地方，使用什么交通工具，等等，这类大数据的汇聚构成了市场精准化、数字再生产的重要“矿产”资源。

表 4-2 物联网的分层[①]

物联网的分层	相关产业链	主要内容
感知层	传感器、芯片、无线模组	感知层是物联网体系的最底层基础设备，包括各种传感器、摄像头、GPS、北斗定位、微机电控制器（MEMS）等
网络层	终端设备、运营商、通信模块	包含互联网、无线通信网和有线通信网、网络管理系统和云计算平台等。有的学术分类将网络平台单独分为平台管理层。
应用层	智慧城市、家庭、智能可穿戴设备、工业互联网、车联网等	这一层主要面向用户（个体、组织、城市、整个社会），是实现物联网服务应用的直接交互层。

物联网的发展为实业公司打破互联网公司数据垄断带来发展机会

尽管在数字经济发展过程中，像谷歌、脸书这样的超大互联网公司已经抢占了互联网的数据资源发展先机，但物联网的发展、

① 按当前理论体系划分，物联网有两种分层方法。一种是三层体系（本文采用），另一种是四层体系，包含感知层、传输层、服务管理层（也称智能层）和应用层。为方便分析产业链，我们采用三层分类法。

万物互联体系的构建，为实体工业的数字化和充分收益提供了与原有互联网大公司竞争的机会。做实业的公司可以独立创建自己的数字生态系统（基于它们自己的技术标准），也可以垂直整合到已经存在的数据网络生态中去，例如它们的物联终端设备与谷歌、微软或者亚马逊等公司提供的某些技术方案和运行服务进行兼容等，以共享数据资源。

当前实业公司事实上都在通过依托自身生产销售的设备加速进入数据行业。不具备独立开展数据业务的实业公司也会选择购买现有的数字生态系统，为它们提供必要的界面（软件）、云空间以及算法（也包括软件）以进入数字经济发展模式。例如，汽车制造商、冰箱生产商等开始基于其产品收集用户数据或者通过与数据公司和云平台合作开展数字资源挖掘和利用等。物联网发展带来的数据收集的新维度，为实业公司打破互联网巨头数据垄断带来了发展机会。

物联网是推动人工智能发展的重要基础

图 4–11 是基于物联网终端与人工智能系统的交互模式。人工智能的发展与大数据的训练密切相关。物联网是大数据的产生源头，而人工智能是在大数据的基础上发展起来的。未来，物联网的人工智能化是提升社会服务和突破制造业的重要体现。物联网与人工智能交互系统的原理如下：物联网终端为 AI 系统提供海量的训练数据以完善 AI 应用系统，AI 应用系统通过 AI 推理引擎与物联网终端进行交互，实现终端的智能化应用。

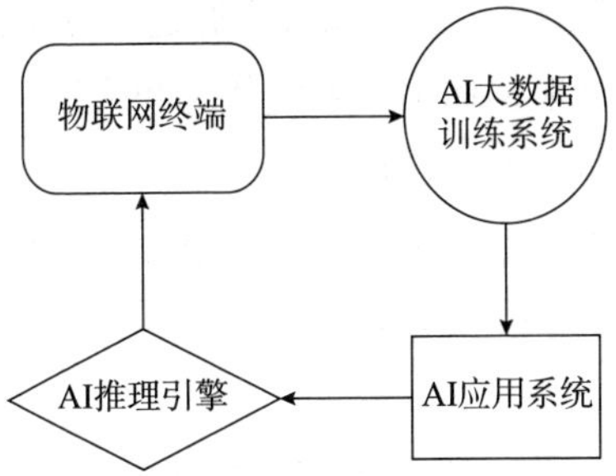

图 4-11 物联网与人工智能互动的关系

物联网与人工智能的交互对人工智能的积极作用主要体现在两个方面：一是物联网为人工智能发展提供了广阔的训练场景。不仅适用于医疗和制造业领域，还可以为农业、公共事业、零售、酒店和住宅建设等提供人工智能的训练场景。而在这些方面，物联网与人工智能的结合几乎对所有实体行业都有好处。例如，在零售方面，可以帮助当地的小型企业确定哪些产品可以更好实现在线销售。在农业方面，它们帮助农民确定哪些农作物在特定领域产生更好的产量，并帮助确定种植和收获的最佳时间。在制造过程中可以在维护人员发现问题之前提醒他们，从而帮助减少机器停机时间。

二是物联网的联通性不仅仅是 M2M（机器到机器）通信。物联网的数据连接还涉及测量、评估和收集数据的传感器，包含了人与机器的交互，而且这一部分变得越来越重要。拥有相互通信的机器可以提高效率和生产率，但收集和利用数据的能力远远超过了这两个好处。

例如，通过利用嵌入式传感器收集的数据以及所能创造的可能性是超越想象的。物联网带来了我们思考和创造方式的根本转变。设备将变得智能化，整个城市将通过传感器和软件进行连接。例如，交通模式将根据拥堵、天气状况和交通建设进行优化，当路上有冰时，桥会与汽车通信，汽车会提醒驾驶员有关情况。基于这些传感器收集数据，生活会变得更安全、更丰富。物联网是从数字时代的最底层开始改变生活、组织和社会形态。

第六节 “一带一路”沿线国家的物联网和大数据部署方案

低成本连接技术

针对“一带一路”沿线国家包括互联网、物联网在内的数字通信网络并不均衡的问题，我们认为，这恰恰是中国中小科技企业的优势。近年来，低功耗广域网技术（Low-Power Wide Area Networks，LPWAN）已经在物联网领域广泛应用。[①] 这给物联网的高速发展带来了腾飞的翅膀。因为较之于传统的基于蜂窝的连接（例如 GSM / GPRS / 3G），LPWAN 为物联网（大多数物联网设备具有少量数据发送和非常有限的电池功率）提供了更好的解决方案（例如 IEEE 802.15.4）。它们提供了长距离无须中继节点即可到达中央网关的数据交换，这大大简化了大规模部署物联网设备的成本。例如，有一种新型的无线通信技术（LoRa）可以实现在田野地区（无障碍）20 千米、在密集城市环境中 2 000 ~ 4 000 米的

① Semtech：LoRa modulation basics. rev.2–05/2015（2015）.

数据通信。[1]这种低功耗、长距离数据通信的技术能够在成本上占据优势，使得在“一带一路”网络发展相对滞后的国家进行快速部署成为可能。

低成本可自行组装的物联网硬件

当前，西方发达国家的跨国大公司能够提供多种多样的成套商业物联网设备。但对于大部分依然属于发展中国家系列的“一带一路”沿线国家而言，成套的进口物联设备依然非常昂贵。此外，这些高度集成的设备很难修复，因为它们的部件很难在本地被替换。但低成本的开源硬件平台（如 Arduino 板卡和类似树莓的嵌入式 Linux）的推出，极大地推动了 DIY 和“现货供应”的设计方法，适用于各种物联网应用。[2]而我国作为全世界最大的发展中国家，地理环境和物联基础市场复杂多样，我国的各类物联网企业有着丰富的低成本、多场景应用开发经验。

以 Arduino 为例，生态系统非常庞大，基于 Arduino 能设计非常灵活、简单和易于自我安装的各种物联系统集成单元。小型 Arduino Pro Mini 电路板基于 ATmega328 微控制器具有高性能、低

---

① McKeown, J. “LoRaTM- A Communications Solution for Emerging LPWAN, LPHAN and Industrial Sensing & IoT Applications” . http: //cwbackoffice. co.uk/docs/jeff-20mckeown.pdf.”, 2019-03-26.

Libelium, Extreme range links : LoRa 868/915mhz sx1272 LoRa module for Arduino, Raspberry PI and Intel Galileo. http: //t.cn/R1cNXsK, 2019-03-26.

② Dlodlo, N., Kalezhi, J., *The Internet of Things in Agriculture for Sustainable Rural Development*. In 2015 International Conference on Emerging Trends in Networks and Computer Communications (2015): 13-18.

价格的优点，可用于构建低成本通用感应物联网平台，而其 LoRa 远程传输模块、Arduino 基础电路模块等组合起来传感系统成本在 100 元左右，且其配件很容易获得，在我国的“一带一路”跨境电商平台甚至可以以低于 100 元人民币的价格批发。这些通用物联网底层设备使得实现各种物联网功能变得简单灵活。另外，低功耗也为缺电地区的物联网普及推广提供了极大的便利，如 4 节 AA 普通电池就可以使 3.3V、8MHz 的 Arduino Pro Mini 运行一年以上。

类似灵活、低成本的物联网底层设备，为我国企业通过二次创新、制造、设计和批量生产广泛适用于“一带一路”沿线各国的物联设备提供了比较便利的硬件基础，其简单、易用、易获得的发展特性，也为我国打开“一带一路”沿线各国物联设备市场带来了独特的契机。

低成本的物联网大数据存储与处理

当前已经有众多互联网大数据处理技术系统，如 Hadoop MapReduce、Apache Spark，以及流数据处理引擎 Apache Flink 等，可选择的成熟方案多样化。对于物联网大数据而言，目前有几种基于平台即服务（PaaS）的新方法提供了更灵活的物联网服务。这类云计算方式提供了兼顾本地物联网云计算和全球化云存储管理的可能。将云计算 PaaS 方法扩展到物联网平台，能够有效降低物联软件开发成本，以缩短应用程序的上市时间。对于网络接触设施发展不均衡的地区，并不能保证与物联网的实时互联状态。但物联云计算 PaaS 能有效解决这一问题，通过云计算部署的本地化与国际互联的结合，能够保证在互联网不可用时，依然不影响本地化物联网大部分功能的使用。当前我国阿里巴巴等大的互联网公司都具备提供低成本的物联网大数据存储处理产品的能力。

第七节 关于数字丝绸之路发展的建议

抓住数字丝绸之路发展的五个核心要素

“新技术”是数字丝绸之路的关键。近年来，中国科技发展出现井喷。与发达国家相比，部分领域已经实现从跟跑到并跑甚至领跑。2018 年，中国主要科技创新指标稳步提升，研究与试验发展经费支出超过欧盟 15 国平均水平，研发人员总量居世界第一，发明专利申请量和授权量居世界首位，科技作为创新驱动发展“第一动力”的作用更加凸显。[①] 不断涌现的重大科技成果为实现高质量发展提供了强有力的科技支撑，推动引领高质量发展取得新成效。

“新业态”是数字丝绸之路的成果。2013 年“一带一路”建设提出以来，中国与共建“一带一路”国家积极推动以大数据、跨境电商、绿色发展为代表的新产业、新业态发展，不断释放新的需求，催生巨大合作潜力。世界银行研究表明，“一带一路”合作将使全球贸易成本降低 1.1%～2.2%，推动中国—中亚—西亚经济走廊上的贸易成本降低 10.2%，还将促进 2019 年全球经济增速至少提高 0.1%。[②] 数字丝绸之路已经成为中国与世界共享发展成果的新亮点。

---

① 2018 年我国研发经费支出近 2 万亿元：主要科技创新指标稳步提升 . 新华社，2019-03-05.http: //www.gov.cn/shuju/2019-03/05/content_5370819.htm.

② 吴晓求 . 我不蠢 区块链研究了 4 年也不知道是什么鬼 . 凤凰网财经 ,2018-04-08.

“新模式”是数字丝绸之路的经验。数字中国的崛起已引起全球关注，中国乐于与世界分享数字化转型的成功经验。截至 2019 年 4 月底，中国已与 8 个国家的 15 家企业就 8 个新签约合作项目进行了文本交换。[①] 8 个新签约合作项目包括：中兴通信与伊斯坦布尔大机场签署《机场数字化建设项目的合作协议》、浪潮威海海外服务有限公司与哈萨克斯坦国家铁路电信公司签署《哈萨克斯坦全国数据中心合作协议》、北京四达时代软件技术股份有限公司与尼日利亚国家电视台签署《尼日利亚国家电视台（NTA）数字化整转项目合作意向书》等。[②]

“新增长”是数字丝绸之路的红利。中国已与 16 个国家签署了数字丝绸之路建设合作谅解备忘录，与 7 个国家共同发起《“一带一路”数字经济国际合作倡议》，与 17 个共建“一带一路”国家建立了双边电商合作机制，与“一带一路”沿线国家建成超过 30 条跨境陆缆、十余条国际海缆[③]。近两年，在共建“一带一路”国家的共同努力下，数字丝绸之路从理念化为行动，从远景转变为现实。

数字丝绸之路是知识产权保护之路。我国在“一带一路”沿线国家申请专利数量、沿线国家在我国申请专利数量持续增长。截至 2018 年上半年，我国在“一带一路”沿线国家（不含中国）专利申请公开量为 2 759 件，同比增长 26.9%；沿线国家在我国申

① 新成果、新阶段、新机遇——第二届“一带一路”国际合作高峰论坛 12 场分论坛成果丰硕 . 人民网，http: //world.people.com.cn/n1/2019/0426/c1002-31050789.html.

② 数字丝绸之路分论坛聚焦创新驱动数字经济等领域发展 . 新华网，2019-04-26.

③ 数字丝绸之路分论坛聚焦创新驱动数字经济等领域发展 . 新华网，2019-04-26.

请专利 2 681 件，同比增长 31.6%[①]。“一带一路”频繁的经贸往来带动知识产权领域交流日益密切。通过进一步合作，将帮助企业更好地了解沿线国家知识产权制度和营商环境，促进沿线国家企业国际化发展，为数字丝绸之路的各国合作保驾护航。

建立数字丝绸之路或数字“一带一路”产品认证体系

当前我国“一带一路”沿线国家已经发展到 100 多个，“一带一路”相关概念也已被广泛接受和认可。针对数字化产品，建立“一带一路”或者数字丝绸之路产品认证体系，有助于作为中国制造整体品牌进行市场推广。

以物联网为例，物联网的关键技术涉及三个方面：通信协议、信息识别、数据存储和计算。首先，在通信协议方面，目前主要是低功耗广域物联网，例如 NB-IoT、LPWAN 通信协议等，在成本、功耗、覆盖面等方面均有较大的优势，支持单节点最大覆盖可达 100 千米的蜂窝汇聚网关的远程无线通信技术。例如 Sigfox、LorRa、PTC 等，都是比较有代表性的 LPWAN 技术。其次，在信息识别方面，例如当前物联网应用广泛的无线射频技术 RFID，可以通过无线电信号识别特定目标并读写数据。最后，在数据计算和存储方面，当前主要使用的是云计算技术，主要涉及 IaaS（基础设施即服务）、PaaS（平台即服务）、SaaS（软件即服务）等。我国目前围绕物联网核心技术产业链已经设立 800 余家企业（见表 4–3），但产品类别繁多，缺乏统一的产品认证体系。建立“一

① “一带一路”知识产权再扬帆 . 中国科学报，2018–08–29.

带一路”或者数字丝绸之路产品认证体系，有助于作为整体产品标识在“一带一路”沿线国家进行推广。在产品认证体系的设计过程中，可以广泛邀请“一带一路”沿线国家参与进来，打造属于“一带一路”沿线国家的物联网产品认证体系。其他数字丝绸之路产品也可以参考类似的设计。

表 4-3　我国当前物联网相关企业数量

物联网相关产业链	企业数量（家）
MEMS 传感器企业	60
非 MEMS 传感器（其他传感器）企业	97
物联网相关芯片企业	101
无线模组企业	65
物联网平台层企业	98
智慧城市企业	119
智慧家庭企业	72
智能可穿戴设备企业	59
车联网企业	92
工业物联网企业	40
合计	803

资料来源：杭州参照系企业数据库分析系统《物联网行业分析报告》(截至 2018 年 1 月)，www.canzhaoxi.com.cn。

加快 5G 和物联网技术的融合，数字丝绸之路发展的知识产权和技术标准是关键

一方面，技术市场的发展与推广和专利技术限制密切相关。物联网领域的专利分布非常分散，该领域的顶级专利申请人占专

利总数的5%左右。[1]图4–12是2017年全球物联网专利数公司排名，三星、高通和LG位列前三，华为公司在物联网专利方面排名第四，中兴公司排名第六。分散的专利为我国进军物联网市场、推行基于物联体系的数字化提供了有利的条件。

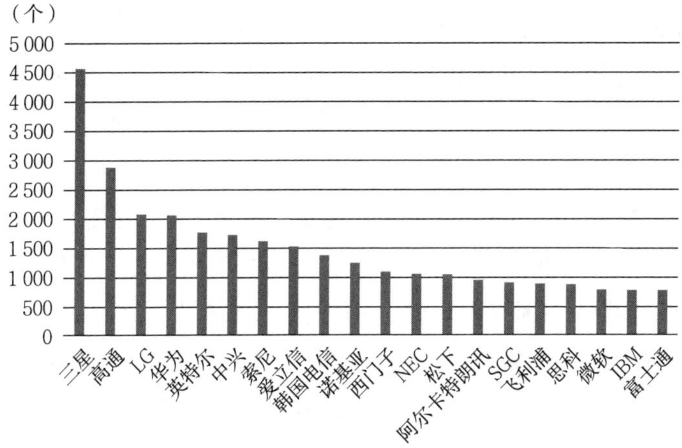

图4–12　2017年全球物联网专利数公司排名

资料来源：Relecura，2017年5月。

我国在5G方面具有较为明显的优势。华为拥有大量的5G专利组合，其中包括几项5G标准必要专利（SEP）。未来的物联设备通信、算法、终端数据存储、计算和云间通信接口都会受5G的相关专利影响。如何做好5G与物联网的专利保护、使用和共享，需要国家层次的协调，这是“一带一路”沿线国家与西方国家跨国

① Lexinnova，“Internet of Things，Patent Landscape Analysis，LEXINNOVA（2014）”. http: //www.lex-innova.com/lexinnovaresources/reports/，2019–03–26.

数字企业开展竞争的重要前提。特别是在当前谷歌、亚马逊、脸书和苹果等已经构建了全球化的数字生态系统的前提下，我国如何利用物联网发展与之抗衡，培育并打造属于我国企业的数据链生态，成为需要进一步思考的问题。

另一方面，物联网标准是建立物联数据生态的关键。如前所述，实体公司要完成数字化的转型，就需要发展自己的数字生态系统，例如设计属于自己的机器学习算法、建模和云等。否则，亚马逊、谷歌和微软就会挤占这个市场，而实体公司只能沦为硬件产品商。但是我们应该看到，由于物联网具有多层次终端设备和广覆盖的特性，产品在连接和交互层面会出现专利上的叠加与冲突。例如，无人驾驶汽车和车载第三方设备关于数据交互的专利兼容与冲突问题，这种情况出现的可能性会越来越大。因此结合 5G 和“一带一路”沿线国家的发展实情，尽快建立相关标准体系，并加快知识产权方面的建设，是当前发展数字丝绸之路比较紧迫的问题。

本章结语

从我们对数字丝绸之路的概念梳理可以看出，当前我国缺乏对数字丝绸之路做国家层面的统一规划。各单位开展的相关工作既有重复的部分，也有独特的地方，这在一定程度上会造成重复建设。

在当前“一带一路”合作超预期的大背景下，我国已经为数字丝绸之路的发展铺垫了良好的外部政策环境，但同时也面临政治、文化宗教、法律体系差异等问题。这些问题需要国家层面的推动与协调，这是企业参与数字丝绸之路发展的前提条件。因此，在国家层面制定数字丝绸之路发展规划，明确政府职责和企业规范，是当前我国数字丝绸之路发展急需的指南针和方向标。

第五章

区块链技术的中国发展之路

第一节　计算的分类和人文视角下的技术研究

怎样从人文社会科学视角去研究数字技术？这个问题目前并没有定论。对于新技术的发展，人文社会科学领域经常会出现不同观点的研究和判断。我们认为，研究数字技术的发展有两个大的原则需要把握：一是要区分计算的类别，二是要明确研究的视角和框架。有关区块链在中国的发展，本章将在这个基础上展开。

关于计算的类别。从人文角度看，计算可以分为两类：面向感官的计算和面向决策的计算。这两者是数字时代产业发展的重要方向。当前各类技术发展进入了爆发期，技术创新层出不穷，分清楚是面向感官还是面向决策的计算，是分析新技术的发展前景和现实应用的首要问题。

面向感官的计算，重心是人的感知。例如虚拟现实设备、心脏植入辅助设备等，需要满足体感、身心需求等感官体验。面向感官的计算对人的理性和独立性要求较低，是生理层次的数字互动，直接服务于人的行为结果，例如通过网络游戏获取快乐，通过穿戴医疗设备维持生命等。在国家层面，国家主要是对面向感官的计算进行监管，防止出现侵犯人身利益的伦理性问题。

面向决策的计算，重心是人与人以及人与社会的关系，涉及所在社会机构、政府体系和经济结构。交易模式、法律环境、政治体制等面向决策的计算直接服务于人的理性行为，例如区块链对信任体系的重构是面向人的行为过程的，一开始就存在竞争性和博弈性。对于此类技术而言，政府、社会、市场环境本身就是技术的组成部分，因此需要从整个社会体系结构去分析此类技术的存在和演变过程。面向决策的计算与国家未来战略发展密切相关，国家对此类技术的发展战略引导要先于监管，更多的是注重此类新技术与原有社会结构的对接问题。

关于人文视角下研究数字技术需要把握四个要点。一是坚持人性视角。科技是人的意志的延续和自动化的过程，当前还不存在，至少还不能证实存在自我独立的机器意志。当前的技术无法解决人性问题，所以面对新的技术迫切需要对人性进行反思。二是重新反思人与社会的界限。科技发展首先对人的感知造成冲击，进而影响人对社会的认知。与之同步的是人与社会界限的模糊，每一次科技革命都是人与社会界限的重新划分。三是重新反思人与组织的关系。科技变革会改变原有组织和权力结构，在人与组织的关系上直接展现出来。四是尽量用去数学化的阐释方式。数学模型的本质是对事物进行抽象而简洁的描述，主要目的是用于从文献到文献的理论研究和各领域专家同行的理论交流。人文社会科学研究的受众更为广泛，这个角度研究也更能引发广泛的社会思考。基于以上四点，我们对去中心化趋势下区块链的场景和政策等问题进行了探讨。

第二节　区块链十年发展回顾

自 2008 年中本聪发表论文《比特币：一种点对点的电子现金系统》以来，区块链技术已经发展了十多年。起初“区块链”话题并未引起注意，但近年来这个概念热度空前，越来越受到关注，争议也越来越大。2018 年两会期间，有十余位与会代表和委员就区块链议题发表了相关看法，虽然总体看好，但对具体应用的发展意见各异，决策层面对区块链也较为审慎。在之后一年多的时间里，政府层面对区块链的发展一直处于摸索和深入了解的阶段。直到 2019 年 10 月 24 日，习近平总书记在中共中央政治局第十八次集体学习时强调，把区块链作为核心技术自主创新重要突破口，加快推动区块链技术和产业创新发展。至此，区块链正式受到国家层面的重视，并引发全社会对区块链的进一步关注。在本章，我们将基于可查的研究进行事实层面的分析。

国内外对区块链关注重点的变化

通过对六大数据库收录的 2015—2018 年的 8 327 篇论文进行分析，对比 CNKI 1 981 篇中文文献，可以看出国外和国内对区块链关注重点的变化。

从国外文献来看（见图 5–1），2015—2016 年关注的重心主要是区块链对金融服务业和商业的影响，同时，区块链创业公司也开始受到关注。2017 年，国际主流学术期刊数据库可检索到的区块链论文达 4 000 多篇，相较于之前，所涉及的问题更为具体，除货币问题外，还涉及金融数字化，银行、资本国际化，区块链与物联网的结合等。此外，“危机”开始成为关键词，部分学者担忧加密货币体系对人类现有信任基础体系带来冲击。然而到了 2018 年，中国却突然成了国际区块链关注的焦点，仅次于中国的焦点是纽约。在具体内容上，货币、加密、交易、数字化依然是关注的热点，同时区块链创业的话题相较于前三年更为火热。

图 5-1　2015—2018 年中外书报期刊数据库区块链相关文章标题及摘要分析

资料来源：CNKI 搜索关键词为“区块链”，按篇名搜索。外文文献搜索关键词为“Blockchain”，按标题搜索。数据库来源有 ABI/INFORM、ProQueset、arXiv、Elsevier、Gale、DOAJ 等。搜索时间为 2018 年 3 月 21 日。

国内对区块链的普遍关注开始于 2015 年，和国际文献所显示的相似，2015—2016 年主要关注的是金融和货币创新、金融与互联网等。进入 2017 年以后，开始与不同领域广泛结合。但是从 2018 年开始，对区块链概念炒作的质疑和反思开始多起来，主要涉及数字货币泡沫、安全、监管等，同时围绕区块链的人才培养、场景应用、区块链与大数据等发表了一部分比较深入的论文。截至 2018 年 3 月，对比同期国内外的文献能够明确看到，中国开始广泛关注区块链可能引发的问题，国外开始关注中国的区块链发展状况。同时，与国外持续关注区块链与货币之间的话题相比，国内更关注区块链的广泛应用。

国内区块链相关企业发展提速

国家企业信用信息公示系统数据显示，截至 2018 年 3 月 24 日，公司注册名中含有“区块链”关键词的共有 1 608 家（深圳市可查相关公司为 206 家，实际数量更多），其中 42% 为 2017 年新注册公司。从总体随机抽样 10% 显示，87% 为区块链技术相关科技公司，13% 为金融服务公司。其中深圳市注册数最多，至少有 206 家（查询系统可显示数据上限），占全国 13%，且至少 48% 是最近一年内新注册的。广州市 92 家，占全国 5.7%，其中 81 家是最近一年内注册的。紧随广州市的是贵州省，共计 86 家，其中 93% 是最近一年内注册的。浙江省 64 家，其中 78% 在最近一年内注册。北京、山东、江苏分别为 53 家、44 家和 41 家，最近一年内注册的企业数占比依次为 54%、80% 和 78%。

当前各国对区块链的关注主要集中在加密货币问题上

根据《华尔街见闻》的相关报道，美国、欧盟正在加快推进立法，加强加密货币反洗钱监管。日本已经发放了比特币（加密货币）交易所牌照，并开始推动监管相关政策。2018 年 3 月 2 日，日本财务大臣麻生太郎向媒体表示欢迎虚拟货币（加密货币）交易机构向政府提出认证申请，日本政府也将加强相关方面的安全监管。韩国从 2018 年 1 月 30 日开始要求数字货币使用实名制进行交易，以防止不法分子利用数字货币进行违法交易。德国已经出台征税文件，并承认比特币与法币享有同等地位。英、法、澳都在积极开展加密货币监管的相关研究和立法工作。巴西目前不承认加密货币为金融资产，委内瑞拉已于 2018 年 2 月 20 日开始推行“石油币”，努力探寻本国法币体系崩溃后的新出路。

第三节 区块链市场简述

2018 年 4 月 8 日，中国人民大学副校长吴晓求教授在博鳌论坛接受媒体采访，当被问及对区块链的态度时，他指出："坦率来讲，我被区块链绕晕了，我始终不知道这是个什么鬼，我找了很多人研究区块链，我从三四年前就开始弄这个东西，我至今找了写有关区块链的书的人跟我讲，但我还是没弄清楚，如果我听不懂的话，这个东西就很难弄，我始终不知道是什么玩意。"[①] 该消息在微博自媒体发布还不到一个小时，就有 1 500 多人转发、960 余个赞、670 余条评论。排名第一的评论称："他说出了大部分人想说而不敢说的心声。"当时社会各界对区块链的认知情况可见一斑，大家关注的关键问题就是：区块链到底有什么用？

为此我们对最近 3 年的国际文献进行了综述和筛选，找出了与区块链应用密切相关的 180 篇学术论文（不包含比特币及加密货币的研究论文）：谷歌学术收录了 100 篇、IEEEXplore 数据库收录了 30 篇，AISeL（AIS Electronic Library）数据库收录了 50 篇。通过比对发现，对区块链的应用研究主要涉及 6 个领域，分别是金融、信息管理、娱乐与传播、政府、电商市场和供应链。其中金融研究占 34%，数字档案管理研究占 25%，供应链与区块链研究占 23%，这三类占了区块链市场应用研究的 82%。

① 吴晓求 . 我不蠢　区块链研究了 4 年也不知道是什么鬼 . 凤凰网财经，2018-04-08，http: //www.caijing.com.cn.

金融领域的研究热点是支付问题

金融领域始终是区块链研究的大类（比特币除外），其中最主要的研究集中在支付领域。支付行业可以被视为区块链创新的中心。银行过去被称为“值得信赖的中间人”，这种商业模式正受到区块链加密货币的威胁。因此，许多银行开始投入与区块链相关的研究。传统银行昂贵的费用和缓慢的交易过程困扰着消费者[①]，同时，在欠发达国家，相当大比例的人口是不能或仅能获得有限的银行服务的。支付行业的区块链正被越来越多人看好，被认为是未来实时支付的解决方案，因为区块链可以实现不需要银行和中间人的点对点交易，这意味着存在实现高速运行的、较低成本的金融服务的可能性。[②]

另外，区块链可以解决无银行账户的客户的问题，允许他们几乎零成本参与金融活动，当然，这对监管来说是一个很大的挑战，但对金融业来说也存在巨大的潜力市场。总之，区块链支持无须中央第三方支付，并使其快速便宜。目标用户一般是银行客户和电子支付用户。表5-1是去中心化电子支付和传统电子支付的对比，各有优缺点，但还看不到替代的可能。

---

① F. Holotiuk, F. Pisani, and J. Moormann, *The Impact of Blockchain Technology on Business Models in the Payments Industry*, 13th International Conference on Wirtschaftsinformatik, St. Gallen, Switzerland, 2017.

② F. Holotiuk, F. Pisani, and J. Moormann, *The Impact of Blockchain Technology on Business Models in the Payments Industry*, 13th International Conference on Wirtschaftsinformatik, St. Gallen, Switzerland, 2017.

表 5-1　去中心化电子支付和传统电子支付的对比

特征	去中心化电子支付	传统电子支付
信任机制	分布式验证，保护工作量证明（POW）、权益证明（POS）等智能合约体系。不受第三方控制，可以点对点直接交易。	第三方（如银联、支付宝、微信钱包等）通常由公司控制，受提供服务的公司支配。
交易时间	通过共识算法等实现。基于目前的技术，交易延时问题严重。	交易时间取决于移动互联网或者所在局域互联网的速度。
受益方	奖励参与区块验证计算（挖矿）者。	第三方公司获取现金流红利。
隐私和安全	交易个体隐秘性、难以监管跟踪、篡改成本极高。	交易个体信息被第三方公司掌握，依靠第三方公司信誉担保。

资料来源：部分参考 Subramanian，Hemang. “Decentralized Blockchain-Based Electronic Marketplaces.” Communications of the Acm, 2018, 61(1): pp.78–84。

数字档案管理应用前景广阔

在数字档案管理方面，区块链的不变性有着广阔的应用前景。它提供了一种廉价且安全的方式来存储信息，同时将所有权和控制权还给用户。它还允许存储更精确的数据，以提供保护并且防止篡改。在数字档案管理方面主要有以下四个应用前景。

一是应用于医疗保健行业。医疗保健数据是一种具有极高价值的重要数据资源，分享它对于使医疗保健系统更加智能并改善医疗服务质量至关重要。但是，医疗数据既不由患者拥有，也不由患者控制，而是分散在不同的系统中，这会阻止数据共享并将患者隐私置于危险之中。 使用区块链技术（例如私链）可以轻松安全地拥有、控制和共享他们的数据，而不会冒着隐私被侵犯的风险，从而保证患者数据的私密性。

二是应用于保险行业。购买保险时产生的费用与相关风险直接关联。为了正确评估风险，保险公司需要准确的数据来进行计算。由于保险公司没有特定消费者的准确数据，精算模型的预测能力会存在偏差。其后果是一个保险产品中，消费者最终可能会支付太多（或太少）的费用。区块链的智能合约作为一种对等分布式的数据记录方式，能让保险公司更精准地掌握消费者的数据，从而可以设计更贴近市场的保险产品，进行更准确的风险和补偿收益评估。例如，汽车保险可以将汽车和驾驶员的状态纳入保险计算模型，这对保险公司和保险购买者都是更好的选择。

三是应用于档案保密和防篡改，例如数字密封（数字封印）等，是致力于确保信息有效性和可靠性的技术。这些信息对个人来说可能至关重要，例如个人的出生证明或房产所有权证明。发展中国家经常面临管理不善的情况，甚至出现随意篡改个人信息档案的腐败现象。相当一部分欠发达国家无力承担海量个人档案长期保密存放和防篡改监督工作，这对有些国家而言，是很大一笔公共开支。但基于区块链的档案保密和防篡改技术不需要依托政府来完成，而可以通过分布式平台实现。[①] 由于区块链是防篡改的，所以一旦登记了信息，就不能操纵和篡改该信息。这个应用前景不仅是在个人档案的管理上，在其他档案领域也有广泛的应用，如政府文件传递和机要通信等。一般而言，所有对数据完整性有要求的需求方都是以上解决方案的目标受众。

四是应用于数字身份的建立。数字身份相关信息的集中化在

① D. Wörner, T. Von Bomhard, Y.-P. Schreier, and D. Bilgeri, *The Bitcoin Ecosystem : Disruption Beyond Financial Services?*, Twenty-Fourth European Conference on Information Systems（ECIS）, Istanbul,Turkey, 2016.

数字时代具有非常重要的政治、法律和社会意义。当前的现实情况是用户不能控制自己的数据，相反，大公司大肆收集用户的数据并从中获利。区块链赋予数字身份一个潜在的革命性分权角色。①区块链构建的平台使它的数字身份不由机构控制，而只能由个人控制。通过使用智能合约，用户可以控制自己的数据，只显示合作伙伴需要知道的信息。此外，用户还可以通过对其他用户进行评分，将其数字身份用作个人信誉标签。数字身份的区块链化将带来更多面向新的消费需求的创新产品和服务。

娱乐、传播与知识产权方面潜力巨大

过去 20 年，全球娱乐和传播行业经历了多次变革。随着区块链的引入，可能会经历另一次巨变。利用区块链技术，受众将能够直接支持他们欣赏的艺术家或记者，同时匿名以免受审查。

具体来说，一是在数字艺术与版权方面，区块链应用需求强烈。由于互联网特别是移动互联网呈几何级增长，数字音乐和数字视觉等行业在过去 10 年发展迅猛。然而，音乐版税及视觉设计等的专利费用确定一直是一个烦琐、复杂且创作者权利很容易被侵犯的过程。特别是近年来流媒体服务的兴起，使这个问题变得更加复杂。艺术家通常是最后一个被支付的对象，并且在收到第一张版税支票之前可能需要漫长的等待，但区块链可以解决这一问题。例如，区块链可以在公共账簿中维护全面而准确的音乐版权所有

---

① M. Pilkington, *Blockchain Technology*: *Principles and Applications*, Research Handbook on Digital Transformations, edited by F. Xavier Olleros and Majlinda Zhegu. Edward Elgar, 2016.

权信息，从而确保内容创作者获得公平回报。数字艺术的消费者是有针对性的。

二是新闻专业主义和独立性可以得到保护。记者难免受到利益集团的控制和所在媒体机构的压力，无法真实报道一些领域的问题。新闻业的发展可以获得区块链协助，例如受众可以花很少的钱查看他们感兴趣的文章，直接支持记者。这种购买方式的转变也能鼓励出版商创造更有价值的内容，同时逐渐消除那些获得广告资助的肤浅内容。由于区块链的不变性和加密特性，发布的文章可抵制利益集团的干扰和删除修改的压力，并保证读者和记者同时匿名。基于区块链的付费机制也可能继付费墙模式之后成为媒体发展的新希望。

电商领域目前已有较多实际应用案例

电商物流业是区块链应用的活跃场景。从物流业的视角看，物流是“戴上镣铐的舞蹈”。大部分的物流业从业者对所承载产品的供应链并不了解，合作伙伴之间的不信任、交易费用和物流内容的限制是物流市场的主要瓶颈。但区块链可以彻底改变这些情况，因为智能合约和分布式账簿可以打破前面提到的物流业瓶颈。基于区块链，传统物流业可以获取充分的信息，将交易费用降到最低，消除市场限制，并为消费者获得更好的物流产品提供新的途径。

区块链能提高电商市场的可信度。市场提供了可以交易实体和数字商品与服务的基础设施。对于这样的市场来说，消费者行为在很大程度上与他们对中介的信任有关。[①] 像亚马逊、eBay 这样的交易场所实质上是收取了相关费用的，甚至会通过控制产品的供给来牟利。但这种现在需要电商公司背书的“信任问题”基本上可以通过区块链解决，且建立在它之上的市场是值得信赖的。与传统市场相比，没有中央监管机构而独立运行的市场，允许每个有互联网接入的人建立商店并自由进入和退出，而不受费用或者各种中介平台的规则限制。[②] 支付交易费用减少，市场交易针对性提高，消费者进入全民定制的风口骤然出现，但风险也非常明显。

区块链能在更大程度上保证产品的真实性，提高消费者的积极性。消费者通常无法获取产品如何创建和交付等细节信息，底层供应链对于最终消费者来说是不透明的和隐藏的。[③] 消费者基本没有判别自己所购买产品的长期质量或者产品其他特性的能力，例如我们在麦当劳看到不同的汉堡，很难分辨出哪个好哪个坏，大部分消费者会认为没有什么区别。但是如果有牛肉区块链分布式账簿的记录，消费者就能够知道这个汉堡所用牛肉的前期生产过程、食用牛有没有得过病等。区块链系统能追踪供应链经历的

---

① S. Jarvenpaa and R. Teigland, *Introduction to Trust, Identity, and Trusted Systems in Digital Environments Minitrack*, Hawaii International Conference on System Sciences 2017.

② D. Wörner, T. Von Bomhard, Y.-P. Schreier, and D. Bilgeri, *The Bitcoin Ecosystem: Disruption Beyond Financial Services?*, Twenty-Fourth European Conference on Information Systems（ECIS）, Istanbul,Turkey, 2016.

③ M. Pilkington, *Blockchain Technology: Principles and Applications*, Research Handbook on Digital Transformations, edited by F. Xavier Olleros and Majlinda Zhegu. Edward Elgar, 2016.

起源和变革。[①] 它进一步使产品的使用者对产品的供应和生产拥有更多的知情权和监督权，能在更大程度上确保产品安全与可靠。

从以上研究可以看出，区块链对市场的冲击主要体现在消除"中间机构"，减少点对点的交易成本。总体而言是通过产生更多的信任、更少的腐败、更少的费用、更快的流程、更好的接入、更精细的产品、更少的服务审查来为消费者提供更好的服务。区块链的去中心化和分布式账簿系统允许消费者和生产者之间进行更有效的交易和互动，并且在对市场和产品进行精准记录、改进产品质量和提高服务方面有独特的优势，但也存在一些问题，具体如下文所述。

区块链市场化应用的三大挑战：技术、制度和人力

一是交易时延技术瓶颈。依照现在的技术，在区块链（例如比特币）上执行第一笔交易，消费者首先需要下载整套现有区块链，并在执行交易之前对其进行验证，这个过程可能需要几个小时甚至更长时间。[②] 这个交易过程按当前的情况来说是极其复杂的，对消费者而言是非常不友好的，没有人愿意花几个小时去等待完成一次交易。二是制度问题。我国以及绝大部分其他国家在积极推广可控区块链应用的同时，对民间区块链项目，例如比特币等加密货币交易是保持非常谨慎的态度的。三是人力问题。当前关于区块链的从

① V. Buterin,"A Next-generation Smart Contract and Decentralized Application Platform," *Ethereum White Paper*, 2014.

② M. Crosby, P. Pattanayak, S. Verma, and V. Kalyana-raman,"Blockchain Technology: Beyond Bitcoin", *Appl. Innov.* 2（2016）: 6–10.

业人才非常缺乏，大量问题还没有切实可行的方案。没有人才的积极推进和大力推广，区块链的市场化就没有有效的落地抓手。

第四节 区块链项目的现实挑战：以物联网为例

《华尔街日报》中文网 2017 年 3 月 20 日发布的调查显示，78.6% 的美国人表示听说过比特币，而在美国 11 个主要经济体中，有 59% 的消费者没有听说过区块链技术。[①] 随着一段时期内加密货币的价格波动，更多的投资者开始寻求除加密货币以外的投资机会。这一点与当前中国的区块链发展趋势一致，但国内外各大公司及咨询机构出于市场发展的目的，所给出的区块链落地项目分析案例的重点主要集中在市场应用前景上。区块链项目落地会面临什么样的挑战？我们结合当前发展迅猛的物联网体系进行了分析。

物联网发展至今已经演变成一个日益复杂的生态系统，物联网的巨大机会也已成为共识。然而，物联网的爆炸性增长带来了多样化的物联网种类和解决方案。例如当前物联网在传感、存储、信息处理和通信等方面并没有公认的通用模型以确保系统整体对于用户是安全稳定的。如何保证在具体应用场景下不同种类和多样化的物联设备对用户而言安全可靠，已经成为物联网发展的一个关键问题。

① http: //t.cn/RnfnEKe, 2017-05-17.

物联网安全与物联网系统的架构

当前主流的物联网系统是基于服务器/客户端模型的中心化架构，即所有物联设备都通过云实现验证、连接和智能应用。虽然物联网的发展有朝着边缘计算方向发展的趋势，但由于物联网大数据资源的巨大价值，制造商并没有动力去改变中心化数据掌控模式，在大数据就是资产的时代，基于物联设备的云计算控制和数据收集只会更加频繁而不会减少。

这种服务器/客户端的物联网架构存在三个方面的问题：一是计算成本和计算压力，例如在家庭应用场景下，两个家电相距不到一米,但也需要通过云端进行沟通。数据汇总到单一的控制中心，企业所销售的物联设备越多，其中心云计算服务支出的成本就会越高。而随着终端硬件设备成本降低，物联设备暴增，中心化的计算压力和成本会让企业不堪重负。

二是中心化的数据收集和服务方式无法从根本上向用户保证合法使用数据、不会泄露用户个人隐私。用户的数据保护完全依靠企业单方面的承诺。在不爆发大规模社会问题的前提下，目前全球还没有任何政府和第三方机构能对此进行有效的监管。

三是在中心化物联生态系统中，一个设备被攻陷，所有的设备都会受到影响。例如《麻省理工科技评论》2017年所指出的“僵尸”物联网，可以通过感染并控制摄像头、监视器等物联设备，造成大规模网络瘫痪。[①]

① Bruce Schneier，“10 Breakthrough Technologies”，MIT Technology Review. https://www.technologyreview.com/s/603500/10-breakthrough-technologies-2017-botnets-of-things, 2018-03-24.

区块链技术与物联网的结合面临服务托管、计算性能、响应时间和海量存储等方面的挑战

区块链的去中心化、信息不可篡改和撤销、账簿透明性等特点对物联网发展受到掣肘提供了很好的解决可能性。但在区块链与物联网的结合过程中也存在三个挑战。首先是数据量与系统性能的问题。区块链的智能合约在原理上要求每个人都有一本完整的账簿，并且有时需要追溯每一笔记录。因此用户规模越大，对系统运行性能的要求就会越高，而普通的用户难以与整个系统保持同步扩展的能力，这对普通用户而言需要托管相关服务，随着时间的推移，最终依然是一个中心化的过程。

其次是计算能力和响应时间的问题。由于物联网生态系统非常多样，并且实际应用中的物联网是由不同计算能力的设备组成的，并非所有设备都能够运行相同的加密算法，因此对基于区块链的物联网生态系统中涉及的所有对象执行相同的加密算法时，不同设备的响应时间会有差异，最终导致整个系统服务时间延迟。

最后是基于区块链技术的设备对等海量数据存储的挑战。根据区块链去中心化的理论，不存在中心化的集中数据存储处理和交易机制，区块中任意节点的数据存储和计算权利与义务都是对等的。按照理想的区块链模型，分布式账簿需要存储在节点上，随着时间的推移，账簿的存储空间需求将会不断增加。对物联网而言，这超出了各种智能设备的实际存储能力。

区块链与物联网的结合需要应对服务商可信度、认证安全和法律监管缺失三大风险

一方面，任何由中心化组织提供的技术服务，其可信度不会超过组织自身的信誉。区块链服务商也难逃以人为基本单元的中心化组织自身的规律。目前各大IT公司都在争相开发区块链相关的框架体系和应用，但尚处于初级阶段，即使是IBM等国际大公司所提供的区块链物联网相关应用案例也处于探索阶段。目前能够提供区块链技术的服务商普遍缺乏设计和部署基于区块链的系统所需的实际技术和专业储备，所提供的区块链技术服务也是基于公司自身的私有链进行的。这就意味着这些区块链技术服务商所提供的区块链服务的可信度不会超过公司自身的可信度，背后依然是中心化的机构在提供计算力和信用担保。当前区块链即服务（BaaS）市场仍然是一个发展中的市场，企业和个人选择区块链服务时，服务商自身的可信程度依然是最重要的因素。

另一方面是认证安全问题。当前区块链基于公私钥密码体系保证每个人都有自己唯一的私钥，在去中心化的状态下，如果私钥丢失，用户将无法证明“自己”是“自己”，造成的损失将无法挽回。而在中心化的体系中，如银行卡遗失等问题可以前往银行营业网点进行办理，并不会导致账户控制的资金或数据完全丢失。另外，分布式账簿体系使用户在区块链中是透明的，如果知道所有区块用户的每一笔财富交易，会给用户带来隐私安全方面的隐患。还有一个重要的风险是法律监管的缺失。区块链发展至今依然是一个全新的领域，没有任何法律或监管规则，这给物联网制造商和区块链服务提供商带来了前所未有的自由度，对用户而言，

也意味着更多的不确定性。

边缘计算与区块链结合会是下一个风口吗?

“边缘计算”与“区块链”是当前物联网领域的热频关键词。但相较于业界的火热趋势，政府却始终保持着比较审慎的态度。边缘计算和区块链都具有去中心化倾向，物联网作为智能制造的重要领域该如何应对，这是政策评估和战略发展的标杆性问题。

（1）边缘计算给物联网带来了什么？边缘计算是分布式计算技术的一种，是物联上靠近数据生成的位置进行数据处理的方法。通俗地讲，可以简单理解为设备大部分情况下不用连接集中云计算服务，通过局部数据计算就可以实现物联设备的智能控制。

边缘计算将数据处理从云中心转移到网络边缘，计算和数据存储可以分散到互联网靠近物联终端、传感器和用户的边缘，不仅可以缓解云计算带宽、计算等方面的压力，还可以优化面向感官驱动的网络服务架构。例如家里的空调、热水器与冰箱、安防摄像头等可以通过边缘计算进行协调运行，即使是在连接不上云服务器的情况下，也能确保最佳的节能和服务状态。

据互联网数据中心预测，到2020年，全球将有约500亿的智能设备接入互联网，主要涉及智能手机、人体穿戴设备、个人交通工具等，其中40%的数据需要边缘计算服务。由此可见，边缘计算有强大的市场潜力，也是当前各服务商争夺的热点。

但是边缘计算与物联网结合存在移动计算力通用性、付费模式和数据安全三个方面的问题，边缘计算当前只是云计算的补充。以个人边缘计算为例，首先是边缘计算中移动场景切换问题，个人在家的时候主要是在一个计算服务器就可以覆盖的范围内，但如果出去跑步、逛街等，就涉及不同边缘计算服务器的交互切换问题，如何实现最优？其次，边缘设备计算力通用性也是难点，例如如何利用洗衣机多余的计算力来计算冰箱的数据？再次是付费模式的问题，边缘计算将原来的集中云付费分散到了网络边缘领域，涉及多厂家设备协同参与，那么如何进行计算付费？原有集中云服务模式下需要收费的服务在边缘计算场景下可能出现多种替代性方案，如何计价？最后是安全问题，边缘计算的分布式多终端协同数据服务模式会带来全新的安全问题，原有的云计算集中防御机制能否适应新的边缘计算应用？从应用场景看，边缘计算目前是云计算的重要补充，未来的走向还未知。

（2）边缘计算与区块链融合是物联网下一步发展的大趋势。边缘计算为区块链在物联网中的应用提供了平台支持。物联网设备具有较低耗能、受地域分布限制等特点。物联网终端设备有限的计算能力和可用耗能是制约其区块链应用的瓶颈，但边缘计算可以解决这一问题。以移动边缘计算为例，移动边缘计算服务器可以替终端设备完成工作量证明（Proof-of-Work，POW）、加密和达成可能性共识等计算任务。

边缘计算与区块链融合能提高物联设备整体效能。以物联网设备群为例，一方面移动边缘计算可以充当物联设备的“局部大脑”，存储和处理同一场景中不同物联设备传回的数据，并优化和修正各种设备的工作状态和路径，从而达到场景整体应用最优。另一方面，物联终端设备可以将数据“寄存”到边缘计算服务器，并在区块链技术的帮助下保证数据的可靠性和安全性，同时也为将来物联设备按服务收费等多种发展方式提供可能性。总体来看，物联网中边缘计算与区块链的结合是大势所趋。

边缘计算与区块链的融合需要解决安全、计算资源分配不均等问题。首先，在边缘计算应用场景下，受边缘计算服务器实际计算力的限制，在具有私有性的物联网体系中，比较现实可行的方法是采用“白名单制”，即免去“挖矿”（工作量证明）达成共识机制过程，但是如果有设备冒充物联网终端白名单设备与移动边缘计算服务器进行交互，则很容易引发安全问题。其次，移动边缘计算资源分配问题。因为移动物联设备 POW 能力较弱，或者根本不具备 POW 能力，所以需要通过移动边缘计算服务器进行。那么在多物联终端委托统一边缘计算服务器进行计算时，如何分配资源？通过什么样的共识机制能实现最优？目前相关研究还较少。

（3）面向未来智能制造的政策和监管面临三大问题。一是如何界定算法和物理设备权责体系。以往的权责体系主要落到实际物体上，但按现在的发展趋势，物理设备逐步演化为算法的执行单元，决策系统与终端开始分离。例如，装载优步自动驾驶系统的沃尔沃汽车撞死行人后，是自动驾驶控制算法提供商的责任，还是沃尔沃汽车传感器的责任？软件服务和硬件供给已产生明显的分离趋势，但相应的监管、权责标准却并不清晰，与之相关的利益报酬机制也不明确，这会直接影响智能制造的升级和发展。

二是智能制造标准制定思路是否应该转变。技术高速发展导致很多标准制定出来就已经滞后于技术的发展。特别是在基于区块链的智能合约体系大面积渗透的驱使下，各国政府都面临类似问题。在面向未来的智能制造发展中，是否可以将标准制定权放回市场，让其在技术发展竞争中自然产生呢？什么样的技术标准需要由市场决定？什么样的标准需要由政府主导？这需要有更明确的界限。

三是5G会给边缘计算、区块链和物联网带来何种冲击。5G是第五代移动通信技术的简称，理论上5G下载速度能达到1.25GB/s（实际速度有差异）。基于5G的基础网络通信体系会引发什么样的技术连锁反应，当前依然是未知的，在政策层面更是需要谨慎的观察。

总之，要评估边缘计算与区块链是否为物联网发展带来风口，除了考虑以上提到的问题，更要从数字中国大时代背景和政府战略决策的谨慎态度去考虑。进入数字时代后，我国发展不平衡、不充分的矛盾在计算力分配不均的问题上将会越发明显。政府要考虑计算力效率的问题，在政策制定和监管上也要考虑公平问题，这是政府保持审慎态度的重要原因。否则，在不久的未来，弱势人群将面临得到的计算力服务还不如富人家中一个冰箱多的现实。

第五节　制约区块链发展的核心问题

区块链应用落地的评估关键

目前国内外共有158个区块链项目可通过互联网进行查询，国内占52个，覆盖电子商务、区块链技术、金融服务、防伪公证、物联网等。[1] 通过对比查阅，我们发现目前还没有项目明确表示自己已经实现了盈利。我们对这些项目落地需要面对的10个基

① 长铗，韩锋等. 区块链：从数字货币到信用社会. 北京：中信出版社，2016：267–299.

本问题进行了总结，具体包括谁是用户？用户需要输入什么数据？哪种输入是不可逆转的？区块节点如何组成？新增区块如何创建？点对点校验的内容是什么？点对点如何校验？点对点如何达成共识？区块链的可扩展性如何？区块链发展的内在激励机制是什么？用户的自发性维护或者拓展区块链是通过竞争激励机制实现的吗？激励机制能否实现闭环？

我们发现要核算一个区块链应用场景的基本成本和发展的可持续性，除了场景本身的市场需求，还需要考虑区块链在技术层面实现自治性运营的可能性。

区块链技术落地到具体的应用场景，并不能替代人的管理和运营能力而独立存在，其中有技术门槛的限制，更重要的是组织管理和知识储备有门槛。以电商的区块链场景应用为例，涉及物流、供应链、供货商、消费者售后服务、货币支付等，这些场景不仅与技术相连，更与人密切相关，然而区块链并不能解决人性的问题。此外，区块链的场景应用还涉及在成本上与原有模式相比是否有竞争力的问题，计算力成本过高，则无法可持续。

总体来看，对实业家来说，新技术、新模式落地是没有捷径可走的。但对资本家而言，新的概念带来了新的风口，他们自然不会错过。他们当然希望站在风口的猪都飞起来，但他们不会说猪会落到哪里去。区块链令投资者着迷之处就在于它存在把有人的地方都变成风口的可能。

计算力依然是数字技术发展的核心问题

计算力是当前发展的核心动力。如第一章所述，对比第四次工业革命的核心力源和工业驱动力，区块链所依托的技术依然是计算力，属于数字驱动的工业模式之一，与第四次工业革命的核心变量并没有根本区别。但是基于区块链技术带来的对计算力需求的几何级增长，对推动数字驱动型产业不断进行升级是可以明确预见的。但是区块链会对生产力带来多大影响，带来多少创新，发展方向在哪里，依然需要依靠自下而上的市场需求和各类社会生产主体去推动和碰撞。况且，当前的区块链信息不可篡改性是建立在难以做到对区块链系统中超过51%的节点进行同时控制的基础上的。但是随着计算力的发展，例如量子计算的突破，这一区块链的核心理论假设将不复存在。因此区块链的思想性会持续得到充实，但区块链当前所依托的技术仍然在不断演变，在未来的角度看，它是一种过渡性的技术。

区块链去中心化的三元悖论

“去中心化”作为区块链的核心优势已被不断强调，但区块链技术发展至今，我们发现依然存在一个三元悖论：在去中心化的区块链设计中，立足于现有的计算能力，安全性、低成本、易用性三者只能兼顾其二（见图 5-2）。

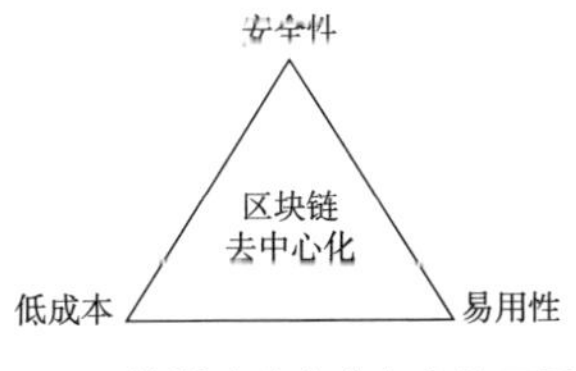

图 5-2　区块链去中心化存在的三元悖论

中本聪2008年的论文中就提出了使用分布式核算和存储，脱离中心化的硬件或管理机构，构建任意节点的权利和义务都是均等的架构。理想的区块链是需要系统中参与计算的节点共同维护的。这就会引发一个问题，在参与者计算力存在差异的情况下，如何保证区块低成本、高安全性和易用性？要解决这些问题，一个比较可行的办法就是请服务商（中介）进行委托管理，或者直接使用区块链服务商的平台。因此，在区块链参与个体计算力不对等的情况下，区块链的“去中心化”会转变成“去中介化”的问题。而在国家层面上，政策落脚点是在区块链平台还是在区块链本身，例如区块链技术标准等，依然需要时间来观察。

第六节　区块链对政府发展的影响

各国开始积极推动区块链项目

除中国以外，当前至少有20个国家的政府和组织开始推进区块链项目，涉及数量已超过100个，[①] 其中不仅有数字货币相关的项目,更重要的是区块链项目在社会各方面的应用。可以肯定的是，当前国家推动的区块链项目远不止这些。为什么国家层面会对区块链项目如此感兴趣呢？正如本章开头所论述的，区块链是面向决策的计算技术突破，将直接影响整个社会结构。

共识机制是区块链的核心，但共识不是针对机器的，而是针对人类的，这与以往的任何机制都不同。共识算法是决定区块链

---

① 长铗，韩锋等．区块链：从数字货币到信用社会．北京：中信出版社，2016：280–299.

信息真伪的机制。通俗来讲，针对任何一笔交易，如果一定量的节点能达成共识，整个关联网络也认为其是真实的信息，即在一个互不信任的市场中，使各节点达成一致的充分且必要条件是每个节点出于对自身利益最大化的考虑，都会自发、诚实地遵守协议中预先设定的规则，判断每一笔记录的真实性，最终将判断为真的记录记入区块链。① 区块链最大的魅力在于可以通过机器计算而不是人的权威来建立信用机制，这也是各国政府积极推动区块链项目的重要原因，因为这种机制能取代人类迄今为止最复杂的组织体系的部分功能，甚至在理论上可以彻底颠覆已经发展数千年的中心化组织形态。与其被动等待改变，不如积极应对，这是当前各国政府积极推进区块链项目的直接动力。

官僚系统与区块链的功能相通但结构相反

对普通大众而言，提到官僚机制时大多带有负面的感情色彩，例如经常将该机制与低效率等特点联系起来。然而到目前为止，官僚体系是人类文明的重要组织积累，是人类社会演化发展出来的一种有效的组织方式。区块链的核心设计目的之一，就是用与之相反的结构来替代其主要的功能。

官僚系统和区块链本质上都是面向人的技术，用于管理、连接和驱动人的行为。现代社会是在官僚机制的支撑下运行的。官僚机制的运行主要是通过信息流动的软性和硬性控制进行的。世界历史上记载的最早出现的官员就是出现于苏美尔的“书吏”，这

① 周郰飞 . 区块链核心技术演进之路——共识机制演进 . 计算机教育，2017（4）.

些“官员”负责在石板上记录和管理各种信息。考古发现，早期这些刻录在石板上的信息有贷款、债务、利息等[①]。为什么苏美尔人必须记录贷款、债务和利息呢？这是维护苏美尔城邦信任和进一步发展的重要方式。在个人声誉无法胜任维护城邦信用等众多事件后，就需要有专人和组织来管理这些信息。因此，从最初的起源看，官僚机构不是一个慈善、合作或创新的组织，而是一个根据预定义的法律处理各种信息的“信息处理机器”。这和区块链在本质上是一致的。

官僚系统与区块链计算系统所执行的任务非常相似。一方面，它们都由规则定义并执行预定的规则。区块链是一种计算系统，按照预定的规则工作。从理论上讲，区块链技术是存在取代官僚机制的可能性的。另一方面，它们都是社会的信息处理机器。同时，它们都是信任机器。在这两点功能上区块链和管理系统是相同的。

区块链与官僚系统的结构完全相反，但两者可以相互嵌入和结合。当前有一个误区，认为去中心化的区块链技术和传统官僚体系是水火不容的。事实上，去中心化作为传统官僚系统控制权力的一种手段一直是普遍存在的。例如通过防止底层出现权力中心与上层抗衡，是保证上层权威在官僚体系中的位置的重要运行原则。这也是各国政府当前积极推动区块链项目的重要原因。

首先，区块链的信息处理和信用认定不依赖人；其次，智能合约可以使管理流程自动化，不需要中心化的管理机制。在具体的垂直类应用中，如医药食品监管以及某些社会信用机制方面，无

---

① Robson, E. “The Uses of Mathematics in Ancient Iraq, 6000–600 BC”, in “Mathematics Across Cultures. Science Across Cultures：The History of Non-Western Science” edited by Helaine Selin, Kluwer Academic Publishers (2000).

论是运营成本还是运行效率都比官僚体系更具有优势。因此有充足的理由可以判断区块链对政府职能转换有积极意义。

区块链推动政府职能再造的三种方式

一是政府信息公开。澳大利亚政府制定的政府 2.0 指南中已经声称要尽最大可能披露政府数据，并采用区块链技术保证数据的可信度。[①]另外，由于区块链技术是分布式账簿，因此适合政府信息的公开和共享。二是优化政府工作流，特别是与民众生活和安全密切相关的政府职能，区块链技术能够提供更高效的系统解决方案。三是建立分布式的基层自治社区。通过智能合约体系能够更好地实现社区和基层自治，建立共信机制。四是电子投票。投票是现代民主体系的重要基础，但当今最常见的纸质和传统电子投票系统主要存在两个问题：一方面要依靠监管官员的正直去履行选举程序，另一方面中心化的电子投票机的安全漏洞可能导致选举操纵和欺诈。使用区块链可对这两大问题进行有效弥补。

从发展趋势看，区块链将会成为现代官僚体系的一种补充，在需要去中心化的官僚体系单元中作为管理工具。我们暂时还难以看到区块链作为主体性社会结构替代官僚体系。

---

① Australian Government Report of the Government 2.0 Taskforce, "Engage：Getting on with Government 2.0" .

Berkeley, J. (2015) "The Trust Machine – The Technology behind Bitcoin could Transform How the Economy Works," *The Economist*, 2009.

Buterin, V. (2014) "A Next-Generation Smart Contract and Decentralized Application Platform" . https://github.com/ethereum/wiki/wiki/White-Paper, 2019–02–16.

第七节　去中心化趋势下的四个问题

区块链的信用机制存在维度限制，当前还看不到颠覆传统权威的可能性

美国的印第安人博物馆中珍藏着早期美洲印第安人与欧洲人签订的各种契约，这些并没有阻止欧洲人后来的疯狂杀戮。如果契约可以约束人性，那么人类的历史就不会血流成河。人的信用行为不仅仅取决于过去，更取决于未来。区块链技术并不可能用算法替代人性。

链式信用结构有维度限制。图 5–3 是我们基于理性经济人假设提出的个体违约风险系数公式，其中个体违约风险系数不仅仅取决于过去的信用交易记录，还取决于背叛带来的收益。如果获取的利益远大于违约受到的惩罚，那么违约的可能性就会很大。

$$\text{个体违约风险系数}=\frac{\text{违约预期收益}-\text{违约预期成本}}{\text{个体历史信用记录}}$$

图 5–3　个体违约风险系数公式

图 5–4 是区块链信用机制约束下个人选择违约的决策图解。区块链的链式线性交易记录只能降低违约的风险，但不能从根本上防止违约现象出现。换句话说，区块链是图 5–4 中 X 轴和 Y 轴所构成的平面。基于历史数据的信任机制无法保证未来是否违约。当背叛的诱惑足够大的时候，区块链是不具备约束作用的，因此传统的权威机制在当代社会不可替代。

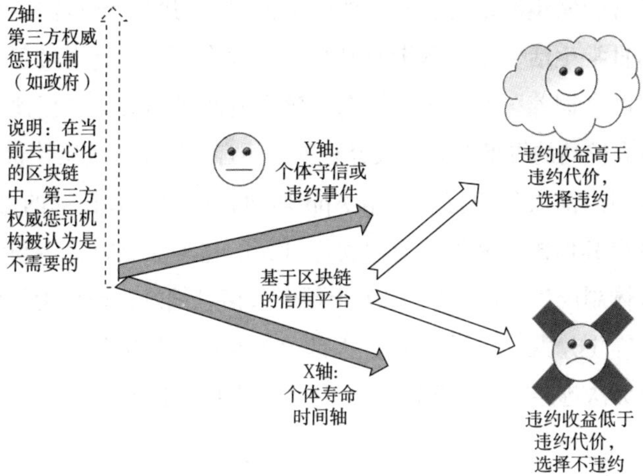

图 5-4　区块链信用机制约束下个人选择违约的决策图解

人类还没有理解数字化时代自身沦为“新矿产”的事实，未来大众较高等级的思维能力在“数字饲养”下存在退化可能

索罗斯在达沃斯论坛指出，如果脸书按照现在的速度扩张，理论上用不了多久就能覆盖全球绝大部分受众。这意味着一旦横向上的扩张就要到极限，那么对人的纵向资源的挖掘就会成为未来的必然选择。人与数字的融合使人成为未来最珍贵的“矿产”资源，引发全球关注的英国剑桥分析公司的丑闻一度敲响了警钟。其中需要关注的问题是，在去中心化和信息个人化的趋势中，基于人工智能算法的数字定制服务实际上形成了对个体的“信息喂食”机制，即投其所好，这在强化个人信息偏好的同时也会加深个体的偏见。长期的信息定制服务会形成一种类似“数字饲养”的情形，人会陷入自我选择的被动单一信息环境渲染过程中，对

个人感官的愉悦冲击会逐渐冲淡个人的思考习惯，原有需要个人决策的日常生活要素会逐渐自动化。对大众而言，这个过程就是陷入“数字饲养”的状态。长期的感官刺激导向会逐步促使个体放弃个人较高的思维能力，很容易进入感官主导型的被操控状态。

我国当前大规模打击低俗 App 移动客户端具有长远的考虑。但对世界其他国家来说，类似我们国家的这种纠错行为会与它们的国家体制产生“冲突”，因为干预个人信息偏好会被认为是侵犯“人权”。这就陷入一个悖论，大部分人在没有权威强制干预的状态下将无法逃避被“数字饲养”，进入被操控的状态。

个人隐私的财产权属性问题已无法回避，人的数字价值需要被重新评估

既然人已经成为一种数字化的资源，那么个人的隐私还仅仅是“人身权”吗？人的数字化，即各大公司将个人隐私转化为持续挖掘的数字财富已经是公开的事实，那么我们是否还应该回避个人隐私的“财产权”属性呢？

基于当前的去中心化区块链技术，点对点的个人信息体系与个人信息的“透明”是密切相关的。没有分布式的公开账簿对个体信息的透明展示，就不存在去中心化的信用机制。去中心化的点对点信用是以个人信息的透明化为前提的。

人身权与财产权共同构成了两大类基本民事权利。人身权是指与人身相联系或不可分离的没有权利，不直接涉及财产，也称人身非财产权。人身权包括人格权和身份权两大类，其中人格权包括生命权、身体权、健康权、姓名权、名称权、名誉权、肖像权等；

身份权包括亲权、配偶权、荣誉权、亲属权等。个人隐私属于人身权。

财产权是指以财产利益为内容，直接体现财产利益的民事权利。财产权可以用金钱计算价值，一般具有可让与性，受到侵害时需要以财产方式予以救济。财产权既包括物权、债权、继承权，也包括知识产权中的财产权利。

人身权界定下的个人隐私权利最大的问题是难以计算金钱价值。通俗地讲，就是无法判断个人的数字化隐私到底值多少钱。这个问题之所以要正视，是因为如果个人隐私的财产权属性得不到保证，那么其价值就只能被各大数字化现代企业或第三方机构零成本掠夺。

数字化时代与以往任何时代都不同的重要特征是，可量化和切割的个人价值越来越多。在非数字化时代，人的价值是以单个个体出现的，例如在工厂加工毛衣的剩余价值等。但在数字化时代，人的价值是人本身的数字资源和产生的数字动能，例如一个人在上厕所的时候点击和关注的自媒体流量能够创造成百上千的广告价值。人的精神价值在不断被物化，这个过程已经发生，但因为与传统的人格价值体系相冲突而难以被人接受。

在这个大背景下，个人隐私的财产权边界变得尤为重要。如果不能认定个人的隐私值多少钱，就会被各种数字化驱动公司零成本夺走，这个近乎零成本的价值转移过程也正是当前各大互联网公司获取财富的秘密。个人隐私的物权属性的边界是数字文明的开端，不遵守隐私边界，个人利益的保障将难以实现，而且去中心化过程也将沦为新一轮对个人的掠夺。

数字殖民时代已经来临

回顾人类历史，就是一部以去中心化为动力的斗争史，但每一次颠覆原有中心的奋斗，最后似乎都让人类自己陷得更深。哈耶克的《通往奴役之路》出版后，持续影响了几代人。但是哈耶克并没有解释一个问题：当人的精神行为和人的实际行为可以分离并且都能直接转化为数字财富时，传统的组织结构、社会机制、经济生态是否依然难以逃脱人性本身的桎梏呢？

回顾国家发展史，国家的崛起与资源的占有、创造和分配密切相关，甚至西方国家的崛起过程就是一部殖民和“挖矿”的历史。人的数字资源化使得“挖矿”目标首次从自然世界转移到了人本身，随之而来的数字殖民趋势已然显现，接下来会走向何方？我们认为区块链的去中心化应该与数字殖民结合起来看，脱离这个大的历史背景，去中心化就会演变成新的中心化，后者在人类历史上已反复上演。

第八节　关于区块链发展的建议

进一步打击以区块链、量子计算等为噱头的概念炒作和金融诈骗

在中央加大力度整顿互联网金融秩序的同时，出现了以区块链、量子计算等新概念为噱头的炒作现象和金融骗局，目前已经渗透到农村，这需要政府加强相关的监管工作。

尽快重构去美国化的独立互联网体系

国际互联只有建立在独立自主的基础架构体系上，才能发展自己独立的计算力。当前，不仅是我国，“一带一路”沿线国家甚至欧洲相关大国都有摆脱美国技术控制的核心需求，这是一个发展契机。数字殖民过程中的市场竞夺不可避免，未来的全球互联网体系不是走向统一，而是走向二元甚至多元对立。对互联网基础设施的独立性建设工作越早开始，未来损失就越小。近年中美贸易争端与美国的单边技术限制已经预示未来有可能出现大的危机。

构建倒金字塔结构的创新权责体系

我国已具备雄厚的工业生产和系统集成实力，但在当前我国的智能制造系统升级过程中暴露出创新能力集成不足的问题，主要表现在人才的能力在组织系统中无法实现有效整合。问题的关键在于，传统的生产组织是“金字塔”结构，技术人才在底端，决策高层在顶端，底端人才是所有试错的第一责任人。要实现创新能力集成，必须把“金字塔”组织结构倒过来，塔尖朝下，让管理决策层承担所有试错责任，把底端技术人才托到最上面的舞台，将基础创新导向与领导权责体系密切相关起来，优先技术发展是创新能力集成的核心要素。

应对“数字饲养”，进一步加强人文社会科学建设

数字时代生产力极大提升，大部分人将陷入“数字饲养”状

态，我国应高度重视这一问题。当前的网游、低俗网络文化已呈现出类似端倪，因此文化监管和网络传播的净化问题不能放松，更不能放任不管，相关监管技术研发也有待进一步投入。更为重要的是，要加强面向数字时代的人文社会科学建设工作，在理论基础上建立系统化的防范机制。

尽早启动个人隐私财产权界定的相关工作

当前，个人隐私的财产价值属性越来越明显，而且随着数字化发展进程的加速，个人隐私的价值也在急速增长，相关问题需要得到国家的重视，这是对区块链等去中心化发展模式进行有效监管的重要抓手。

本章结语

当前各国的较量主要是计算力的较量，对计算的分类非常有必要。我们认为计算可以分为两种，分别是面向感官的计算和面向决策的计算。不同的计算内容，其系统体系、市场重心、社会影响力都有着巨大差异。

在对计算进行分类的基础上，我们可以看到，去中心化是当前全球发展的总体趋势。区块链是去中心方案中被广为接受的一种。面对全球性的区块链热，还没看到有区块链项目明确公开表示已经实现盈利，因此在政府层面需要予以审慎对待。

除加密货币以外，区块链与实业的结合面临广阔的前景，但有关未来智能制造的政策和监管面临算法和物理设备权责体系界定、智能制造标准制定市场化、5G与边缘计算、区块链、物联网融合等问题。

同时也应该清楚地看到，脱离权威组织体系的“乌托邦”暂时还没有出现。从当前趋势看，区块链可以作为现代官僚体系的一种补充，在需要去中心化的官僚体系单元中作为管理工具，我们暂时还难以看到区块链作为主体性社会结构替代官僚体系。没有中心化的主流社会组织结构，就不存在去中心化的组织形态。这两者既对立又互相依存。

区块链信用机制有维度限制，目前还看不到颠覆传统权威的可能性。人的信任决策过程不受制于过去历史的影响，更倚重未来预期利益的获取。因此缺乏权威惩罚机制的区块链二维平面，无法确保人本身“守信还是背叛”的立体化决策行为。

同时，我们发现区块链去中心化技术的应用推广还需要解决一个三元悖论，即立足于现有的计算能力限制，安全性、低成本、易用性三者只能兼顾其二。

虽然区块链相关技术的发展目前还存在种种问题，但全球去中心化的发展趋势不可避免。数字化对人的全面渗透已经悄然成为人们的日常生活。但当前人们还没有看到数字化时代自身沦为“新矿产”的事实，未来大众较高等级的思维能力在“数字饲养”下有退化的可能。当前个人隐私已经成为营利性组织体系的矿产资源，这是一个不可回避的事实。个人隐私的财产权属性问题已无法回避，人的数字价值需要被重新评估，数字殖民时代已经来临。以上这些问题需要引起我国政府的重新审视。

面向未来，实践是检验真理的唯一标准，数字将重新定义实践。

第六章

智能制造与中美博弈

第一节　智能制造的概念

“智能制造”这一概念始于20世纪80年代人工智能在制造业领域中的应用，发展于20世纪90年代智能制造技术和智能制造系统的提出,并在21世纪基于信息技术的“智能制造”(Intelligence Manufacturing)的发展过程不断壮大①。关于智能制造的定义，各国存在一定的差异。

在本章的研究中，我们采用工业和信息化部在《2015年智能制造试点示范专项行动实施方案》中的官方定义:“智能制造是基于新一代信息技术，贯穿设计、生产、管理、服务等制造活动各个环节，具有信息深度自感知、智慧优化自决策、精准控制自执行等功能的先进制造过程、系统与模式的总称。具有以智能工厂为载体，以关键制造环节智能化为核心，以端到端数据流为基础，以网络互联为支撑等特征，可以有效缩短产品研制周期、降低运营成本、提高生产效率、提升产品质量、降低资源能耗。”②

表6–1是传统制造与智能制造的对比。从该表可以看出，智能制造是制造业的结构性升级。智能制造升级的过程，是整个制造体系、整个产品周期的数字化、网络化和智能化过程，是生产力和生产关系的全面转变。智能制造的升级也是社会发展基础的升级。

① 陈明，梁乃明.智能制造之路：数字化工厂.北京：机械工业出版社，2016：16.

② 工业和信息化部启动2015年智能制造试点示范专项行动.工业和信息化部网站，2015–03–08，http://www.miit.gov.cn/n1146290/n1146397/c4215074/content.html.

表 6-1　传统制造与智能制造的异同

分类	传统制造	智能制造	智能制造的影响
设计	常规产品。 面向功能需求设计。 新产品周期长。	虚实结合的个性化设计、个性化产品。 面向客户需求设计。 数值化设计、周期短、可实时动态改变。	设计理念与使用价值观的改变。 设计方式的改变。 设计手段的改变。 产品功能的改变。
加工	加工过程按计划进行。 半智能化加工与人工检测。 生产高度集中，人机分离。 减材加工成型方式。	加工过程柔性化，可实时调整。 全过程智能化加工与在线实时监测。 生产组织方式个性化。 网络化人机交互智能控制。 减材、增材多种加工成型方式。	劳动对象变化。 生产方式的改变。 生产组织方式的改变。 加工方式多样化。 新材料、新工艺不断出现。
管理	人工管理为主。 企业内管理。	计算机信息管理技术。 机器人交互智能管理。	管理对象变化。 管理方式变化。 管理手段变化。 管理范围扩大。
服务	产品本身。	产品全生命周期。	服务对象范围扩大。 服务方式变化。 服务责任增大。

资料来源：陈明，梁乃明．智能制造之路：数字化工厂．北京：机械工业出版社，2016：33.

第二节　反全球化背景下的智能制造升级

当前我国智能升级面临两个方面的问题。一方面是国际贸易保护主义日益抬头，全球贸易规则不稳定性加剧，在冲突与重构中反复；另一方面是自 2008 年全球经济危机以来，欧美等西方发达国家均开始推出制造业升级的相关战略，例如美国的“先进制造伙伴计划”（AMP）、德国的“工业 4.0 战略”、日本的“工业 4.1J”战略、韩国的“制造业创新 3.0”战略、法国的《新工业法国》战略、印度的“印度制造”战略等。随着新时期科技的发展，制造业引起了各国的高度重视。

值得注意的是，美国的制造业回流并不是特朗普任职以来才开始的。据 2014 年波士顿咨询公司（BCG）的研究，在年收益超过 10 亿美元的美国公司中，就有一半以上开始考虑制造业的回流[①]。图 6-1 是美国境外企业回流的分布情况，美国的企业回流事实上从 2010 年就开始了，并不是在特朗普上台以后才开始的。从 2010 年至 2017 年，有 721 家美国在华企业回归美国本土，其中大部分是制造业。从墨西哥、加拿大和日本回流的企业分别为 81 家、49 家和 27 家。

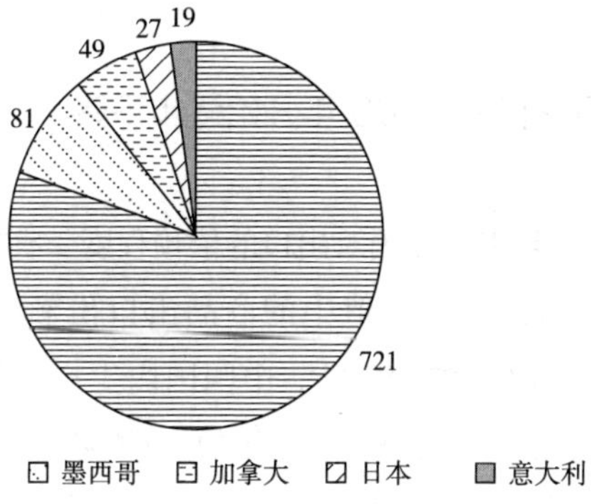

图 6-1　美国境外企业回流五大所在国及回流企业数量（2010—2017 年）

资料来源：根据 Reshoring Initiative 2017 Data Report 计算，图表由作者绘制。

① BCG（2015），“Man and Machine in Industry 4.0：How will Technology Transform the Industrial Workforce Through 2025?”，https://www.bcg.com/publications/2015/technology-business-transformation-engineered-products-infrastructure-man-machine-industry-4.aspx, 2018-03-19.

这与新兴市场制造成本上升有关，并不是随着中美贸易争端才开始的。美国建立节能、环保、高效率、智能化新工业体系的战略具有持续性，旨在重新夺回全球制造业龙头的地位，是反全球化的重要体现。

第三节　反全球化背景下美国对华反制概况

美国对华贸易反制主要是通过发起贸易争端进行的。从短期看，确实给我国股市、汇市以及进出口造成一定的冲击。但是从长期看，我们认为对我国的影响并不会如同特朗普所预期的那样出现夸张的输赢结局。经济发展只是国家发展的一个组成部分，不能代表全部。

中国的出口依赖从 2006 年开始逐步下降

过去十余年来，中国对出口的依赖程度一直在下降。根据 Wind 数据，中国国内生产总值中的商品出口份额已从 2006 年的峰值 35.3%降至 2017 年的 18.1%。中国国内生产总值对美国的商品出口份额下降超过一半，从 2006 年的 7.2%降至 2017 年的 3.4%。同时，中国对世界和美国的出口增长也在逐步放缓。1998—2007 年，中国对世界出口的平均年增长率为 22.6%，但 2008—2017 年，中国对世界的平均年增长率降低至 7.9%。同样，对美国的出口平均增长率也从 1998—2007 年的 22% 降至 2008—2017 年的 7%。从该数据看，在中国的经济发展引擎中，出口所占的比重从十余年前开始已在逐步下降，而中国国内需求的重要性越来越突出。数据表明，中国经济的结构升级已经进行了十余年，以后还会继续发展下去。

美国从 2010 年开始寻求去中国化的进口替代

根据香港中文大学刘遵义教授等人的研究，美国寻求去中国化的进口替代并不是从最近几年开始的。由于人民币的升值和中国劳动力成本的增加，早在 2010 年，美国即开始寻求能够替代中国出口产品的其他亚洲国家。[①] 2018 年，特朗普发起关税挑衅后曾有推断称，美国将会从越南、孟加拉、泰国、印度等其他亚洲国家寻求替代方案。关税挑衅加速了这一进程，但并不是直接诱因。

东南亚和南亚国家有可能会从这个过程中收益，但由于这些国家基础设施、软硬件环境和产业链配套与中国存在差异，目前还很难判断这种产业迁移能持续多久。市场有其自身的规律，关税控制使中美双方都要为此受损。如果美国能够做到从中国以外的国家进口更为便宜实惠的产品，就不会等到发生贸易争端才这么做。

中美制造业的竞争是技术和产业升级的竞争

从前面两点可以看出，不管特朗普是否发起对华贸易挑衅，我国的经济结构转型升级都是不可避免的，关税壁垒难以对我国造成致命威胁。中美贸易争端背后真正的较量，是技术和产业升

① Lawrence Lau, Junjie Tang. The Impact of US Imports from China on US Consumer Prices and Expenditures. Working Paper NO.66, Lau Chor Tak Institute of Global Economics and Finance, 2018-04-30.

级的较量，主要表现在两个方面：一是知识产权保护，二是反技术转移。对我国而言，知识产权保护同样是技术发展的重要方面，我国并不会在这一点上与美国发生根本性冲突。而美国对华的反技术转移对我国当前推进的自主创新战略构成了有效的外部刺激，并不能完全断定是阻碍我国发展的消极因素。

因此，较之于短期的中美贸易争端得失问题，在反全球化大背景下，顶住美国等西方国家专利、技术和产业升级封锁压力，完成自主创新体系构建，推动技术超越，发挥我国大国影响力，维系全球多元化，推动全球一体化进程，已成为我国不可推卸的责任。同时，在工业化和文明进程中怎样跟上和引领新的产业革命潮流，克服短期新旧利益冲突的阵痛，把握新的生产力和生产关系中的核心环节，从而占据新的产业链中的主导优势，就成了新的改革重心。

第四节 我国智能制造业的发展

各国智能制造业发展概述

随着传感器、虚拟技术、物联网、云计算、边缘计算以及人工智能技术的发展与突破，当前工业转型已迎来重大转变。各国逐步意识到工业升级的重要性，开始制订本国的产业升级计划。虽然侧重点不同，但是目标基本一致，希望利用新技术推进工业智能化、提高社会生产效率、降低能耗和环境污染、实现可持续发展（见表 6–2）。

表 6-2 美国、德国、日本、韩国、中国智能制造升级对比

国家	美国	德国	日本	韩国	中国
时间	2011 年	2012 年	2013 年和 2015 年	2014 年	2015 年至今
战略	先进制造伙伴计划（AMP）	工业 4.0	产业重振计划（2013） 工业 4.1J（2015）	制造业创新 3.0	中国制造业转型升级系列规划
目标	推动制造业回流、带动经济成长。	工业 4.0 不只是生产和自动化，还是产品开发、生产销售与服务，整个系统全生命周期管理与服务。	2013 年提出重振日本制造业，加强生产自动化、机器人、传感、控制等智能基础设备的研发制造竞争力。 2015 年提出日本的智能产业升级应该比工业 4.0 计划更高一级。	优化现代制造产业，建立智能化的生产模式。	加快改造提升传统产业，深入推进信息化与工业化深度融合，着力培育战略性新兴产业，大力发展服务业特别是现代服务业，积极培育新业态和新商业模式，构建现代产业发展新体系。其中制造业的数字化、智能化是制造业转型升级的关键。中国的智能制造转型升级是在动态发展中不断向前发展的，政策激励体系灵活，着力于全面推动高质量发展。

资料来源：根据网络资料整理。

智能制造是传统制造业转型的必经之路。首先，自动化、数字化工厂使得直接从事生产的劳动力大幅下降；其次，数字化更加符合个性化需求日益强烈的市场，生产也更加灵活，对市场的回应会更为灵敏。智能制造的来临，是作为国家核心竞争力的制造业的集体“大考”。

我国制造业发展的是三个阶段

基础建设与探索时期（1949—1978年）

这一时期经历了“第一个五年计划”“大三线建设”等工业发展浪潮。这是一个在实践中反复探索、艰难曲折发展的过程。在“一五计划”期间，我国在苏联的援助下完成了156个战略性基础工业项目，其中重工业占比高达97%。这为我国制造产业发展奠定了母工业体系。[①] 1955年后，受“大跃进”的影响，我国开始向以钢铁生产为重心的产业冒进，这一时期的工业发展陷入了停滞甚至倒退。[②] 20世纪60年代，我国开始了大规模的“大三线建设”，主要是把原来集中在沿海地区的工业制造基地搬迁到中西部地区。据统计，1967—1976年，有近2 000亿元投入此次建设，建成国有企业29 000个，其中大型骨干企业和科研机构2 000个。[③] 在当时国际压力和国内环境下，大三线工业建设为我国建立了覆盖全国的纵深、梯度布局。在之前工业欠发达的西部

① 张玉乔．新中国工业化的奠基——第一个五年计划的建设成就与经验．生产力研究，2005（7）．

② 曲韵．第二个五年计划时期对外贸易的回顾与反思．中国经济史研究，2003（4）．

③ 赵欣欣．中国制造业发展的历史阶段概述．西部皮革，2016（10）．

地区建设了以重工业为中心、产业门类较为齐全的产业基地。这一时期，我国中西部地区的工业发展速度是快于沿海地区的。在改革开放引进外资的情况下，我国依然能够保留较为完备的自主创新能力，与大三线建设是密不可分的。①

快速发展时期（1978 年—20 世纪 90 年代中期）

这个时期可以分为三个阶段，首先是 20 世纪 70 年代末至 80 年代末生产恢复期,这个时期迎来了国有企业生产发展热潮。同时，随着推行改革开放，引进外资的力度逐步加大。东南沿海地区来料加工企业开始发展。1988—1997 年，民资、外资企业进入高速发展时期，珠三角、长三角地区民营制造业开始快速崛起。在这 10 年间，出现了新中国首次大面积的农村人口迁移，农民工群体开始涌现。到了 20 世纪末，我国经济成功实现软着陆，企业进入了大发展阶段，在国际上的竞争力逐渐增强。②

全球竞争与产业升级时代（20 世纪 90 年代中期至今）

20 世纪末至 21 世纪初，我国制造业的实力大大增强，部分行业在国际舞台上已经开始由跟跑向并跑和领跑转变。截至 2007 年，中国制造业增速已经连续 20 年居世界首位。2006 年，中国制造业有 172 类产品的产量居世界第一，中国已经成为仅次于美国的制造业大国。③

2010 年，中国制造业在全球制造业总产值中所占比例已达

---

① 赤桦 . 三线建设与中国国防现代化 . 国防科技工业，2014（5）.

② 赵欣欣 . 中国制造业发展的历史阶段概述 . 西部皮革，2016（10）.

③ 蔡恩泽 . 中国制造业的历史变迁 . 致富时代，2012（12）.

19.8%，同年美国占比 19.4%，中国超越美国成为第一制造业大国。中国制造业的国际竞争实力在 2012 年伦敦奥运会上得到了充分体现，在 900 多项不同种类的奥运官方纪念品中，“中国制造”占 65%。[①]1990—2016 年我国制造业与美、日、德增加值相比较，中国制造业增加值由 1990 年的 1 878 亿美元增长到 2016 年的 29 999 亿美元，位居世界第一，占 2016 年全球制造业增加值的 24.4%，同期美国为 16.0%、日本为 8.7%、德国为 6.3%。[②]从数量上看，我国已经成为制造业大国。但 2008 年的金融危机冲击和社会发展对我国的制造产能升级提出了新的挑战，主要表现在自主创新不强、关键技术缺失、处于产业链较低端等。另外，我国发展进入新常态，劳动力等生产要素成本上升、投资和出口增速放缓等问题日益明显。但要形成经济增长新动力，塑造国际竞争新优势，重点在制造业，难点也在制造业，出路还在制造业。智能制造升级是必然的选择之路。[③]

第五节　市场导向、工业互联和系统整合

认识智能制造的两个关键：感知市场变化的能力和市场竞争程度

通常意义上的工业制造主要与工厂密切相关。但事实上，工业 4.0 不只是工厂内的自动化和智能化，还是一个整体的概念，蕴

① 蔡恩泽 . 中国制造业的历史变迁 . 致富时代，2012（12）.

② 李金华 . 改革开放进程中的中国制造业发展格局 . 当代中国史研究，2018（5）.

③ 唐堂，滕琳，吴杰，陈明 . 全面实现数字化是通向智能制造的必由之路——解读《智能制造之路：数字化工厂》. 中国机械工程，2018（3）.

含着关键的制造价值观念：产品制造不再是核心组成，更重要的是依托产品带来的服务和数字资源，[①]这是制造理念下商业模式的深度转变。这其中存在两个误区。

第一，智能制造不局限于工厂自动化。以西门子的安贝格智能制造示范工厂为例，制造一台设备只需要58秒，而且每一台设备的功能都是根据用户订单定制的。这与传统制造业规模化、批量化、同质化的制造存在很大差异。[②]智能制造是以工业互联网为基础，是数字化的供应链、生产、产品、用户之间点对点、端对端反应速度大幅度加快的成果。如图6-2所示，工业化的数字互联将传统制造过程与需求方紧密相连，实现从以往生产什么就卖什么，到需要什么就生产什么的转变。这是对市场需求导向的进一步发展。如果忽略了市场，把智能制造理解为工厂制造的自动化、无人化，是违背工业4.0精神的。

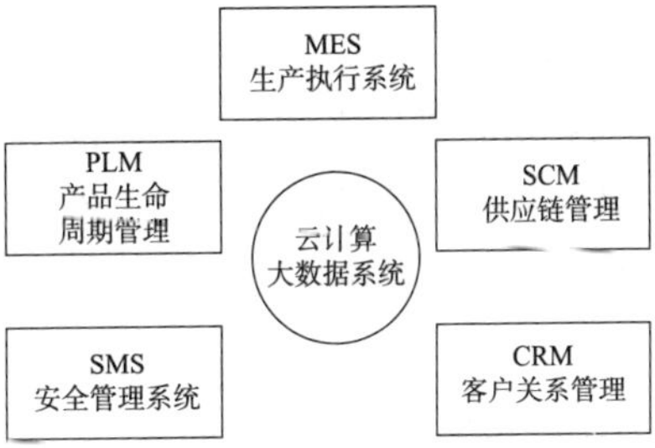

图6-2 自动化工业图解

① Tatipala, Sravan, et al. "Data-driven modelling in the era of Industry 4.0 : A case study of friction modelling in sheet metal forming simulations." *Journal of Physics : Conference Series*, 2018, 1063 (1).

② Özüdoğru, Ayşe Göksu, et al. "How Industry 4.0 Changes Business : A Commercial Perspective." *International Journal of Commerce and Finance,* 2018,4 (1): 84.

第二，数字化发展使智能制造更能捕捉到工业市场的快速变化。当前存在的一个误区是认为市场的快速变化促使智能制造的发展，但市场并不是发展到今天才忽然加速的。市场的需求变化一直都是存在的。一是数字技术的发展使得对市场的变化更为灵敏；二是数字时代市场竞争的加剧，例如随着 3D 打印以及各种生产率整合成本的降低，使得原有制造业要面对更多、更灵活的制造体的竞争，迫使生产商向着更为多样化、个性化的方式发展。[①] 对市场感知的灵敏度和市场竞争的激烈程度是促进智能制造发展的两个核心要素，缺乏其中之一，企业的智能化升级就会出现动力不足或者目标不明确等问题。在市场化竞争不够的前提下，制造升级就会变成为了升级而升级，在升级中迷失发展方向。

智能制造的特点，以机械工业 4.0 为例

"工业 4.0"一词最早出现于 2011 年德国汉诺瓦工业博览会，核心内容是通过工业物联网体系和智能感知系统打造智慧工厂，使每个生产组件都具有相互沟通的能力。这是对生产单元的再造过程，可以使原有的生产过程更为弹性化、灵活化，对市场不同需求的反应更为灵活。以机械行业为例，机械工业 4.0 升级主要包括四个方面，都是围绕市场的变化展开的。

第一，智能机械。传统的自动化机械是指通过人事先设置的指令，使用数字化微机系统控制完成预设指令的机械装置。但是如

---

① Zheng, Pai, et al. "Smart Manufacturing Systems for Industry 4.0 : Conceptual Framework, Scenarios, and Future Perspectives." *Frontiers of Mechanical Engineering*, 2018 : 1–14.

果机器发生故障，就需要停机排查，甚至可能影响整个生产线的运行。[①]智能机械是一个发展的、动态的概念。当前意义上的智能机械主要是指能自动预知、排查故障，实现自动参数预设和精度控制等动能的制造“矩阵”。这个过程当前主要是通过工业互联网实现的。各种数控机械通过物联网互联，在控制器、传感器、动力设备之间实现系统化数字交互，能及时对整个生产环境进行监测，同时可以根据不同的产品定制需求，实现智能化的参数调整等，而不像传统意义上的自动化一样，需要大量人力去调整数控设备。

第二，机器人。智能制造中的机器人主要是指工业机器人，如机械手臂等，尤其是多自由度、高稳定性的关节型机械手臂。工业机器手臂的低成本、大规模应用可以用来替代繁杂的手工作业，例如焊接、组装等。[②]当前生产线上大部分机械臂也是需要人工预设参数和程序的。这种自动化的生产模式严格意义上不能称为智能机器人。例如汽车厂流水线上专门用于焊接的机器手臂，如果要根据工厂转型改造其他功能并在新的生产线上发挥作用，需要大量的人力物力重新校正。智能机械手臂的突破方向就是解决这些问题，实现高灵活性、重新上线成本低、自适用等。例如谷歌目前通过机器学习训练的自我学习机器人，能够通过机器视角判断物体的形状、颜色等，从而实现自动分拣。智能制造时代，工

① Kang, Chang Wook, et al. “Effect of Inspection Performance in Smart Manufacturing System Based on Human Quality Control System.” *The International Journal of Advanced Manufacturing Technology*, 2018, 94 (9–12): 4351–4364.

② Mendes, Mário JGC, Íris MMS Neto, and João MF Calado. “Fault Diagnosis System Via Internet Applied to a Gantry Robot—A proposal for Industry 4.0.” *Autonomous Robot Systems and Competitions* (*ICARSC*), Torres Vedras, Portugal: IEEE, 2018: 160–166.

业机器人会朝着更接近于人的智能发展。

第三，虚拟现实技术。虚拟现实技术是模拟现实世界的计算机仿真。虚拟现实技术主要包括模拟环境、感知、自然技能和传感设备等方面。虚拟现实技术具有多感知性、存在感、交互性、自主性等。虚拟现实是实现人、机器和环境等现实要素的融合计算。虚拟现实系统能够从实际对象物、环境和相关活动中采集大量的数据，并通过仿真技术与实际的设计和机器运行相结合，通过模拟现实制造或者对象物的运行，对实际运行设备进行精准的预估和分析，从而实现对设备运行的预知性控制。这个制造领域对虚拟现实的运用过程也称为“数字孪生”（Digital Twin），即充分利用物理模型、传感器更新、运行历史等数据，集成多学科、多物理量、多尺度、多概率的仿真过程，在虚拟空间中完成映射，从而反映相对应的实体装备的全生命周期。①

“数字孪生”最初由美国国防部提出，主要应用于航空航天领域，例如在宇航器运行过程中，通过数字仿真建立真实飞机模型，并通过传感器实现与宇航器真实状态同步等，这样可以对宇航器结构、载荷、运行稳定等进行动态跟踪。②“数字孪生”有时候也用来指代一个工厂的厂房及产线在没有建造之前就完成数字化模型，从而在虚拟的赛博空间中对工厂进行仿真和模拟，并将真实参数传给实际的工厂建设。而工房和产线建成之后，在日常的运

① Gaggioli, Andrea. “Digital Twins : An Emerging Paradigm in Cyberpsychology Research?.” *Cyberpsychology, Behavior, and Social Networking*, 2018, 21（7）: 468–469.

② Sun, Jianing, et al. “Smart Services for Enhancing Personal Competence in Industrie 4.0 Digital Factory.” *LogForum*, 2018, 14（1）.

维中二者继续进行信息交互。①“数字孪生”通过数据连接了实体和虚拟世界，这不仅能实现对产品的全生命周期记录，还能在不进行实物操作的前提下，预知问题、模拟投入成本、了解产品之间的联动关系和实际应用情况，对企业决策、快速调整产品制造、开发品、创造新的运用模式都有巨大的价值。“数字孪生”是在制造层面判断企业是否实现智能升级的重要标杆。

第四，智慧工厂。智慧工厂是指在数字化的基础上，利用物联网、云计算等技术和设备整合企业信息管理，例如通过数字化技术完整监控产销流程、提高生产过程的可控性、减少生产线上人工的干预、即时正确地采集生产线数据，以及合理的生产计划编排与生产进度等。②智慧工厂与虚拟现实技术、“数字孪生”是密切相关的。数字化工厂主要解决产品设计和产品制造之间的鸿沟，实现产品生命周期中的设计、制造、装配、物流等各个方面的功能，降低从设计到生产制造之间的不确定性，在虚拟环境下将生产制造过程压缩和提前，并给予评估与检验，从而缩短产品设计到生产的转化时间，提高产品的可靠性与成功率。③

---

① Jain, Achin, et al “Digital Twins for Efficient Modeline and Control of Buildings an Integrated Solution With Scada Systems.”, 2018 Building Performance Modeling Conference and SimBuild co-organized by ASHRAE and IBPSA-USA Chicago, IL.

② Chen, Baotong, et al. “Smart Factory of Industry 4.0 : Key Technologies, Application Case, and Challenges.” *IEEE Access*, 2018 (6): 6505–6519.

③ Rehse, Jana-Rebecca, SharamDadashnia, and Peter Fettke. “Business process management for Industry 4.0—Three application cases in the DFKI-Smart-Lego-Factory.” *IT-Information Technology*, 2018, 60 (3): 133–141.

智慧工厂在逻辑架构上主要分为四个层次，[①]一是最底层的设备层（生产线），主要涉及制造生产的自动化、智能化设备，如工业机器人等；二是执行层（车间层），对生产线实现数字化的智能控制、优化现场作业流程等，实时监控车间生产、设备状态；三是运营层（工厂层），在这个层次上实现对全厂运行效能的分析、产品周期管理、异常诊断、整体效能优化，是整个生产制造的控制运营和调度中心；四是决策层（集团层），涉及整个集团中生产工厂的定位和功能设计等。在中小企业中，运营层和决策层也可能是合二为一的。

智能制造的核心要素：系统整合

数字化使制造业分层更加清晰，正如本文之前所论述的，单纯地实现工厂的自动化、无人化未必能给工厂带来更高的收益，离开市场竞争和市场需求变化的制造升级是难以实现良性的生产循环的。智能制造的升级不仅实现纵向生产能力的整合，同时还体现在生产与最终产品销售、产品数字化服务增值等方面。智能制造系统的整合主要体现在三个方面。

首先，方向比投入重要，痛点比技术重要。在没有清晰的企业发展方向前，不要急于投入。新的理念固然可以吸引更多的资金支持，但如果方向错了，最终很难有正向的结果。过去 10 年，柯达、诺基亚、摩托罗拉的倒下都不是因为资金和投入没跟上，而是因为方向错了。因此企业升级过程不要急于对“看得见”的

① 产业链自动化与智能化大势倒逼传统制造企业转型升级——北钢联再访德国，纵论全球制造业未来前沿．中国金属加工网．http: //www.mw35.com/Article/NewsItem/37777, 2017-11-17.

设备的投入，更重要的是对“看不见”的市场前景、企业软环境、未来发展趋势等软性问题的分析和判断。换言之，企业本身存在的痛点要远比技术升级重要，技术只是企业整体竞争力的一个方面。例如，企业目前存在什么样的痛点？是否可以通过智能化升级解决？是人的问题，制度的问题，还是软硬件的问题？投入的成本是多少？如何评判投入后产生的效果？我们在调研中发现，部分企业也投入了大量的智能设备，但企业原有的成本并不在生产制造环节，投入设备后总体成本并未明显下降。

其次，产品粘连的服务价值是产品未来市场的核心竞争力。与以往产品的销售是制造的终点不同，数字时代产品的销售是制造服务的开始。因此从服务的角度对自身产品进行审视，建立基于服务的数据链非常关键。以汽车制造为例，汽车公司通过智能化制造实现了高度自动化的升级，但是如果汽车卖到用户手中后，产品的实际运行数据不能有效及时获取，那么作为前提的数字化、智能化将会缺失很重要的一环，产品使用信息既无法反馈，也不能对客户进行技术的售后服务，更不可能开展基于车载平台的更多数字化产品的销售。

最后，智能化升级是一个动态的发展过程，它将伴随企业长期发展。智能化升级直接反映的是一个企业应对变化的发展潜力，而不是按照施工蓝图完成任务的能力。进入 21 世纪以来，各项新技术不断涌现，如智能传感器、物联网、3D 打印、智能手机、VR、AR 等。这不是一个一劳永逸的过程，需要根据企业的状况、技术的发展来随时优化，才能在激烈的市场发展过程中保持优势。

第六节　当前面临的变化与挑战

当前我国主要存在成本高、投入大、短期效益难以有显著提升等问题。此外，由于传统产业的生态依然存在，加上路径依赖，传统制造业要实现智能化升级，面临的挑战是多方面的。

制造业增速放缓，政策刺激作用边际递减，智能产业规模增加

（1）制造业增速放缓，政策刺激作用边际递减。根据 Wind 数据，2017 年我国制造业增加值为 24.27 万亿元，同比增长 8.6%，占 GDP 的 29.3%。我国是当前全球极少数拥有完整工业体系的国家，但自 2010 年我国成为全球制造业第一大国以来，我国的制造业增速开始放缓。另外，工业企业盈利能力整体增幅也在放缓。我国企业的盈利能力受整个国家宏观政策的影响较大，如 1998 年国企改革、2001 年加入 WTO、2010 年四万亿计划，以及近几年的供给侧改革，都直接影响企业盈利。但从整体趋势看，政策刺激对企业盈利的影响总体趋弱。与此同时，企业负债最近几年也呈现扩大趋势。2017 年 11 月末，国有企业负债总额首次突破百万亿元关口，达到 100.08 万亿元[①]。

综合以上数据可以发现，大体量、高负债、较低盈利增速是当前我国制造业的整体特征。要实现从大到强的转变，依然面临

① 2017 年国企负债迈过百万亿大关　说好的去杠杆呢 . 搜狐财经 . 2018-01-29，http: //www.sohu.com/a/219612704_99936557.

较为严峻的挑战。从“微笑曲线”的理论视角看，我国大部分制造业依然处在以加工和组装为主的较低附加值阶段。根据“微笑曲线”理论，企业可通过向“微笑曲线”的两端渗透来创造更多的价值。图 6–3 的纵轴代表工业附加值曲线，制造业过程中的前期研发专利、设计，以及面向客户端的品牌、服务、物流、销售等的附加值越来越高。处于附加值底端的是制造业的加工和组装。劳动密集型的传统制造业主要处于装配环节，可替代性较强、利润空间较小，市场竞争激烈，会不断面临成本更低的国家和区域生产力量的挑战。我国制造业的智能制造升级如何从微笑曲线底部向两端发展，提升在制造业全球价值链中的地位，是中国制造业企业当前需要面临的关键问题。

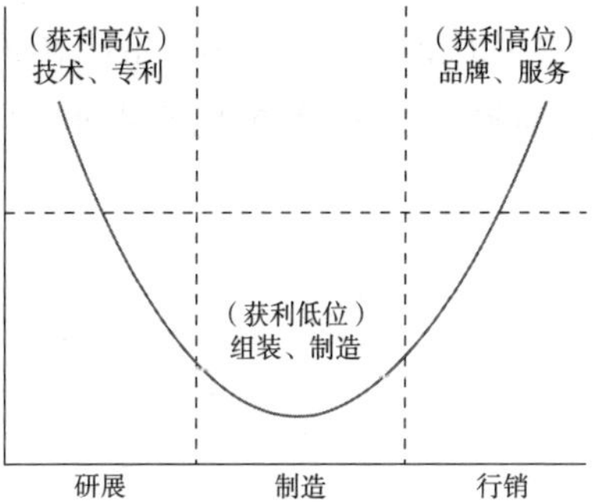

图 6–3　制造业微笑曲线

资料来源：Wikipedia，Smiling Curve，2017.4 https://en.wikipedia.org/wiki/Smiling_curve#/media/File：Smiling_Curve.svg.。

（2）我国智能产业规模增加。2015 年至今，随着中国制造业转型升级系列规划的提出，中央及相关部委开始在智能制造领域密集推出政策措施，推动信息化和工业化的深度融合，促进机械、材料、半导体、电子和航空等行业生产设备的智能化改造，加快推动智能产业升级。根据前瞻产业研究院和东方证券研究所的统计分析，我国 2016 年智能制造首次跨入万亿元水平，平均年增长率超过 20%。

制造业成本不断增加，智能化升级需求迫切

制造业成本与税收、社保、土地价格、人力成本都有直接关系。本书着重展开讨论人力成本问题。2008—2017 年，我国私营制造业劳动力成本增加 170%，非私营制造业劳动力成本增加 164%（见图 6–4）。再加上其他成本，我国制造业在价格上的竞争优势日渐微弱。另外，我国的劳动效率与发达国家相比也依然存在明显的差距。如图 6–5 所示，当前中国工业部门的人均产值约为美国的 30%，我国制造业所面临的劳动力成本、生产效率等问题急需进一步提升。特别是劳动效能方面，智能化升级的需求迫切。

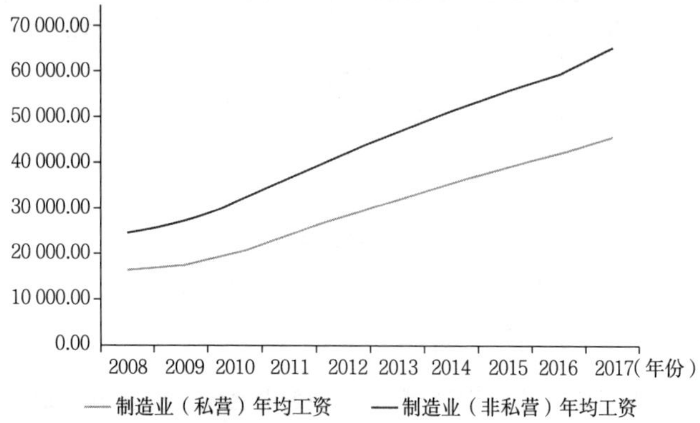

图 6–4 全国工业企业人均工资（2006—2017 年）

资料来源：Wind。

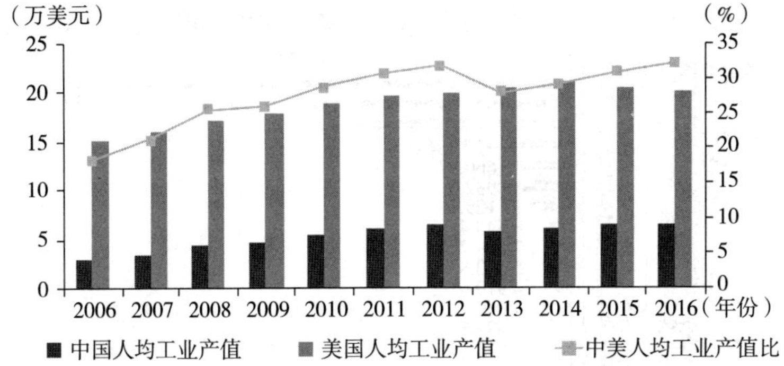

图 6-5　中美工业企业部门之间的生产效率仍存在明显差距[①]

资料来源：国家统计局、BEA、美国劳工部、平安证券研究所。

制造产品结构发生较大变化

从图 6-6 可以看出，1990 年至 2017 年的 27 年间，我国制造业在手机制造、钢材、粗钢、微型计算机设备、空调、彩电、发电机、电冰箱、硫酸、化肥、化学纤维等方面增长幅度最大。根据 Wind 提供的数据，1978 年中国的钢铁产量居全球第 5 位，1984 年居第 4 位，1992 年居第 3 位，1994 年居第 2 位，1996 年则跃居第 1 位，持续至今。[②] 我国制造业事实上已经在朝着先进制造、高技术含量制造发展。

① 中国人均工业产值以全部工业增加值除以采矿业、制造业及电力、煤气、自来水供应三大部分的城镇就业人口计算，并根据当年 USD/CNY 平均即期汇率计算而得；美国人均工业产值以采矿业、制造业、公用事业三大部门行业增加值之和除以相应的非农业就业人数之和计算而得，由于中美统计口径存在差异，仅近似计算。

② 李金华 . 改革开放进程中的中国制造业发展格局 . 东南学术，2018（4）.

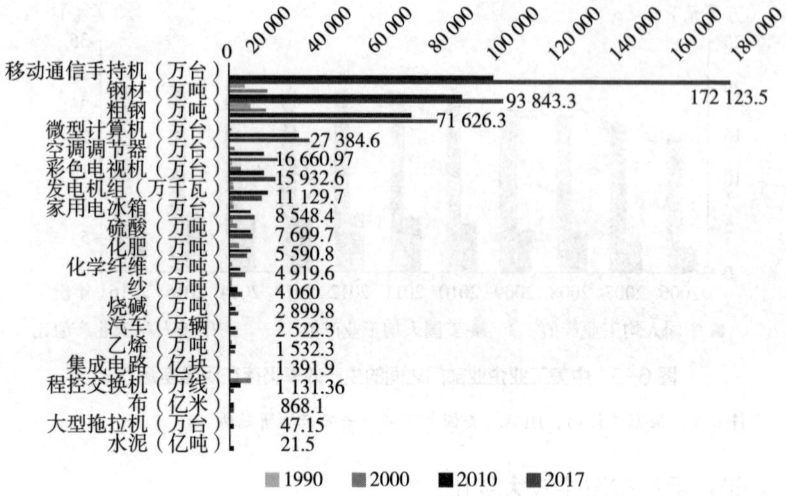

图 6-6　中国主要工业品产量结构（1990—2017 年）

资料来源：Wind，李金华．改革开放进程中的中国制造业发展格局．东南学术，2018（4）。

固定资产投资结构和区域均发生变化，高附加值投入增加，向长江经济带沿线转移

（1）固定资产投资向高附加值行业转变。图 6-7 是 2003 年和 2017 年我国制造业各子行业固定资产投资完成额对比。除未公布的“其他”类别外，可以看出制造业固定投资行业间的转移。2003 年所涉及的有色金属冶炼及压延加工业、医药制造业的投资已明显缩小，而金融制品业、汽车制造业、计算机、通信和其他电子设备制造业、非金属矿物制品业、农副食品加工业和专用设备制造业的投入明显增加。我国制造业向高附加值行业的转型较为明显。

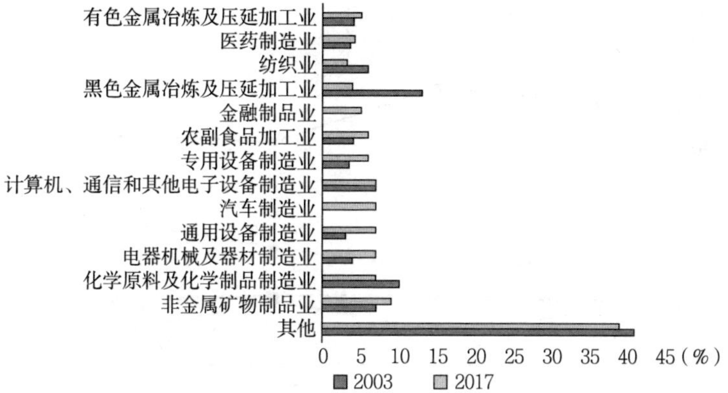

图 6-7 制造业各子行业固定资产投资完成额对比

资料来源：Wind，江苏企业企改协会。

（2）制造业固定资产投资向中南、西南地区倾斜。从图 6-8 中可以看出，在投资区域上，我国对制造业固定资产的投资由华东地区向西南和中南地区转移，这一趋势与我国当前长江经济带的发展战略一致。

总之，我国智能制造升级正在加速发展。我国整体制造业布局在向中西部地区转移，产品结构上在向高附加值产品聚集。同时，我国制造业依然存在大而不强的问题，面临劳动力成本上升的挑战。并且，面对反全球化和西方对我国制造战略的全面遏制，我国智能制造业升级在核心零部件进口方面会面临越来越多的制度性障碍，同时由于劳动力成本上升，对工业机器人进口替代的需求会加剧，制造业系统集成环境会面临来自东南亚、印度等新兴国家市场更加激烈的竞争。在国内、国际环境的综合压力下，中国将不得不走独立自主创新、独立市场化支撑的、具有中国特色的智能化制造业升级之路。

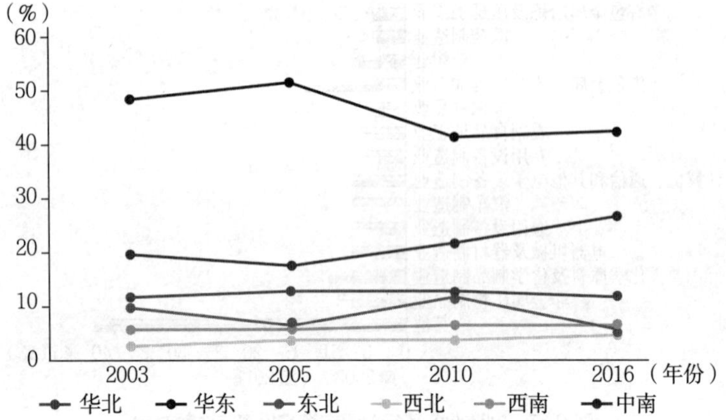

图 6-8　2003—2016 年制造业固定资产投资区域分布

资料来源：Wind。

第七节　智能产业升级的核心要素：金融支持

当前美国对华战略发出重大调整，在关税猛增、美元回流、出口受阻、核心零部件继续寻求进口替代的发展背景下，如何发挥金融的造血功能，在智能产业升级过程中减少美国的负面影响，是关系到我国未来改革成本的重要抓手。

未来的制造业不仅是要做大做强，智能化还有另外一个维度，就是小而灵活，工业流程社会化，所以我国对支持中小微企业，特别是高科技含量的初创公司比较重视。2018 年以来，我国在推动金融向小微企业的支持方面采取了不少措施。央行已三次启动定向降准，五个部委增加了小农再贷款额度同时下调利率，银保监会也发文要求健全激励机制，鼓励加大相关信贷投放。

虽然对中小微企业的政策支持持续增加，但实际效果并不乐观。据央行披露的金融机构信贷收支数据和银保监会披露的银行业监管统计指标季度情况表，截至6月末，在中资行境内贷款中，投向小微企业贷款仅为19.84%；在银行第二季度单季的新增境内贷款中，投入小微企业仅为6.94%。[①] 中小企业融资难是一个国际性问题，并不是中国所独有的，与企业的特性密切相关。在这方面做得比较成功的是德国，其中有许多经验值得我们借鉴。

加强对小微制造业的支持可以借鉴德国的经验

德国对于制造业的政策性金融支持是全球公认比较成功的，由政府自上而下推动，主要通过德国复兴信贷银行（KFW）实施。根据德国2013年的数据，德国中小企业约360万家，占民营企业总数的99.6%。其中营业额达2.2万亿欧元的企业，占德国企业总营业额的35.5%，创造德国企业总附加值的55.5%。雇佣员工1 600万人，占社保就业人数的55.5%。出口值为1 990亿欧元，占德国企业总出口的18.2%。[②] KFW对本国的中小企业的金融支持比较灵活，具体如下。

（1）门槛较低，但限制用于不动产。符合欧盟中小企业定义的中小企业，即雇佣250人以下、营业额5 000万欧元以下都可申

① 小微企业贷款占比不到20%　银行真愿意给小微贷款吗？新浪财经.2018-09-08. http://finance.sina.com.cn/china/2018-09-08/doc-ihivtsyk1975155.shtml.

② 乌尔夫·莫斯莱纳，马提亚·提曼，彼得·弗伯丁.活跃的国家开发性银行：以德国复兴信贷银行为例.开发性金融研究，2017（15）.

Müller, Elisabeth, and Volker Zimmermann. "The Importance of Equity Finance for R&D Activity." *Small Business Economics*, 2009, 33（3）: 303-318.

请针对性优惠贷款（较大的中小企业营业额在5亿欧元以下，也有相关优惠贷款条款）。不仅中小企业可以申请，而且自然人以及除经营不动产之外的其他产业从业者也都可以申请。

（2）在金融上鼓励制造企业经营专业化、发展国际化。KFW给企业贷款优惠的同时，对资金使用、投资内容都有比较专业、仔细的规定，对骗贷等行为防范严格。对资金投入的回报要求相对宽松，一般要求3年内获利。另外，德国在金融上支持企业在小微阶段立足于全球化、在地域布局上多元化。KFW对境外投资的中小企业贷款也有优惠。德国中小企业及个体创业者在外国开设分公司或者与外国企业合资等（合资对股权有一定的限制规定）均有灵活和多样化的贷款优惠政策。①

（3）面向小微企业的贷款额度较高，可提供无担保贷款，还款提供合理延期。如果是KFW认定的有发展前景的企业，可以对该企业进行全额投资，或者对认定的投资方案给予最高额度达2 500万欧元的优惠贷款。在无担保贷款方面，KFW支持力度也很大，例如对购置生产机械设备等的无担保贷款可达到50%（具体标准以KFW每年的规定为准）。同时，对于贷款偿还期限，根据不同的企业情况可延期1~3年。②

（4）低利息，有较好的风险分担机制。KFW以政府信用从资本市场筹资，在某些情况下政府还给予适当利息补贴。由于KFW信

① Hall, Stephen, Timothy J. Foxon, and Ronan Bolton. "Financing the Civic Energy Sector: How Financial Institutions Affect Ownership Models in Germany and the United Kingdom." *Energy Research & Social Science*, 2016(12): 5–15.

② Matthäus-Maier, Ingrid, and JD von Pischke, eds. *Microfinance Investment Funds: Leveraging Private Capital for Economic Growth and Poverty Reduction*. Springer Science & Business Media, 2006.

用等级很高，其本身筹资成本就很低，加之政府给予适当的利息补贴，保证了 KFW 能够以非常低的利率向转贷银行或中小企业提供资金。[①] 另外，德国在支持小微企业方面有着较为健全的风控机制。商业银行与担保银行对担保贷款一般是按 20% 和 80% 的比例来分担放贷风险的。但实际上，如果发生损失，德国联邦政府和州政府将分别分担其中的 39% 和 26%，担保银行只承担 35%。而原属东德地区的 6 个州，联邦政府和州政府承担的比例更是高达 80%。[②]

德国对小微制造业的金融支持可以概括为政府对风控兜底，提供低成本资金，执行层面通过市场化运作的方式来激活资金对小微企业的支持。

推动智能制造发展过程中的金融模式创新

智能制造升级的关键技术发展，如工业物联网体系、数字供应链等，也发展出了全新的金融科技和金融模式，这些新的金融发展形态本身就是制造业智能化升级的一部分，与智能制造升级密切相关。

（1）物联网金融。据普华永道 2016 年的报告，金融业是全球在物联网创新上投资最多的十大产业之一。[③] 特别是通过各种工

① 德国中小企业融资体系的经验借鉴．国务院发展研究中心．2014–04–17，http://www.drc.gov.cn/xscg/20140417/182–473–2879569.htm.

② 范文仲，吴婕．德国在金融服务科技创业企业方面的经验和启示．国际金融，2015（12）.

③ 普华永道．2016 年全球金融科技调查报告．2016–08–03，http://www.199it.com/archives/499877.html.

业物联网传感器能对企业各环节的运营时间、位置、环境、状态、制造内容等进行数字化的实时监测，所产生的数据要比互联网产生的数据更大、更稳当、更加客观全面。因此物联网和金融的结合在金融产品设计、风险控制、金融监管方面都更具有优势。

为什么银行不愿意支持小微企业，特别是制造业？因为对实业而言，特别是对于盈利能力受诸多因素影响的制造业而言，银行更关注除技术发展外，未来企业能够创造的现金流。就银行本身来说，主要还是要靠放贷收入来维持自身的可持续发展。但是工业物联网以数字化为基础，能够让银行及其他金融机构更精准、更全面地了解投资对象企业的发展现状、未来潜力，同时还可以实现实时、全流程、全周期监控。例如利用工业物联网和大数据技术，银行可以对贷款抵押物实现全面数据监控，随时了解企业上下游甚至整个产业链的发展状况。企业数字化、企业业务的数字化让金融的智能化成为可能。

（2）区块链金融。与工业物联网大数据相结合，制造业区块链化也会成为趋势。在行业区块链内建立订单、款项结算、企业经营等各类大数据的点对点去中心化互信体系。银行及其他金融机构通过行业区块链可以对行业资金需求及行业内“链”上的企业融资状态、资金流等进行及时的了解，极大降低企业洗钱的风险，行业内企业，特别是中小企业的贷款也会更为容易。[1] 金融区块链与工业物联网行业链的融合所释放出的市场潜力，充满了巨大的市场想象空间。

---

① Scott, Brett. *How Can Cryptocurrency and Blockchain Technology Play a Role in Building Social and Solidarity Finance?*. UNRISD Working Paper, 2016.

（3）供应链金融。供应链金融和物联网金融、区块链金融在发展路径上都存在共性，就是在企业数字化发展过程中逐渐发展出来的。根据已有文献，霍夫曼最初对供应链金融相关概念进行了总结：“供应链金融是包括外部服务组织提供者在内的两个以上的组织，通过计划、执行和控制金融资源在组织之间的流动，以共同创造价值的一种途径。”① 供应链金融是一种协调性的金融创新。它立足于供应链中的核心企业与上下游企业间的长期贸易合作关系，由商业银行和物流公司所主导。

例如，一个特定商品的供应链主要由材料采购、中间制作或终极产品组成，通过销售渠道将产品销售给消费者，供应商、制造商、分销商与零售商及最终用户是一个统一的整体。供应链中一些实力雄厚的企业经常在价格、账期等方面压迫下游企业，导致这些受压迫的企业很难实现金融融资，最后导致整个供应链失衡。② 供应链金融可通过大型核心企业的信用做信用风险分摊，使上下游中小企业获得融资机会。此外，企业也通过供应链金融服务，通过金融市场获取运营资金周转，由上下游资金流通以帮助企业扩大市场、密切供应链相关供应商的关系。供应链融资在业务上包括三种方式：应收账款融资、存货质押融资、预付账款融资。③ 这三种融资最大的区别是质押物不同，分别是应收款、预付款和存货。对于处于供应链中的企业，可以根据自身在供应链中的位

---

① Hofmann E., *Supply Chain Finance*：*Some Conceptual Insights*. University of St.Gallen, 2005.

② 供应链金融业务模式分析——全面了解供应链金融 . 搜狐财经 .2016-12-14. http: //www.sohu.com/a/121522697_395611.

③ 刘雅琴 . 我国物流行业供应链融资模式与潜在风险测度 . 商业经济研究，2018（16）.

置选择不同的融资方式。供应链金融在制造业中发展速度较快，对中小企业而言，灵活的融资方式不仅能解燃眉之急，还能密切上下游关系。对于银行和金融机构而言，对整个供应链的把控更有利于做好投融资的风险控制，所提供的金融产品也更及时、到位。另外，当前供应链金融也有与区块链相结合的趋势。

但不论是物联网金融、区块链金融还是供应链金融，其核心都是围绕解决信息不对称和投融资风险控制展开的。在智能制造升级过程中，金融创新、风险控制始终是创新的中心元素。

构建现代政策性金融监管体系，促进智能制造升级

各国金融监管的经验

日本严格区分政策性金融与商业金融。日本对政策性金融业务和商业金融业务有着严格的区分，在机构设立、业务范围、管理和法律约束方面都有严格的区分。日本的政策性金融机构是单独立法监督的，如《株式会社日本政策投资银行法》《中小企业金融公库法》等。[①]日本的政策性金融机构并不完全受商业的银行法约束，而是受到政府多部门的约束和管控，例如财务省的资金、财务方面的约束。同时，日本的政策性金融机构不受中央银行和金融监督厅的监管，但是所有的政策性金融机构都受审计部门——会计检察院的审计监督。在决策机制上，日本的政策性金融机构

① Himmelberg, Charles P., and Bruce C. Petersen. "R & D and Internal Finance : A Panel Study of Small Firms in High-Tech Industries." *The Review of Economics and Statistics*, 1994 : 38–51.

由董事会和理事会进行集体决策。[①]

德国政策性金融机构不受政府干预，不得与商业性金融机构竞争。德国是最早建立金融综合监管的国家。商业性金融机构接受联邦银行业监管局的监管，但德国复兴信贷银行等政策性金融机构则不受其监管，而是通过特别立法由政府职能部门进行监督。和日本类似，德国的《银行法》和德国的相关商法也不适用于政策性金融机构。德国复兴银行依据相对应的《德国复兴信贷银行法》进行监管。[②]

同时，德国明确政策性金融机构不与商业性金融机构竞争的中立原则，这保证了其资金用途的政策性和对行业发展的非盈利性。在实际操作中，复兴银行的贷款不是直接发放给个人的，该银行的贷款原则上通过商业银行转贷给借款人。此外，德国的政策性金融机构还有一条重要的原则，那就是不受政府干预，始终保持金融决策的独立性、稳定性和灵活性。[③]德国政府还给予政策性金融机构长期享受税收减免的特殊政策，例如德国住房储蓄银行的存、贷款本息免征所得税等，切实做到了政策性金融支持落到实处。[④]

美国的政策性金融机构是单独立法授权，业务由机构自主决定。美国对政策性金融机构的监督主要是通过立法划定界限，然

---

① 侯鹏，赵翠萍，余燕．如何用好政策性农村金融——以日本农林渔业金融公库为例．世界农业，2016（12）．

② 赵周华，李腾飞．金融支持战略性新兴产业发展的国际经验及启示．区域金融研究，2018（6）．

③ Audretsch，David B.，and Erik E. Lehmann. “Financing high-tech growth：the role of banks and venture capitalists.” *Schmalenbach Business Review*，2004,56（4）：340–357.

④ 刘雨川．德国合作金融实践对我国普惠金融的借鉴与启示．黑龙江金融，2017（7）．

后给具体机构充分授权。[①] 例如美国的农业政策性金融监管，主要是建立在《联邦农业信贷法》(1916 年)、《农业信贷法》(1923 年)和《农业信贷法》(1933 年)的基础上的。[②] 基于这三部法律，美国成立了美国土地银行、联邦中期信贷银行和合作银行等。这些机构受相关政府部门农业信贷管理局的监管，构成美国农业政策性金融体系的核心。独立立法由相关行业的主要职能部门监管协调，由董事会和委员会决策，总统任命主要官员组织和监管，这种模式构成了美国政策性金融机构监管的基础架构。针对性的立法和针对性的监管是其主要特征。

我国金融监管需要在结构设计上进行调整

综合日本、德国和美国的经验，资本本身的逐利规律是无法改变的，政策性金融资金最终落地同样需要非市场化的第三方力量的介入。政策性行为应该建立在与之相对的、具体的政策性监督体系和考核指标的基础上。让政策回归政策，划清与市场的界限，才能让市场化功能更为顺畅。如果即期政策行为需要通过即期市场做出回应，这就存在矛盾，因为政策的投入是出于长远发展目的设计的，而市场是短期逐利的，两者之间会存在时间差，所以政策性金融与商业性金融行为应该严格区分。例如在执行层面上，

① 赵双剑．美国农业金融体系研究及其对我国的启示．改革与战略，2017（5）．

② Gollin，Douglas，Stephen Parente，and Richard Rogerson. “The Role of Agriculture in Development.” *American Economic Review*，2002，92（2）：160–164.

Pousseau，Peter L.，and Paul Wachtel. “Financial Intermediation and Economic Performance：Historical Evidence from Five Industrialized Countries.” *Journal of Money，Credit and Banking*，1998：657–678.

政策性金融措施要避免通过商业性金融平台去实施，这两者在一定程度上存在对立性，将让具体的执行机构无所适从。

中国人民银行研究局前局长徐忠曾撰文指出，我国现代意义上的金融监管体系并没有真正建立起来，与现代金融体系发展趋势的不适应性日益凸显。一方面，监管政策体系不断完善，但监管政策没有得到不折不扣的执行落实。监管与发展目标冲突，监管分工“铁路警察、各管一段”，职责边界不清且权责不对等，监管者薪酬较低，问责机制缺失是重要原因。另一方面，部分监管政策违背了市场规律，导致市场主体激励混乱，服务实体经济与守住风险底线难以兼顾。[①] 如果将徐忠所指出的监管问题再往前推一步，那么我们无法回避这样一个问题——我国金融监管的设计初衷是什么?

结合目前我国整体的发展趋势，金融监管的结构设计已经进入了改革的深水区，是进一步走向相对独立，还是加深与现有体制的融合？两者对于应对我国智能化产业升级过程中的系统性金融风险能起到什么样的作用？与新时期地方发展绩效考核如何有效结合？这些仍然需要进一步的深入研究。金融结构性改革事实上也是制造业结构转型的直接体现，监管体系设计的出发点将直接影响制造业转型发展的终点。我们需要时刻牢记“不忘初心”，不能迷失在改革与创新的过程中。

---

① 徐忠．有效的金融监管体系探讨．清华金融评论．2018-09-06，http: //www.thfr.com.cn/post.php?id=79848.

第七章

自主创新与大国角力

我们要走向怎样的未来，取决于我们怎样面对过去。近年美国对华舆论嘈杂，各种“不公平”喧闹与指责频繁涌现在美国各类媒体中。从历史上看，美国打着“不公平”贸易旗帜维护本国相关产业国际地位的行为已经反复上演。我们在对我国半导体产业发展脉络进行梳理的基础上，对美国半导体产业发展、美日半导体产业博弈、美国对巴西信息产业发展的制约进行了系统梳理，并就如何做好自主创新、发展我国数字新动能提出了相关建议。

第一节 我国半导体产业的发展脉络及遇到的问题

早期探索阶段（20 世纪 50 年代至 80 年代初）

在 20 世纪 80 年代之前，我国对半导体产业的态度侧重于科研目的，并没有开发规模化生产的能力。20 世纪 50 年代，北京大学、复旦大学、吉林大学、厦门大学和南京大学开办了第一批半导体物理专业，培养了新中国第一批半导体人才。

事实上，我国半导体产业起步并不算晚，1957 年北京电子管厂制造出了锗晶体和二极管，这是我国第一批半导体产品。美国贝尔实验室的威廉·肖克利是在 1947 年发明锗晶体管器件的。从起步阶段看，我国只比美国晚了 10 年。1960 年我国成立了两个半导体研发机构，分别是中国科学院半导体所和第四机械工业部（电子工业部前身）的第十三研究所。[①]

第十三研究所在1965年研发出了中国的第一块集成电路DTL（二极管－晶体逻辑），只比美国晚了7年。上海无线电五厂在1966年开发出TTL（晶体管逻辑），只比西方落后3年。但是随后“文化大革命”阻断了这一发展进程，直到20世纪70年代末才恢复正常。中国科学院的半导体研究所于1979年试制成功了4K的DRAM，1980年研制成功了16K的DRAM。[②]

我国半导体产业发展虽然受到较大冲击，但核心的科研能力依然被长期保持下来。1979年上海无线电五厂和上海无线电十四厂联合仿制（逆向工程）成功80808位微处理器（编号5G8080）。8080为美国英特尔公司在1974年推出的第二款CPU处理器，集成6 000只晶体管，每秒运算29万次。自1975年第一台个人电脑诞生以后，8080芯片使得英特尔在几年后占据了电脑芯片的霸主地位。德国西门子在1980年10月仿制出8080芯片，比中国还晚1年。[③]可以说，即使到20世纪70年代末，我国半导体发展依然维持了比较完整的科研和独立发展体系，并且与全球先进国家也不存在不可逾越的“鸿沟”。

---

① 中国集成电路产业发展大事记 . SEMI 中国 .2016–08–10.http：//tech.hqew.com/news_650420.

② 朱贻玮 . 中国集成电路产业发展论述文集 . 北京：新时代出版社，2006：38–70.

③ 中国集成电路产业起步只比美国晚几年，为何如今却落后20年？芯智讯网 . 2015–04–21.http：//www.icsmart.cn/18454/.

20 世纪 80 年代至 90 年代中期开始半导体产业链的基础战略布局

我国第一座具备规模化生产水平的晶圆厂是 1980 年开始建设的第四机械工业部江南无线电器材厂（无锡 742 厂），1980 年该厂从日本东芝引进了全套三英寸半导体晶圆厂（5 微米技术），并于 1982 年起投产，被认为是中国第一个具规模半导体晶圆厂。无锡 742 厂主要生产的产品是陕西彩色电视机生产线所使用的集成电路。[①]

从 1984 年开始，地方政府、国有企业和大学也纷纷从国外引入半导体晶圆厂。1984—1990 年，先后引进建设了 33 个半导体晶圆厂，但由于当时经济体制有很强的计划色彩，所以大多没有形成规模生产和商业运作能力。当时晶圆厂在全国遍地开花。这其中一个比较明显的原因是地方政府、高校和国有企业重复建设，在既定计划生产色彩浓厚的前提下，缺乏全国性的统筹调度安排。[②]

1982 年，国务院成立了“电子计算机和大型集成电路领导小组办公室”（下文简称电办），主要负责协调半导体等相关产业的发展。电办主要做了两方面的工作，一是统筹协调当时存在的多头领导、重复建设的问题，如在各高校所属的 33 个晶圆厂重点治理散、乱、差等问题，形成南北两个微电子基地布局；二是大力发展集成电路。1986 年，电子工业部在厦门举办“集成电路发展战略研讨会”，提出了集成电路技术发展战略，即普及推广 5 微米技术，开发 3 微米技术，进行 1 微米技术科技攻关。

---

① 中国集成电路产业发展大事记 . SEMI 中国 .2016-08-10.http：//tech.hqew.com/news_650420.

② 朱贻玮 . 中国集成电路产业发展论述文集 . 北京：新时代出版社，2006：64-70.

1989 年电子工业部在无锡举办的集成电路战略发展研讨会进一步落实了“南北两个微电子基地”的政策，并进行定向基金扶持。1988—1995 年建成五家具有相当规模的微电子企业，分别是江苏无锡华晶电子（原无锡 742 厂）、浙江绍兴华越微电子（1988 年建成第一座四英寸厂）、上海贝岭微电子、上海飞利浦半导体（于 1991 年建成第一座五英寸厂）和北京的首钢 NEC（1995 年建成第一座六英寸厂）。①

1990 年 8 月，国务院决定在“八五”计划（1991—1995 年）期间促成半导体产业升级，促成中国半导体产业进入 1 微米下工艺制造时代，这就是当时著名的“908 工程”。“908 工程”总投资约 20 亿元人民币，主要分为两个部分：将 15 亿元人民币用于投资建设华晶电子六英寸晶圆厂的 12 000 片产能，其余投资成立了数家集成电路产品设计中心。其中，华晶电子在 1990 年 8 月被确定为中国半导体产业战略性发展工程。

但“908 工程”在执行过程中产生了一些问题，尤其体现在缺乏统一有效的协调机构。国务院电子计算机和大型集成电路领导小组办公室于 1988 年取消后，我国政府缺乏协调各行政部门间政策的组织，这使“908 工程”执行过程效率受到了影响，例如经费审批耗时达 2 年，在是否引入 AT&T 的 0.9 微米集成电路制造技术问题上耗时 3 年等②。对于集成电路发展而言，在摩尔定律的作用下，这种延时似的“908 工程”最后的产品与国际同等产品的差距逐步拉大，对产品竞争力造成了很大的

---

① 朱贻玮．中国集成电路产业发展论述文集．北京：新时代出版社，2006：64–70.

② 陈玲．制度、精英与共识：寻求中国政策过程的解释框架．北京：清华大学出版社，2011：120–147.

冲击。[①]

除以上提及的原因外，总的来看，“908 工程”执行期间涉及的问题是多方面的，主要有以下四点。一是体制的限制，1996 年以前，我国仍然处于改革开放的探索初期，半导体作为具有国家战略地位的产业，前期主要依靠国家投资，市场开放有限，因此早期具有比较浓厚的计划经济色彩。二是早期探索存在一定程度上的政策试错。当时我国半导体政策重点是技术和制造工艺的先进程度，相对而言并没有考虑过多的市场因素。三是计划执行存在一定的摇摆。“908 工程”执行期间，我国正值“市场换技术”的讨论期，因此在资金支持、政策配套方面存在摇摆。四是国内、国际政治因素，如前文提到的“文革”、美国对中国早期的封锁等。

20 世纪 90 年代中期至 21 世纪初的发展

在吸取了“908 工程”的经验之后，1995 年底，我国启动了推动半导体产业发展的“909 工程”，主要涉及的内容包括两大项目。

一是建立了八英寸晶圆厂，华虹微电子（后更名为华虹集团）。1997 年与日本 NEC 合资组建上海华虹 NEC 电子有限公司，由 NEC 提供八英寸厂整厂 0.35 微米技术转移，且主产品随后调整为当时主流产品 64MB DRAM。高层充分认识到了摩尔定律的巨大影响，此次决策迅速。华虹 NEC 在 2 年内就实现了量产，并于

① 高改芳 . 半导体迷局：国内需求 80% 靠进口，国产芯片 80% 要出口 .21 世纪经济报道 .2002-09-29.

2000 年开始盈利。[①]

二是积极推动面向市场经济的集成电路企业发展。“908 工程”有一个重要的教训就是，在追求先进制造工艺的同时，也要兼顾市场需求，不能只依靠军工支持，更需要形成民用市场的竞争力。[②]“909 工程”选定了七家集成电路设计企业，其中 5 家以商用集成电路为主要产品，包括华为、中兴、南京熊猫电子、成都华微电子、中国华大。除了资金支持以外，政府在“909 工程”实施过程中也通过采购对相关企业进行了扶持，如我国在 1996 年开始启动的“金卡工程”（身份证、电子货币 IC 卡和手机 SIM 卡）等，对这一阶段部分集成电路上车厂家产能发展起到了至关重要的作用。[③]

总体上“909 工程”的推进为我国进入 21 世纪以后半导体产业的发展、半导体市场的扩大起到了非常重要的作用。其中有三条经验比较突出：一是我国这一时期对韩国和新加坡等半导体产业政策进行了充分借鉴，采用大量的税收优惠政策；二是鼓励民间和外资投资晶圆厂建设，在自身产能不足、创新体系不足的前提下，采用了折中的方式，以晶圆代工企业推动集成电路设计企业发展，同时积极引入多种所有制企业，如台积电以及新加坡政府投资的半导体企业等；三是我国政府逐步认识到在半导体产业模式的发

① 陈玲 . 制度、精英与共识：寻求中国政策过程的解释框架 . 北京：清华大学出版社，2011 ：88–89.

② 国务院通过两大集成电路重大专项方案 . 电子工程世界 .2008–04–25.http ：//it.sohu.com/20080425/n256520254.shtml.

③ 胡启立 .“芯”路历程：“909”超大规模集成电路工程纪实 . 北京：电子工业出版社，2006 ：123–145.

展中，政府更应该扮演风险投资者而非经营者的角色。但是在这一过程中也存在是否过于依赖外资的异议。关于其间存在的问题，我们将在本章第五节结合巴西的案例进行分析。

2000 年至今进入快速发展时期

国务院在 2000 年颁布《关于印发进一步鼓励软件产业和集成电路产业发展若干政策的通知》（简称“18 号文”）以及《集成电路产业“十五”规划要点》（以下简称“十五”规划要点）。通过税收减免、加大研发投入、政府采购推动、地方补贴等方式，取得了不错的成绩。

半导体需求市场占全球第一，但国内供给能力有限

我国半导体行业发展非常迅速，影响力也越来越大。如图 7–1 所示，根据 IC Insights 的数据，截至 2015 年，我国半导体全球市场需求份额已占总需求的 58.5%，预计 2019 年的半导体需求将达到全球的 60%。

但是，我国半导体自给自足能力依然存在巨大缺口。根据中国半导体行业协会（CSIA）公布的可查数据，2016 年中国集成电路进口额度达 2 271 亿美元，而同年我国石油进口原油 38 101 万吨，金额为 1 164.69 亿美元，远超石油进口额。[①] 根据国信证券统计，中国消耗晶圆片数量超过 9 299 万片 / 年，中国区域产量 2 218 万

① 中商产业研究院 . 2016 年 1—12 月中国进口原油数据统计 .ASKCI.COM.2017–01–13.http : //www.askci.com/news/chanye/20170113/16041387814.shtml.

片/年，自给率仅14%，缺口达86%。此外，从图7-2中也可以看出，我国的半导体产能和消费缺口在不断增大。

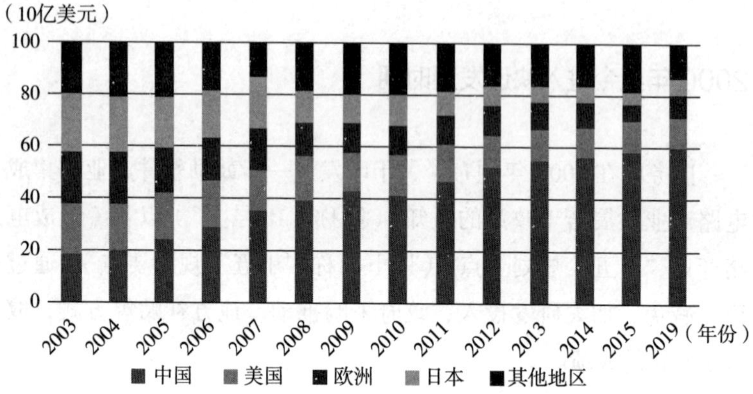

图7-1　全球半导体市场份额（2003—2019年）

资料来源：PwC、SIA、IC Insights、Gartner、CCID Consulting。

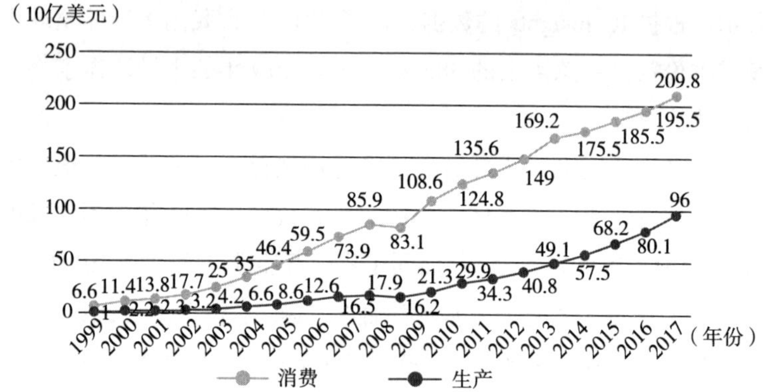

图7-2　中国半导体产业的消费和生产（1999—2017年）

资料来源：CCID Consulting，中国半导体行业协会。

我国部分半导体产业领域已具备国际竞争力，但制造能力依然有待提升

图 7–3 是半导体产业价值链的结构图（以数字芯片为例）。半导体产业的整个过程可以分为三个部分，即分布式设计、制造和封装测试。据中国半导体行业协会统计，2017 年我国集成电路设计收入达 2 073.5 亿美元，制造收入达 1 448.1 亿美元，封装测试收入达 1 889.7 亿美元，显著高于同期全球市场增长率。当前我国在封装测试领域已处于与国际领先企业并跑的位置，并展现出较强的创新活力。

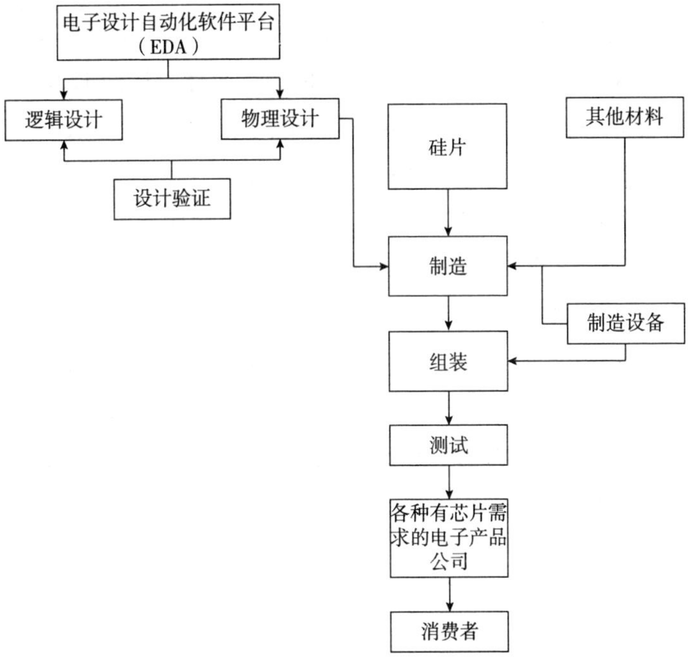

图 7–3　半导体产业价值链的结构图（以数字芯片为例）

相较于设计和封装测试，我国半导体产业领域的制造能力依然偏弱。根据国信证券经济研究所的数据，目前三星、台积电已经能够实现7纳米工艺芯片的量产，英特尔能够实现10纳米工艺芯片的量产，中芯国际、上海华力等能实现28纳米工艺芯片的量产，这在技术上落后第二代，最大的瓶颈是光刻机等制造设备的限制。

我国晶圆生产能力发展迅速，已形成相对完整的半导体产业链

综合国信证券经济研究所和中国半导体行业协会的数据，可以看出我国在半导体生产材料——晶圆制造方面取得的长足进展。2016年底中国大陆已投产的12英寸晶圆生产线月产能达46万片（含外资及存储器部分），全球占比约9.02%；已投产的8英寸晶圆生产线月产能达66.1万片（含外资），全球占比约12.8%。至2020年，中国大陆新增12英寸晶圆，规划月产能超过100万片。其中2018年规划新增12寸片，接近40万片/月。根据中国半导体协会数据预测，至2020年，中国半导体设计市场规模将达到3 409亿元，封装测试市场规模可达3 243亿元，复合增速均超过20%。[①] 半导体材料制造的快速发展对促进我国整个半导体产业链的提升有着非常重要的意义，我国未来半导体发展总体趋势看好。例如，海思半导体是国内IC设计企业龙头，2016年销售额为260亿元，是国内最大的无晶圆厂芯片设计公司，业务包括消费电子、通信、光器件等领域的芯片及解决方案，代表产品是麒麟系列处理器。

① 中国半导体产业发展状况报告（2017年版）. 北京：中国半导体行业协会，2017：27–36.

根据国家企业信息系统可查数据，当前我国集成电路企业 145 家，半导体元器件企业 83 家，半导体设备企业 52 家，半导体材料企业 56 家，已经形成较为完备的半导体产业链。

我国当前半导体产业发展迅速，但人才缺口大

随着全球局势的变化，国家对集成电路国产化的决心越来越大，支持政策不断增多。例如在 2019 年两会期间，明确了重点降低制造业和小微企业税收负担，将制造业等行业现行 16% 的税率降至 13%。[①] 大幅度降税充分体现了我国在推动实业发展，特别是数字技术基础产业的升级和独立创新方面的决心。2018 年以来，美国对中国在贸易、关键技术方面的扼制促使我国加快独立自主创新。以半导体的关键材料晶圆为例，SEMI 预计，2017—2020 年全球将有 62 座新晶圆厂投产，其中 26 家在中国大陆，占总数的 42%。[②] 随着晶圆厂的投建，中国内地市场增速明显。如图 7–4 所示，2018 年前三季度半导体制造设备全球销售额达 495.7 亿美元，同比增长 19.39%。2017 年中国半导体制造设备销售额为 82.2 亿美元，2018 年前三季度达到 104.1 亿美元，同比增长 61.4%。中国内地半导体发展不断加速。

---

① 李克强：深化增值税改革　将制造业等行业现行 16% 的税率降至 13%. 新浪财经 .2019–03–05，http：//finance.sina.com.cn/roll/2019–03–05/doc-ihsxncvf9908624.shtml.

② 2017—2020 年间全球新增 62 座晶圆厂　中国大陆占 42%. 智能电子集成网 .2016–12–30，http：//smartcity.asmag.com.cn/xfdz/2838.html.

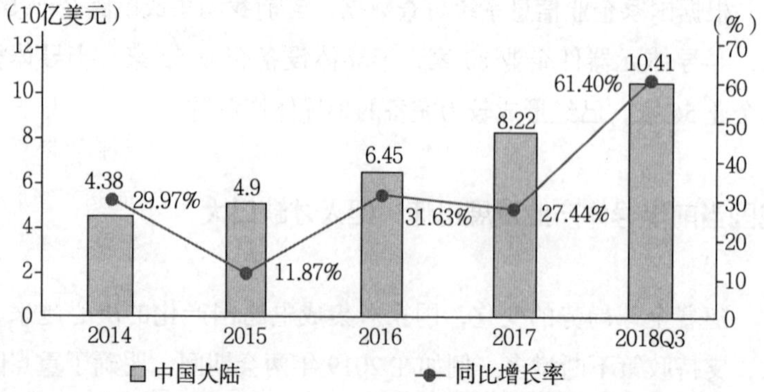

图 7-4　2014—2018 年第三季度中国内地半导体设备销售额及同比增长率

资料来源：日本半导体制造装置协会，长城证券研究所。

随着半导体产业的快速发展，人才方面的掣肘也暴露出来。在 2019 年 5 月 17 日召开的世界半导体大会期间，中国半导体行业协会副理事长于燮康接受了《每日经济新闻》记者的采访。他表示，目前国内芯片行业人才缺口 30 万，遍布行业内的各个领域，包括设计研发人才、企业管理领军人才、每道工序的制造人才等，还包括操作工人、封装工人、设备协调工人等。[①] 因此对相关人才的培养、引进等问题将会是未来很重要的问题。

我国半导体产业的发展经验及教训

当前，全球半导体产业链细分趋势非常明显。较之于之前设计、

① 中国半导体行业协会于燮康：芯片人才缺口有 30 万 . 新浪财经 .2019-05-17，http：//finance.sina.com.cn/roll/2019-05-17/doc-ihvhiews2509739.shtml.

制造和封装测试在同一公司完成的 IDM 模式，这三个环节已经形成了相对独立的专业企业分工。全球半导体产业链走向分工的过程也是半导体产业链全球化的过程。以 1996 年为分水岭，在此之前，中国半导体产业受制于国际和国内政治因素，与全球半导体产业发展的摩尔定律速度完全脱节。但在 1996 年之后，通过“908 工程”“909 工程”等系列战略的推动，加上进入 21 世纪以来全产业链的系列配套发展，我国半导体产业体系已经取得了明显的进步。

当前，中国已从一无所有跃升为晶圆代工产业全球第二大国。从中国半导体产业技术发展进程看，中国半导体制造工艺从落后 3 代以上缩小为仅落后 1~2 代。因此，因为部分企业出问题而妄自菲薄、否定所有人的努力是不客观的。

同时我们也要看到，在芯片制造环节中，虽然有“908 工程”“909 工程”以及十余年来国家的大力推动，但中国集成电路产业的落后依然不容置疑。必须承认：整体产业结构严重失衡，设计企业少而弱，制造方面虽有半导体巨头纷纷设厂，但以封装测试为主，而且由于国外政策的限制，制造工艺均落后于国外，至于制造设备，几乎完全依赖进口。这些问题我们依然要面对，而且需要深入分析和挖掘。

第二节　美国半导体产业的发展

美国现代科技政策推动的两个阶段

20 世纪，以美国为代表由政府大规模推动的科学技术发展计划开始不断涌现。科研机构的专业化和彼此合作联系程度不断提高，在这个过程中诞生了登月等大量具有划时代意义的科技创举。ATLAS 实验就是一个典型的例子，涉及来自 38 个国家、178 个机构的 3 000 多名科学家。[①] 这个过程同时伴随着大型产、学、研的融合与发展。

在美国政府的大力推动下，原来相对封闭的大学和政府研究机构的人员走出实验室，开始与企业和产业市场密切结合，逐步形成了当代美国所呈现的产、学、研科研结合模式。产学研的有效结合对科技创新，特别是信息与计算机通信等领域的发展特别明显。摩尔定律就是在此背景下诞生的。

事实上，除美国以外，世界各国的科技发展都与政府的推动密切相关。如果没有强有力的政府部门的支持，诸如雷达、互联网、全球定位系统、重要生物和制药工程，以及集成电路的小型化等许多进步将不可能实现。[②]

美国政府对现代科技的推动源自世界大战和“冷战”的压力。即使在今天，从 DARPA 的活跃程度看，美国的科技与国防也存在紧密联系，例如 F-35 战斗机的研发等属于国家战略级别的大规模研发规划，有着明确的目标，但是美国政府对高校等科研系统的基础科研的支持主要是通过基金投资的方式进行的。美国政府主要通过对基础科学的长期资金投入来弥补市场在这些科研领域的失灵问题。

美国政府对科技的推动可以分为两个阶段。一是“二战”至

---

① Jacob，Merle，and Olof Hallonsten. “The Persistence of Big Science and Megascience in Research and Innovation Policy.” *Science and Public Policy*，2012，39（4）：411–415.

② Stephan，Paula E. “The Economics of Science.” *Journal of Economic Literature*，*1996*，34（3）：1199–1235.

“冷战”末期，这个时期政府对科技的推动与国防及军事应用密切相关；二是 20 世纪 80 年代末至今，这个过程分别包括日本在高科技领域的竞争、美国国内科技行业战略联盟的形成以及政府的支持等。

“二战”至“冷战”末期，战争推动了美国政府与产业、学术机构在技术政策方面达成共识

两次世界大战大力推动了科技发展。在“一战”之前，科学研究主要是相对封闭的个人行为，集中在大学或者私人公司的实验室。历史学家科贝尔纳指出，“科学史上的转折点是在战争中发生的，国家开始全面动员科学家，集中研发战争相关的现代武器和国防设施等。”①

第二次世界大战是人类的“全面战争”，不仅动用军队，更是全民动员。“二战”期间，美国将近一半的科学家受雇于军事相关部门和公司，主要集中在化学品、石油、橡胶、金属和电力以及机械制造业等领域。1921 年美国全职科学家总数约为 3 000 人，到 1946 年已经增长至约 46 000 名。②

历史学家史密斯论述了“二战”对美国科技政策发展的三个直接作用：一是政府开始建立专门的科研管理机构，如白宫科学研究与发展办公室等；二是联邦政府力推大型科学项目，如曼哈顿计

① Barnard，Chester Irving. *The Functions of the Executive*. Harvard University Press，1974

② Mowery，David C. “Innovation，Market Structure，and Government Policy in the American Semiconductor Electronics Industry：A Survey.” *Research Policy*，1983，12（4）：183–197.

划，建立了国家科研机构与私营工业公司之间的制度性合作关系；三是加强了联邦科研机构与公私立大学之间的关系。[①]

史密斯认为，“二战”使得政府与产业界和学界在科技政策的必要性上达成了共识，并且这一共识在随后的“冷战”中得到了加强。这种科技政策的共识在“冷战”时的美苏争霸中发挥了重要作用。例如在1957年苏联发射第一颗轨道卫星后，美苏之间的太空竞赛随之拉开序幕。不久之后，美国在1915年成立的国家航空咨询委员会的基础上，于1958年创建了美国国家航空航天局。1961年，苏联的加加林成为第一个登上太空的人。此后不久，美国总统肯尼迪于1961年开启美国登月计划。1962年，约翰·格伦成为第一个抵达太空的美国人。1969年，美国宇航局将阿姆斯特朗和巴兹·奥尔德林送上了月球。

“二战”至“冷战”时期形成的科技政策为20世纪80年代后期的发展奠定了基础，通过政府对基础研究和军事应用研究的强有力支持，美国形成了相对完备的国家现代科研体系。但战争和备战时期政府对基础科研研究的支持较为薄弱，大量的经费投入应用研究的问题也比较突出。这个问题在20世纪80年代开始转变。

摩尔定律与美国半导体产业的发展政策

摩尔定律

1945年秋，贝尔实验室成立了由肖克利、巴丁、布拉顿等人

---

① Smith，Bruce LR. *American Science Policy Since World War* Ⅱ. Brookings Institution Press，2011.

组成的半导体研究小组。1947 年，世界上最早的实用半导体器件终于问世。1950 年，第一只“PN 结型晶体管”问世，今天的晶体管大部分仍是这种 PN 结型晶体管。1956 年，肖克利、巴丁、布拉顿三人因发明晶体管荣获诺贝尔物理学奖。

表 7-1　半导体与集成电路早期发展历史

年份	事件
1947	美国贝尔实验室的肖克利、巴丁、布拉顿三人发明了晶体管。
1950	结型晶体管诞生。
1950	奥尔和肖克利发明了离子注入工艺。
1951	场效应晶体管发明。
1956	C.S. 富勒发明了扩散工艺。
1958	仙童公司罗伯特·诺信斯与德仪公司 – 基尔比间隔数月分别发明了集成电路，开创了世界微电子学的历史。
1960	H.H. 卢耳和 E. 卡斯泰拉尼发明了光刻工艺。
1962	美国无线电公司研制出 MOS 场效应晶体管。
1963	F.M. 威纳尔斯和 C.T. 萨首次提出 CMOS 技术，今天，95% 以上的集成电路芯片都是基于 CMOS 工艺。
1964	摩尔提出摩尔定律，预测晶体管集成度将会每 18~24 个月增加一倍。
1966	美国无线电公司研制出 CMOS 集成电路，并研制出第一块门阵列（50 门），为如今的大规模集成电路发展奠定了坚实基础，具有里程碑意义。

资料来源：根据网络公开资料综合整理。

随后10年，晶体管迅速取代了真空管并逐步占据市场主导地位。1958年，集成电路问世，大大增加了可以安装在“芯片”上的组件数量。集成电路的出现可以说是第三次科技革命的重要标志之一，使得电子计算机的微型化成为可能，这是现代信息科技飞跃的起点。IBM、格罗方德半导体股份有限公司、三星等宣布推出了用于集成电路的7纳米架构。这一突破意味着现在可将大约200亿个晶体管放置在指甲大小的芯片上。①

在过去40余年，内存和中央处理器性能呈指数级增长，特征尺寸从微米级到纳米级不断下降，同时可以装载到芯片上的器件数量也呈指数级增长。该数字表明半导体行业的技术进步速度不是一个简单的加线性过程，而是一个指数过程。

摩尔定律背后的政府推手

在摩尔定律下，信息技术的发展速度惊人，使英特尔等企业迅速成为芯片业的巨头，并开始直接影响自由市场竞争行为和原有的产学研合作模式。首先，集成电路的发明颠覆了原有科技领域线性发展的预期，并向政府和市场展示了基础科学存在向应用科学转化的巨大商业开发潜力。所谓颠覆科技发展线性预期，并不是必须先明白科技的原理才能开展应用，而是晶体管和集成电路的发明先于对其器件工作原理基本科学的理解。在晶体管发明时，固体物理学的子学科几乎是不存在的。恰恰是晶体管的最初突破，促使随后的政府对固体物理学等相关子基础科学的大规模

① “IBM Research Alliance Produces Industry’s First 7 nm Node Test Chips”, IBM, Retrieved 2015-07-19. https://www-03.ibm.com/press/us/en/pressrelease/47301.wss, 2018-05-17.

资金投入。[①] 这是一个先有科技产品应用，再反向推动相关基础研究的过程。

其次，摩尔定律并不是完全靠市场推动的，还体现在美国军方对半导体芯片的支持。美国军方是半导体行业高科技产品的主要购买者这一事实是业界共识。从洲际弹道导弹到载人航天探索，都证明半导体是一个国家的“战略材料”。学者霍尔布鲁克指出：“政府和军方机构有足够的动力和合法性去推动多样化的半导体技术发展。”美国各个军事部门和NASA由于设备类型差异较大，因而对半导体有不同的需求：空军重视尺寸、重量，海军和陆军重视可靠性，航天系统要求坚固性和易修复性，而太空计划则将微型化作为首要目标等等。[②] 军方的多样化需求是美国半导体全产业链发展的重要支持动力。

再次，政府和军方直接参与了超越公司经济利益的半导体专利共享推广。在西方媒体的视角下，外界受众能感觉到的是公司会利用自己的专利以谋求自身利益的最大化。但从美国的半导体产业发展来看并非如此。在半导体发明后至20世纪80年代初期，美国在半导体行业投入了大量税金（具体数目难以估算），而且在政府的干预下，贝尔实验室、AT&T等涉及相关核心专利的公司在政府和军方调和下，就专利转让和相关知识共享等建立了持续的

① Rosenberg, Nathan. *Inside the Black Box: Technology and Economics*. Cambridge University Press, 1982.

② Holbrook, Daniel. “Government Support of the Semiconductor Industry: Diverse Approaches and Information Flows.” *Business and Economic History*, 1995: 133–165.

沟通机制。[①]这些共享机制并不是以单个公司利益最大化为基础的，而是立足于整个半导体产业的发展，与政府和军方的参与密切相关。

20世纪五六十年代，从半导体开始出现时，军方就对半导体产业提供了大力支持。军方需求与民用市场需求明显不同，主要表现在需求稳定、产品要求明确、成本敏感度低、不确定性减少。[②]据统计，1963年约有46%的半导体相关产品销售给军队，37%的半导体产品销售给民用工业，16%左右的半导体产品销售给个体消费者。[③]在这个半导体产业发展的关键时期，政府（军方）采购无疑是对半导体行业最重要的政策支持，也是最大的受益者。

最后，政府除长期稳定采购支持外，还采取直接技术共享、军方承包商间接支持等方式。综合美国公开的资料看，除了稳定的采购，军方还在研发和生产上提供直接支持。同时，还通过军方系统承包商提供间接支持。[④]总体来说，20世纪60年代至80年代，在半导体早期发展阶段，美国政府发挥了关键作用。由于半

---

① Holbrook, Daniel. "Government Support of the Semiconductor Industry : Diverse Approaches and Information Flows." *Business and Economic History*, 1995 : 133–165.

② Mowery, David C. "Innovation, Market Structure, and Government Policy in the American Semiconductor Electronics Industry : A Survey." *Research Policy* , 1983, 12 (4) : 183–197.

③ Langlois, Richard N., and W. Edward Steinmueller. "The Evolution of Competitive Advantage in the Worldwide Semiconductor Industry, 1947–1996." *The Sources of Industrial Leadership* , 1999 : 19–78.

④ Langlois, Richard N., and W. Edward Steinmueller. "The Evolution of Competitive Advantage in the Worldwide Semiconductor Industry, 1947–1996." *The Sources of Industrial Leadership* , 1999 : 19–78.

导体明确的军事战略作用，美国联邦政府和军方直接逾越其原有的职能，直接参与到半导体全产业链，直到形成全球竞争力和产业规模后才逐步退出。这并不是一个市场自由发展的过程。

美国政府推动的“技术转让”革命与半导体商业市场发展

研究显示，1965—1980年，半导体的军方市场占比是逐步下降的。这个过程伴随着美国半导体产业结构的调整、制造成本的增加和产业的垂直整合[①]。世界贸易组织半导体统计报告显示[②]，截至1978年，美国政府的半导体销售是15%，而1963年则是47%。这与“冷战”周期和半导体产业发展基数密切相关。

20世纪80年代是高科技发展和腾飞的关键转折点。美国联邦政府在这一过程中启动了所谓的“技术转让”革命，对军用和原有政府主导的技术发展转向民用发挥了主导性作用。“技术转让”革命明确表明，美国的基础和应用科学向商业发展的转化不是线性的，也不是自动的市场过程，而是与联邦政府的推动密切相关。联邦政府“技术转让”革命过程中通过了新的法律，制定了新的许可，并创建了半导体制造技术科研联合体Sematech，实现了基础和应用技术市场转化。

---

① Mowery, David C. “Innovation, Market Structure, and Government Policy in the American Semiconductor Electronics Industry : A Survey.”*Research Policy* , 1983,12(4): 183-197.

② “Global Billings Report History (1976-2015)” . SIA. Retrieved 2015-11-03.http: //t.cn/RuTeNU0, 2015-05-17.

第三节 日本半导体产业的崛起和日美博弈

日本半导体产业的崛起

20 世纪 80 年代开始，日本半导体市场兴起，首次让美国感受到来自外国同行的威胁。如图 7-5 所示，1985 年之前，全球半导体市场由美国主宰，但到了 1985 年，日本开始占据全球半导体终端销售市场的最大份额。[①]

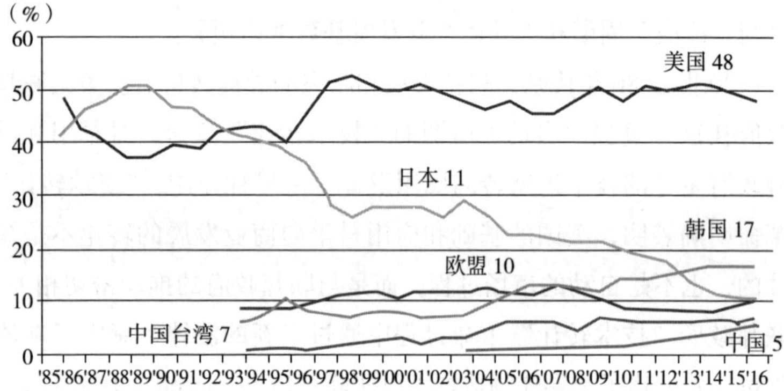

图 7-5 各个国家和地区半导体市场供给份额占比（1985—2016 年）

资料来源：SIA，World Semiconductor Trade Statistics（WSTS），IHS Global，PwC.（1985—2016）。

面对日本的竞争，美国市场份额在 20 世纪 80 年代中期急剧

① “World Semiconduct Trade Statistics Annual End Use Report（1986—2008）”.WSTS. https://www.wsts.org/ && https://www.wsts.org/esraCMS/extension/media/f/PRE/7/pres_2011.pdf, 2018-05-17.

下降，然后在20世纪90年代中期强劲复苏。通过文献分析可以看出，20世纪80年代中期美国竞争力的丧失主要是因为对自由市场和研发投资的普遍不足而造成，而日本的企业系列组织联盟的方式更适应当时技术投资的新要求。

日本式企业组织经连会（Keiretsu）和政府政策

“二战”之后，日本形成了一种独特的日本式企业组织——经连会。这是一种联营的公司合作共同体，它们之间结成战略联盟，为提高共同的市场竞争力而努力。经连会组织形态与政府和企业间的合作密切相关。

经连会有两个优势，一是通过联合治理的模式弥合了西方公司所有权与管理权分离带来的监管问题[①]；二是通过产业内的专业合作和遵从某一共同目标的治理体系来支持生产。任何单一的经连会成员公司都可能会在保持生产并使整体受益的同时遭受财务损失。经连会将金融机构、厂商、供应商和政府机构联合起来，构成了一个较为复杂的产业战略联盟。这种组织可以在全球范围内与美国在半导体领域展开竞争。经连会类似一个经济资源依赖网络，它减少了交易成本，并为日本创造了竞争优势。[②]

除经连会的组织优势外，早期日本半导体产业的发展采用了

① Gilson，Ronald J.，and Mark J. Roe. “Understanding the Japanese Keiretsu：Overlaps between Corporate Governance and Industrial Organization.” *Yale Law Journal*，1993：871–906.

② Lincoln，James R.，Michael L. Gerlach，and Christina L. Ahmadjian. “Keiretsu Networks and Corporate Performance in Japan.” *American Sociological Review*，1996：67–88.

和美国类似的科技产业政策。例如，日本政府直接支持成立日本超大规模集成电路技术研究协会（VLSI）。超大规模集成电路协会的成员包括东芝、NEC、三菱电机、日立和富士通等。这些公司在日本政府大量研发补贴的支持和协调下广泛开展合作，并由VLSI主导建立了两个实验室，一个用于基础研究，另一个用于应用研究。据统计，1976—1980年，VLSI的实验室科研资金总额为2.88亿美元，其中42%由日本政府资助。[①] VLSI项目的主要目标是对抗IBM。VLSI试图通过创建用于制造集成电路的竞争性工艺技术来替代进口。到了1980年，VLSI项目实现了光刻生产1微米线宽的工艺，日本光刻工艺的发展使日本能在美国与IBM开展竞争。日本奥林巴斯、尼康和佳能同期还研发出国际领先的新光刻技术，将光刻设备进口量从1980年的80%减少到50%，并将日本刀具出口供应商市场份额从10%增加到35%。[②] 日本在半导体产业的高速发展一度引起美国恐慌，因而开始了全方位的反击。

第四节　美国对日本半导体产业的反制

美国针对日本半导体产业竞争的主要政策

针对20世纪80年代日本半导体的迅猛发展趋势，在“技术转让”革命的共识下，美国开始制定系列政策和法律，并开始整

---

① Sakakibara，Kiyonori. “R&D Cooperation among Competitors：A Case Study of the VLSI Semiconductor Research Project in Japan.” *Journal of Engineering and Technology Management*，1993,10（4）：393–407.

② Ibid.

合政府、大学和工业界之间的合作。[①]

首先，释放科研商业化力量。1980 年，国会通过了《史蒂文森怀德勒技术创新法案》（即《史蒂文森法案》）。该法案是推动联邦政府资助研究商业转化的重要政策。学者亚当斯对《史蒂文森法案》等进行系统研究后指出，美国联邦政府推动《史蒂文森法案》至少有三个目的，一是推动社会分享"冷战"结束后的和平红利，促进军用科技成就的民用化，促进经济发展；二是从 20 世纪 70 年代开始，美国经济的生产力下降需要新的发展动力；三是技术转让理念符合当时的私有化浪潮。《史蒂文森法案》推出后，联邦政府支持的科研机构开始建立研究与技术应用办公室（ORTA），专门推动联邦政府赞助支持的科研成果转化。[②] 此外，1980 年拜耶－杜尔《专利和商标法修正案》获得通过（即《拜杜法案》），该法案放宽了联邦政府资助专利许可的商业化限制，允许高校和私人公司获取联邦政府资助的项目申请专利，并进行商业转化。推出这部法案的理由是，放宽政府资助项目的专利和商业化限制，最终通过促进经济和新的商业发展而给纳税人带来好处。[③]《拜杜法案》释放的潜在市场收益极大地提高了当时高校和私营公司的科研创新活力。

---

① Bozeman, Barry. "Technology Transfer and Public Policy : A Review of Research and Theory." *Research Policy* , 2000, 29（4-5）: 627-655.

② Adams, James D., Eric P. Chiang, and Jeffrey L. Jensen. "The Influence of Federal Laboratory R&D on Industrial Research." *Review of Economics and Statistics* , 2003, 85（4）: 1003-1020.

③ Mowery, David C. "Innovation, Market Structure, and Government Policy in the American Semiconductor Electronics Industry : A Survey." *Research Policy* ,1983,12(4): 183-197.

其次，促进公司间合作。1984年，联邦政府通过了《国家合作研究法案》(NCRA)，以促进公司之间的合作研究。在NCRA出台之前，公司之间的合作是有限的，并且在某些情况下可以根据反托拉斯法对公司间的合作进行起诉，因为法院认为这种合作存在违背反垄断法的情况。[①] 这部法案为美国公司间开展合作、建立技术联盟提供了法律基础。

再次，明确科研成果转化的个人责任。1986年通过的《联邦技术转让法案》推动了联邦实验室联盟的建立，并明确规范了联邦实验室科学家和工程师的技术转让权利和职责。此法案同时允许联邦实验室科研人员在遵守国家实验室合作研发协议(CRADAs)的前提下与私营公司进行接触，并鼓励联邦实验室和非联邦合作伙伴之间的人员交流。[②] 这个法案激活了公立科研机构科研人员的市场化活力。

最后，对重要产业进行财政支持。1987年，国会通过了《1988财年国防授权法案》，该法案明确规定，每年为美国半导体产业相关公司及组织提供1亿美元财政资金的支持，持续10年。[③] 这一法案实际上是美国通过采用“国家计划”的形式来推动一个产业的国际竞争能力。政府通过财政拨款刺激美国私营公司之间形成半导体产业链合作网络。这项立法直接推动了美国半导体产业联

---

① Link, Albert N. “Research Joint Ventures : Patterns From Federal Register Filings.” *Review of Industrial Organization*, 1996, 11 (5): 617–628.

② Moore, Gordon E. “Cramming More Components onto Integrated Circuits.” *Proceedings of the IEEE*, 1998, 86 (1): 82–85.

③ Irwin, Douglas A., and Peter J. Klenow. “High Tech R&D Subsidies : Estimating the Effects of Sematech.” *Journal of International Economics*, 1996 : 323–344.

盟的出现。许多学者认为，如果没有联邦干预，就不会产生这种形式。[①] 虽然这一具体行动并不是技术转让，而且在许多方面可能被认为是相反的（技术从私营部门流向公共部门），但这一法案却真实重塑了美国产、学、研之间的关系，其中最具代表性的是成立了半导体制造技术科研联合体 Sematech。

美国半导体业复兴与半导体制造技术科研联合体

在看到日本式企业经连会的成功后，美国开始建立自己的半导体产业联盟 Sematech。1987 年 8 月，占美国半导体制造产能超过 80%的 14 家美国公司与美国联邦政府合作，组建了非营利性半导体产业联盟 Sematech。DARPA 每年对半导体战略联盟提供大约 1 亿美元的赞助，直至 1996 年退出该组织。Sematech 每个成员原则上缴纳全部半导体销售额的 1% 作为会员年费，年费区间为 100 万～1 500 万美元。[②] 美国半导体联盟早年拥有 700 多名员工，其中大部分是来自大公司的专业研究人员。美国半导体联盟依托 DARPA 和各大公司的支持，在美国得克萨斯州奥斯汀建立了一座先进晶圆厂和一个研发中心（研发人员规模在 550 人左右），集中组织攻

① Browning, L. D., &Shetler, J. C., *Sematech：Saving the US Semiconductor Industry*. Texas A & M University, 2000.

② Grindley, Peter, David C. Mowery, and Brian Silverman. "SEMATECH and Collaborative Research：Lessons in the Design of High - Technology Consortia." *Journal of Policy Analysis and Management*，1994，13（4）：723–758.

克行业难关。[①]

美国半导体战略联盟的总体目标是重新获得美国在全球半导体市场的主导性地位，例如针对具有高市场价值的技术组织进行集中研发，减少半导体行业企业间的重复竞争，优化行业科研力量等。[②]美国半导体战略联盟以联合实验室为中心，对基础研究、早期产品研发、技术转让、制造过程四个环节的研究提供支持。

Sematech 在保持企业间竞争活力的同时，推动企业间的横向合作，例如制造工艺难题的集中攻关等。[③] 1987—1992 年，Sematech 先后攻克了 0.8 微米、0.5 微米、0.35 微米制造技术难题。[④] 到了 1992 年，美国半导体产业重新获得了全球市场的主导地位。[⑤]

作为联盟的关键成员，国防部优先考虑的是涉及国家战略安全的技术，但这些技术市场价值低而军事价值高，例如模拟和数字超高速集成电路项目、砷化镓微波单片集成电路项目，以及以

① Grindley, Peter, David C. Mowery, and Brian Silverman. "SEMATECH and Collaborative Research : Lessons in the Design of High - Technology Consortia." *Journal of Policy Analysis and Management* , 1994, 13 (4): 723–758.

② Irwin, Douglas A., and Peter J. Klenow. "High Tech R&D Subsidies : Estimating the Effects of Sematech." *Journal of International Economics* , 1996 : 323–344.

③ Grindley, Peter, David C. Mowery, and Brian Silverman. "SEMATECH and Collaborative Research : Lessons in the Design of High - Technology Consortia." *Journal of Policy Analysis and Management* , 1994, 13 (4): 723–758.

④ Browning, Larry D., Janice M. Beyer, and Judy C. Shetler. "Building Cooperation in a Competitive Industry : SEMATECH and the Semiconductor Industry." *Academy of Management Journal* , 1995, 38 (1): 113–151.

⑤ Macher, Jeffrey T., David C. Mowery, and David A. Hodges. "Reversal of fortune? The Recovery of the US Semiconductor Industry." California Management Review , 1998, 41 (1): 107–136.

光刻和制造为重点的超大规模集成电路等。[①] 由于涉及国家安全，因此在 1992 年以前，Sematech 是不允许国外公司参加的。

但是军事利益影响了美国私营企业与外国公司合作的利益，到了 90 年代中期，随着美国对日本“301”调查和贸易谈判的进展，美国半导体企业和外国公司之间合资运营模式开始增多。出于战略国际市场的考虑，1993 年 Sematech 决定放宽准入条件，允许外国公司“间接”参与合作。[②] 1996 年，在 DARPA 退出 Sematech 后，正式扩大了 Sematech 的准入范围，开始正式接收国际公司加盟。[③] 但 20 世纪末，由于美国半导体企业重回国际主导地位，Sematech 的价值逐步淡化，并退出了历史舞台。[④]

半导体行业可以说是重资产高科技产业的代表，集中体现在复杂性、成本、不确定性以及与研究相关的创新发展问题上，在摩尔定律的作用下，大量的企业在发展过程中被淘汰，因此国家的参与形式至关重要。海格登教授注意到这种现象，并对经连会

---

① Van Atta, Richard, and Marko MG Slusarczuk. “The Tunnel at the End of the Light.” *Issues in Science and Technology*, 2012, 28 (3): 53–60.

② Grindley, Peter, David C. Mowery, and Brian Silverman. “SEMATECH and Collaborative Pesearch: Lessons in the Design of High - Technology Consortia.” *Journal of Policy Analysis and Management*, 1994, 13 (14): 723–758.

③ Irwin, Douglas A., and Peter J. Klenow. “High tech R&D Subsidies: Estimating the Effects of Sematech.” *Journal of International Economics*, 1996: 323–344.

④ Sematech 在 1996 年取消美国政府的配套资金后，该组织重点从美国半导体行业转向更大的国际半导体行业，放弃了最初的美国政府倡议。其成员约占全球芯片市场的一半。2015 年底，Sematech 将关键材料委员会（CMC，一家半导体制造商会员组织）转让给咨询服务公司 Techcet Ca Llc，致力于提供有关电子材料的供应链和市场信息。至此 Sematech 历史使命完全终结。Web.archive.org. 2013–01–11. Archived from the Original on July 2, 2013.

和 Sematech 两种组织的出现进行了解释。他认为这种联盟的迅速崛起是内外部压力相结合的产物。一方面，半导体研发的不确定性和复杂性不断增加，研发周期漫长，研发成本单靠个体公司难以支撑。私营公司之间的合作能够缩短科研到上市的时间，减少科研试错的损失。另一方面，这种半导体战略联盟起到了增强国际竞争力的作用。①

美国对日本开展的"301"调查

眼看自己半导体全球主导地位被日本夺取后，1985 年，美国以"不公平贸易"为由，开始对日本展开贸易谈判，并对日本进行了"301 条款"②调查。经过一年的谈判，日本与美国达成共识并做出让步，于 1986 年签署了《日美半导体保证协定》。该协定主要涉及两项内容，一是设立最低价格下限，建立美日共同认可的价格机制。日本必须接受美国对日本半导体企业出口价格、生产成本等的监督，不允许对美出口价格低于第三国市场价格。二是美国的半导体产品在日本有一定的市场占有率，并明确提出，到 1991 年，日本必须帮助美国半导体企业在日本市场占有率达到 20%，而 1986 年时只有 8% 左右。③

---

① Hagedoorn, John. "Trends and Patterns in Strategic Technology Partnering Since the Early Seventies." *Review of Industrial Organization*，1996，11（5）：601–616.

② 《1974 年贸易法》第 301 条指美国政府针对认为伤害其贸易、商业和市场利益的外国政府的相关行为、政策等进行调查、报复和制裁的条例。

③ 李智 . 应对贸易摩擦确保经济发展——日本应对贸易摩擦对我国对外贸易持续发展的启示 . 国际贸易，2006（5）.

但是，事实上日本并没有完全遵守协定，在 1987 年因违反部分协定内容而受到美国制裁。到了 1991 年，美国在日本的半导体市场占有率为 14%，远没有达到预期的 20%。美国对协定执行结果并不满意。因此，1991 年美国与日本签署了《第二次半导体协议》，修订了之前的内容，将实现 20% 市场占有率目标“缓期”了一年（到 1992 年），但明确了必须硬性达成这个目标的态度。与《日美半导体保证协定》不同的是，此次协定制定了更加细化的措施，其中最重要的是建立日本企业与美国半导体企业的合作关系，稳固半导体的供应链，如建立日本电子设备和汽车行业购买美国半导体产品的机制等。[①] 这一政策出台后，美国半导体产品在日本的市场占有率到 1994 年底已经增长到 23.7%。[②] 在所谓“不公平贸易”的动因下，美国最后直接介入日本半导体市场的供应链，维持了在日本 20% 以上的半导体市场份额，这一过程与公平无关，是直接利益的对撞和妥协。

第五节 美国对巴西信息产业发展的制约

早在 1970 年，拉美及非洲很多国家就意识到了对美国等西方国家信息科技依赖的危险性。[③] 但是巴西当时的军政府是这些国家中唯一采取实际行动保护和推动本国信息产业发展的。巴西在 20 世纪 70 年代开始制定一系列信息产业保护政策，包括跨境数据流

① 姜伟 . 美国对日本贸易政策演变的政治经济学研究 . 辽宁大学博士学位论文，2010.

② 李智 . 应对贸易摩擦确保经济发展——日本应对贸易摩擦对我国对外贸易持续发展的启示 . 国际贸易，2006（5）.

③ Sauvant, Karl P. *Trade and Foreign Direct Investment in Data Services*. Westview Press, 1986.

动限制等，以促进本国自主信息产业发展。20 世纪七八十年代，巴西与美国之间也爆发了较为激烈的信息产业贸易战。巴西采取了比较强硬的保护主义政策，但最后依然没有成功，其中原因值得我们深思。

巴西信息产业政策发展战略概述

国内重要拉美研究专家宋霞对巴西的产业政策发展脉络进行过系统的论述。[①] 因篇幅限制，我们在宋霞研究的基础上进行简明综述，作为巴西与美国信息产业贸易战的背景介绍。从 1970 年开始，巴西的信息产业政策先后经历了四个阶段，如表 7–2 所示。

表 7–2 巴西信息产业发展的四个时期

阶段	内容	巴西政府 结构模式
1971—1979 年：保护政策形成时期	在巴西军政府直接推动下，先后成立了信息产业特别工作组；设立了资助科技发展的电子数据处理统筹委员会；制定了第一个国家发展规划，并优先发展计算机工业战略；创建了信息产业特别秘书处（SEI），严格控制国外计算机及周边设备进口，使用国产设备，保护本国信息产业企业发展，等等。	军政府，集权模式，全国统一推动。
1980—1985 年：政府主导投入时期	巴西第二个国家规划发展时期，通过政府引导投资，开始大力扶持国内新兴产业工业体系，并于 1984 年颁布了《信息产业法》，扶持本国计算机产业制度化。	

① 宋霞 . 巴西的信息产业政策初探 . 拉丁美洲研究 .2002（6）.

续表

阶段	内容	巴西政府结构模式
1986—1991年：巴美贸易战时期	取消了军政府时期的信息产业政策。1985年9月至1989年9月，美巴在信息产业方面发生冲突长达5年。美国根据修正后的第301条，认为巴西制定的信息产业政策损害了美国利益，巴西最终迫于美国压力开放了国内市场。	军政府结束，1985年瓦萨尔领导的文人政府上台。
1991年至今：贸易自由化时期	1991年新的信息产业政策法通过，进入信息产业贸易自由化时期，并吸取之前的教训，开始推动巴西本土软件产业发展。	巴西多党联邦制政府体系步入正轨。

资料来源：部分参考宋霞．巴西的信息产业政策初探．拉丁美洲研究，2002（6）。

巴西信息产业政策的效果

巴西信息产业保护政策主要是20世纪七八十年代执行的，因为具体政策先后有调整，且涉及细节和调整众多，所以本书不提及具体年份。主要内容包括三个方面：一是控制计算机成品和相关元器件的进口；二是政府采购优先国内相关供应商；三是对信息产业链相关企业进行扶持，提供优惠政策等。[①]

一方面，巴西信息产业政策对推动本国相关民族产业发展起到了积极的作用。虽然巴西的信息产业政策在不同时期以及细分产品之间的效力存在差异，但在20世纪七八十年代整体的保护内容是不变的。因此像IBM等大型的国际企业是不可能逃避当时巴

① Hay，Donald. “Industrial Policy in Brazil：A Framework（2015）.” http：//repositorio.ipea.gov.br/handle/11058/4851，2018-05-17.

西所设置的贸易壁垒的，因为它们非常容易成为执法目标。巴西信息产业政策的作用非常明显。从20世纪70年代中期至80年代初，信息产业成为巴西发展最快的工业部门，年增长率达37%。1977年巴西计算机及外围设备销售额为2亿美元，1985年增至23亿美元（其中巴西民族企业占11.6亿美元），1986年约达30亿美元。[①]在计算机国产化方面，1974年创立的巴西民族计算机企业Cobra公司，到1984年已成为全球第二大计算机制造商，仅排在IBM之后。到1985年，巴西每1 000人中就有35人拥有微型计算机，仅次于美国和日本。[②]

在巴西信息产业政策的保护下，整个20世纪80年代，巴西国内十大生产商占据了全国80%左右的计算机市场，主导了国内微型计算机行业。[③]巴西企业主要是采用仿制美国产品的策略（逆向工程），首先是8位机，后来是16位机。在操作系统上也主要依靠“克隆”美国的操作系统，包括使用CP / M操作系统的系统，MS-DOS等。到20世纪80年代中期，基于英特尔芯片的IBM-PC仿制成为巴西国产计算机的主流产品，[④]并没有形成能够超越美国的自主创新产品。

另一方面，由于缺乏竞争和美国因素等原因，长达十余年的信

① 贾谦．巴西高技术产业化的经验和教训．科技导报，1989（5）．

② Bezanson, Keith A. Information Technology Support to Developing Countries：The Canadian Experience. *New Generic Technologies in Developing Countries*. Palgrave Macmillan, London, 1997：233–250.

③ Luzio, Eduardo, and Shane Greenstein. “Measuring the Performance of a Protected Infant Industry：The Case of Brazilian Microcomputers.” *The Review of Economics and Statistics*, 1995：622–633.

④ Luzio, Eduardo. *The Microcomputer Industry in Brazil：The Case of a Protected High-Technology Industry*. Praeger, Greenwood Publishing Group, 1996.

息产业保护政策并没有使巴西在信息产业方面赶上国际同行，主要表现在以下几个方面：一是核心的芯片和计算机设备，如硬盘、内存等严重依赖进口；二是强制要求巴西电脑制造商优先使用本国元器件，但是巴西本国的相关器件制造商，如晶体管、电容器和显像管等都是高度集中的，并且不具有国际竞争力，价格却为国际水平的 2~5 倍；三是信息产业政策以及政府腐败和官僚主义等原因，限制了本国新的竞争者和新供应商的进入，巴西本国的信息产业制造商长期被少数企业控制；四是由于缺乏对知识产权的保护，加上本国对软件业的重视不足等，导致整个软件行业严重落后于美国同期发展水平，这也是巴西个人电脑市场后来走私猖獗的重要原因。①

此外，由于产业保护政策下本国企业形成了相对稳固的市场利益链，导致竞争意识下降，依赖仿制而对产品的自主创新和用户体验重视不足，国产电脑性能和软件等方面被掣肘。在巴西信息产业取得较大发展的同时，依然与美国存在较大差距。保护政策并没有阻止巴西对更好电脑产品的需求，特别是在软件方面，与美国的发展水平拉开了鸿沟，以至于巴西人宁愿购买走私产品，也不愿购买本国产品。到 1991 年，巴西电脑走私总量已占个人电脑市场的 65%。②

美国对巴西的“301”调查及信息产业贸易摩擦

1986 年，针对巴西等国对本国信息和通信产业的大力支持，

---

① Luzio, Eduardo. *The Microcomputer Industry in Brazil：The Case of a Protected High-Technology Industry*. Praeger, Greenwood Publishing Group, 1996.

② Berndt, Ernst R., and ZviGriliches. *Price Indexes for Microcomputers：An Exploratory Study*, Price Measurements and Their Uses. University of Chicago Press, 1993：63–100.

美国发布了《不公平贸易报告》(该报告由美国能源和商业委员会提供)，认为巴西在涉及信息产业，特别是电脑相关产业方面对美国构成不公平贸易。[①]下面我们对1986—1991年美国与巴西之间的贸易争端进行简单回顾。

美国认为自己受到了不公平贸易的威胁

早在1983年，美国在国会报告《国际电信和信息产业长期发展目标》中警告日本、法国、德国、加拿大等国，美国不会容忍这些国家的信息产业相关公司进入美国市场的同时，不对美国开放对等的相关市场。[②]美国众议院在1985年《电信贸易法案》听证会报告中指出[③]，由于与其他国家的"不对等"市场贸易，导致美国在相关领域从1981年的10亿美元贸易顺差变成了1985年的15亿美元贸易逆差，而相关产品及元器件进口相应地从21亿美元增加到了30亿美元，但出口量只有微小的增长。美国国会认为，

① 1986, Report on Unfair Foreign Trade Practices：Barriers to U.S. Export by the Subcommittee on Oversight and Investigations of the Committee on Energy and Commerce Together with Reports Prepared by the Congressional Research Services. 99th Cong., 2d sess. Washington, D.C.：U.S. Government Printing Office.

② Congress of the U.S., Washington, DC. Senate Committee on Commerce, Science, and Transportation. "Long-Range Goals in International Telecommunications and Information：An Outline for United States Policy." 1983.

③ U.S. House Committee on Ways and Means. 1986b. Hearing on Telecommunications Trade Act of 1985 before the Subcommittee on Ways and Means. 99th Cong., 2d sess., 11 and 13 March 1986. Washington, D.C：U.S. Government Printing Office.

这个变化 60% 的原因在于日本竞争。[①] 在 1986 年的《不公平贸易报告》中，美国认为面对日本等同时利用国家和市场力量与美国展开竞争的国家，美国处于极为不利位置。

当时美国的主流观点是：由于电信及信息技术作为支持其他行业发展的核心产业有着极其重要的战略地位，这对美国赢在未来的竞争力尤为重要。但电信业处于技术发展的前沿，例如在摩尔定律的作用下，为了跟上缩短产品生命周期的步伐，公司需要在研究和开发方面进行大量投资。这种投资实际上不可能通过单一的国内市场销售来支持。技术变革的快速发展为全球化企业运营创造了市场需求，需要通过进入国际市场来收回成本并支持新产品的持续开发。获得其他国家电信基础设施和服务业务对于美国相关公司在全球范围内重组和控制生产，形成信息产业领域的战略竞争力至关重要。电信业的发展状况对其他经济部门的竞争力也会产生连锁反应。美国 1986 年国会听证会的材料显示，美国方面认为外国政府限制电信市场进入本国的政策，阻碍了美国公司在全球经济中运作并快速适应变化的能力。在美国电信市场向外国企业竞争开放之后，这些政策特别具有破坏性。美国是世界上最大的电信市场，几乎占据了这个领域的一半，放松管制为外国公司的扩张提供了极好的机会。美国认为这是不公平贸易。[②] 因此，

---

① U.S. House Committee on Ways and Means. 1986b. Hearing on Telecommunications Trade Act of 1985 before the Subcommittee on Ways and Means. 99th Cong., 2d sess., 11 and 13 March 1986. Washington, D.C : U.S. Government Printing Office.

② U.S. House Committee on Ways and Means. 1986b. Hearing on Telecommunications Trade Act of 1985 before the Subcommittee on Ways and Means. 99th Cong., 2d sess., 11 and 13 March 1986. Washington, D.C : U.S. Government Printing Office.

美国开始对全球其他国家的信息产业国际化竞争发展采取反制措施，其中对巴西等新兴国家的制约更是明显。

美国对巴西开展"301"调查以及背后的动因分析

根据当时的国会文件和讨论，美国在对巴西开展"301"调查之前，就如何扭转当时的信息产业外贸逆差问题进行了一段时间的讨论，主要涉及四种选择（见表 7–3）。

表 7–3 美国关于巴西"公平贸易"问题的四种政策选择方案

政策选择	内容	问题
"对等互惠"政策	当时有部分国会议员支持"对等互惠"（reciprocity）政策，根据出口对象国的开放程度进行一对一的对等互惠谈判。	里根政府强烈反对这项措施，因为执行和操作起来都很困难。
坚持在关税贸易总协定（GATT）框架内进行协商	将关贸总协定体现的自由贸易原则框架作为谈判的总体框架指导原则，GATT 推广到更多的国家。	一是谈判周期漫长，如与乌拉圭的谈判时间跨越了 20 世纪 80 年代至 90 年代的大部分时间。 二是 GATT 协议允许第三世界国家通过一定的贸易保护政策。如果 GATT 仲裁团根据相关条款仲裁巴西信息产业政策，美国未必能胜出，而且美国害怕其他国家拿起 GATT 的条款来抵制美国声称的"遭受不公平"贸易施压。
双边贸易协议	比对等互惠条约内容更为丰富，涉及面更多，旨在消除双方贸易壁垒。	例如美国与日本之间的双边贸易协定。通过双边贸易协定，消除日本对本土高科技行业的贸易壁垒，但是这种协议很容易出现单方面违约，不具有长期约束力。

续表

政策选择	内容	问题
制定本国贸易壁垒，开展贸易战	实施本国贸易保护，制定进出口贸易壁垒。	需要应对国内政治压力。因为贸易壁垒引发贸易战会损坏国内部分行业利益，而且保护机制对本国受保护企业是否有利于其长期发展也存在问题。

资料来源：U.S. House Committee on Ways and Means。

最终，当时的里根政府选择了第四种方式，即制定本国贸易壁垒和开展贸易战的方式，开始对巴西的“不公平”外贸进行调查和报复，以此作为开放全球市场和提升美国公司竞争力的重要战略部署。

1974 年的《贸易法》确立了总统对外贸决策权，根据“301 条款”开始对不公平外贸进行调查。《1984 年贸易与关税法》赋予了对美国贸易代表进行调查的权力。1985 年 9 月至 10 月，里根总统开创了美国贸易战的先例。他授权开始对巴西信息产业等进行“贸易公平”问题调查。他认为与巴西信息产业政策等相关的法律可能会对美国工商业造成不公平的贸易行为。与此同时，里根提出报复措施对巴西进行制裁。①

美国贸易和经济政策委员会的“301 条款”调查包括一系列内容，例如重新评估巴西作为贸易伙伴的可能性和作用、受影响的贸易差额、巴西贸易壁垒涉及的细节等等。 这些调查强调了在美国贸易过程中知识产权和高科技公平贸易的重要性，以及被巴西“破坏”

① Evans, Peter B. “Declining Hegemony and Assertive Industrialization：US-Brazil Conflicts in the Computer Industry.” *International Organization*, 1989, 43（2）: 207-238.

的程度等。[①] 里根总统在对巴西开展“301”调查的过程中，通过国际化媒体公开宣称巴西的信息产业保护政策和相关法律是在“榨取美国电脑公司”，并利用电视讲话和各种传播方式向全世界指责巴西：“限制美国对巴西进行电脑及周边设备出口是不公平的。”[②]

维持美国信息产业主导地位，是美国对巴西“301”调查的真正目的

里根政府启动“301”调查巴西信息产业还有一个重要理由，那就是巴西对计算机软件的版权保护不力，导致了美国软件公司产品在巴西的盗版泛滥，给美国带来了巨大的利润损失。另外，巴西的信息产业保护政策导致美国对巴西电脑出口市场份额下降，美国认为这是不公平的。据美国国会统计，1980—1984 年，美国在巴西电脑市场的份额下降了 12%。[③]

美国对巴西开展的“301”调查在当时赢得了国内的广泛赞同。对美国维持其在全球信息产业领域的霸主地位起到了“杀鸡儆猴”的作用，减少美国打开各国半导体市场的阻力。时任计算机和通信行业协会（CCIA）主席比德尔公开表示：“这次调查表明了美国的决心，即当一些国家从事保护主义时，它们将不被容忍。”[④]

---

① Bello，Judith Hippler，and Alan F. Holmer. “The Heart of the 1988 Trade Act：A Legislative History of the Amendments to Section 301.” Stan. J. Int’ l L. 1988（25）：1.

② Riding，Alan. “US-Brazil Computer Dispute Brews.” *New York Times* 1986（5）.

③ Bello，Judith Hippler，and Alan F. Holmer. “The Heart of the 1988 Trade Act：A Legislative History of the Amendments to Section 301.” Stan. J. Int’ l L. 1988（25）：1.

④ Bello，Judith Hippler，and Alan F. Holmer. “The Heart of the 1988 Trade Act：A Legislative History of the Amendments to Section 301.” Stan. J. Int’ l L. 1988（25）：1.

由此可见，美国政府所强调的“贸易公平”与“自由市场”的出发点都是以自身是否获利为立场的，对内对外是双重标准。美国实际上通过全球化对第三世界国家政府实施结构性制约，维护有利于自身发展的秩序以达到持续占据霸主地位的目的。当现有全球秩序和机构不能保证美国处于主导地位的时候，美国就认为遭受了“不公平”待遇，开始全力挑战全球秩序，以重构有利于自身的秩序和地位。

在美国对巴西开展“301”调查期间，也是巴西政治不稳、经济不断出现危机的时期。我们通过巴西的这段历史可以清楚地看到，即使有保护本国核心科技产业的决心和执行能力，如果自身国力不够牢固，与面临的国际对手实力悬殊，依然难以实现有效的自主创新体系建设和相关产业的培育。

第六节　对我国的启示

中国与美国、日本、巴西发展战略比较

中美发展战略比较。中国侧重于产业政策，美国侧重于贸易政策。产业政策的核心是提升产业的竞争力。我国的半导体产业政策充分借鉴了日、韩等国的经验，对半导体产业提供税收优惠、低息贷款支持和其他补贴等。除中央政府外，地方政府给予半导体企业如晶圆厂的补贴也是巨大的，部分企业甚至达到总投资金额的 1/10。“18 号文件”颁布后成立的半导体企业，接近一半的资

金来自政府通过银行提供的资金支持。[①]美国对半导体产业的扶持主要是通过贸易政策保护。美国半导体贸易政策核心目标是促进贸易流通，因此主要以贸易配额和价格作为手段，但这并不代表产业政策不重要。其原因是半导体产业起源于美国，在20世纪80年代以前，美国就已经对该产业进行了长期的扶持。要清楚地认识到，美国贸易政策的目的是维持其半导体产业在全球的主导地位。这是在国内半导体产业已经具备良好基础的前提下采取的策略。

中日发展战略比较。中国着力于创新环境的创造，日本偏重于专业内容指导。由于日本经连会组织的特性，日本电子产业行业协会和企业联系密切，像大型集成电路研发设计方案都是共同制定的。日本半导体产业发展政策涉及面非常广，特别是在技术规划方面。其中优惠政策、大规模协同研发计划和资金配套方案做得非常详细。相比较而言，我国的半导体产业发展政策更偏重于创新环境的创造，例如土地使用优惠、税收和贷款支持等。另外，由于日本的半导体产业发展与国际先进水平差距较小，企业整体实力较强，企业有能力在不依赖政府的前提下独立投资半导体企业。由于我国在半导体领域还存在一定的差距，国家对企业的投资和资助的力度要大得多，甚至必须依靠国家出资协助才能确保企业成立初期的正常运转。与日本半导体行业积累的丰富发展经验相比，我国政府部门及半导体行业协会在相关专业知识领域的积累是有限的。而且由于技术的高速发展，通过创造更好的创新环境来发挥企业的积极性也更符合我国国情。

① 杨瑞法．海－意半导体百亿美元基地胎动无锡．21世纪经济报道．2006-10-10，第4版．

中巴发展战略比较。中国更注重国家整体均衡发展和国家稳定，巴西单点突破需要更强的国力支撑。巴西政府虽然早在20世纪七八十年代就非常敏锐地发现了信息产业的重要性，开始全力扶持，但历史证明，如果自身国力不够强大，本国的自主创新发展战略也是难以为继的。美国一直将拉美视为“后花园”，对信息产业等巴西自主创新技术发展道路的制约，是其整体制约拉美国家发展策略的一部分。美国不愿意看到在拉美出现一个能与之竞争的国家。20世纪70年代以来，巴西信息产业的发展一直受到美国的制约和挤压，特别是20世纪80年代巴西信息产业的快速发展使当时美国国会产生了各种严厉的言论。其中美国对巴西开展的“301”调查就是典型的反应。回看1985—1986年美国国会对巴西相关政策的文献，其中的言辞、态度和所采取的博弈措施，与中美贸易摩擦所表现出来的非常相似。特别是关于“不公平贸易”的指责，框架和分析视角基本一致。不同的是，美国今天要面对的是全球第二大经济体，内政稳定，各项指标也没有出现太大问题。因此中美之间的贸易摩擦和科技发展之间的博弈过程不会比美国与巴西之间的冲突更容易，甚至更漫长。这是一场马拉松式的较量。[①]

从半导体发展进程客观认识我国自主创新数字动能发展战略的时代背景

首先，在改革开放初期，“市场换技术”是稳住强国竞争、迅

---

① 王文 . 我劝美国人，别与中国比拳击，不妨比马拉松 . 观察者网 .2018-05-14.http：//user.guancha.cn/main/content?id=16461.

速了解国际科技前沿动态、密切科技创新联系的一种战略妥协，闭门造车难以取得快速突破。巴西推行信息产业保护和自主创新政策时期，正是巴西军政府对抗民主体制时期。美国在这一时期对巴西的挤压和针对其信息产业的贸易战，对巴西政治体制动荡的影响也很明显。舆论一度认为是“市场换技术”耽误了我国的半导体产业发展。通过巴西的案例我们可以清楚地看到，如果起步阶段不适度牺牲部分国内市场，会带来很大的国际压力。国家在制定具体行业政策的时候，对国家整体利益的均衡和战略喘息机会的把握需要做出策略性的让步。

以 C919 大飞机为例，C919 最近两年引起了美国等国家对我国战略制造能力的高度恐慌，也是诱发美国国内针对中国制造的反制力量的重要诱因之一。但在当前我国已经是世界第二大经济体的情况下，我们已具备良好的应对西方战略压迫的能力，所以大部分西方国家只能望而却步。但是在改革开放初期，如果不牺牲部分市场，是否能创造出我国良好的对外开放环境，这是一个需要思考的问题。

除此之外，随着互联网的发展，当前的各国创新，特别是企业产品的创新与主要发达国家有不同层次的密切联系，完全斩断和脱离国际联系是不可能的。特别是在要培育具有国际竞争力的尖端产品、创造全球性创新生态链的现代科技创新要求下，更要克服困难，进一步加强国际交流，逆流而上。

其次，我国的半导体产业已经不是幼稚产业，保护与竞争、淘汰等并行推进。如前文所述，我国当前已经占据了全球 58% 的半导体芯片需求，除了芯片制造还与国际发展存在较大差距以外，我国在晶圆材料生产、封装测试和电子产品制造方面在全球竞争中已经具备了举足轻重的规模。结合美国的半导体产业经验，在行业发展早期是需要产业政策扶持的，但是随着自身产业发展的不断成熟，要逐步从产业政策推进转向产业政策与贸易政策相结合的方式，适当引进竞争机制，淘汰落后产能，为有竞争力的企业提供更好的创新空间。因此，半导体行业与美国等发达国家在全球的较量也是最终需要面对的，长期的竞争与较量将会是常态。

应对大国博弈中的战略制衡没有捷径可走，需要强化国家创新整合机制的作用，也要深刻认识到深化机构改革、促进均衡发展与产业创新的密切联系

与巴西相比，美国、日本都有较为完整的“国家创新联动机制”，不论是日本的经连会还是美国的Sematech，都实现了连接产、学、研，形成本国创新联动活力的机制，减少国内重复科研成本，组织国内力量对产业难题共同攻关，推动科技成果产品化的作用。[①] 从巴西信息产业的发展可以看出，巴西恰恰缺乏基础研究和应用研究、技术开发以及技术产业化三位一体的发展模式。[②] 我国半导体产业发展过程中，国家发挥了核心作用。另外，日本和巴西与美国的博弈过程也同时表明，国家稳定的政局、均衡的发展是在科技产业领域进行全球赶超的重要前提。单点突破的战略要充分考虑本国的实际情况和国际市场中的地位，否则容易被强国抵制和扼杀。

---

① Meyer-Stamer, Jörg. “New departures for technology policy in Brazil.” *Science and Public Policy*, 1995, 22 (5): 295–304.

② 宋霞. 巴西的信息产业政策初探. 拉丁美洲研究，2002（6）.

“两弹一星”机制最珍贵的经验：建立面向解决问题的组织支持和淘汰机制

“两弹一星”时期正值我国艰难探索时期。我党在发挥艰苦奋斗优良传统的同时，建立了敢打敢拼的“谁行谁上，不行靠边”的战斗攻坚模式。不论资排辈，以解决问题为导向，反对本本主义和官僚作风，全党全军上下紧密团结在一条战线，齐心合力攻克难关。习近平总书记在多次系列重要讲话中强调“两弹一星”精神的重要性。在应对全球化市场的过程中，我们更要认真学习贯彻相关精神，结合市场的发展和整体产业升级做好相关工作。

首先，当前的自主创新主要是面向民用的产品，不是原子弹等武器装备，因此要尊重民用产品自身的规律。相较于战略武器装备，民用产品对个性化的体验、产品的设计、性能等要求更具有多元化、多层次化。因此当前的自主创新不仅是我们能不能造的问题，更要考虑制造成本、消费者爱不爱用的问题。数字中国的建设是建立在全球互通共荣的基础上的，时代不允许我们再关起门来自己“憋大招”。越是他国压制的时候，越说明坚持改革开放的重要性，越是需要密切与国际社会联系，紧跟世界发展趋势，及时调整产品发展方向，做到动态更新、动态创新。习近平总书记在网信工作会议上指出，要“推动信息领域核心技术突破，发挥信息化对经济社会发展的引领作用，加强网信领域军民融合”。技术创新最终的落脚点依然在具体产品上。客观看待我国当前的大国地位，将心态从“战斗模式”切换到“产品模式”，认清军品和民品的区别和要求，是加强技术创新军民融合，汇聚我国当前创新动能，做出世界一流的核心技术产品的重要前提。

其次，对于企业组织而言，市场和战场有很多相似点，但二者有本质的区别。我们的对手可能针锋相对，但我们的用户不是敌人。因此面向市场产品的“杀伤力”来自对用户的了解，不能一味求大、求全，而是要从“市场长尾”中仔细切分，找准机会迎难而上。如果不能培育可持续的市场需求，就形成不了正向的反馈机制，最终单方面的投入是不可持续的。我们要清醒地认识到，虽然个别企业遇到了挑战，但无法阻挡我国总体产业的升级。这恰恰证明我们的发展已经进入全球市场的深水区，不必理会外界的干扰，盯着用户、盯着市场，迎难而上，稳步推进，在长期的市场磨合过程中形成真正经受住考验的核心竞争力。习近平总书记在网信工作会议上指出：“要推动产业数字化，利用互联网新技术新应用对传统产业进行全方位、全角度、全链条的改造，提高全要素生产率，释放数字对经济发展的放大、叠加、倍增作用。”全要素改造与市场始终是紧密相关的，市场的数字化依然遵循市场的基本规律。

最后，要将战斗力转化成创造力。当前我国已经是全球第二大经济体，每前进一小步，都会引起世界各国的极大反响。同时，我国已经进入改革攻坚阶段，无论是科技创新还是制度创新，都没有现成的模式可以借鉴。习近平主席指出：“中国人民勇于自我革命、自我革新，不断完善中国特色社会主义制度，不断革除阻碍发展的各方面体制机制弊端，充分显示了制度保障的强大力量。”[①] 在未来的自主创新、崛起之路发展过程中，我们要高度认识到“自我革命”的重要性，在做大的同时更要做细，在不断深化

① 习近平在博鳌亚洲论坛 2018 年年会开幕式上的主旨演讲 . 新华网 . http: //www.xinhuanet.com/politics/2018-04/10/c_1122659873.htm,2018-04-10.

机构改革中进一步超越自己。特别是要厘清当前我国产、学、研联动，核心技术行业人力资源储备、竞争和激励机制等，确保一线的科研人才能充分分享制度红利、发展红利，将已经形成的战斗力内化为不断持续发展的创造力。

因此，我们要继承发扬“两弹一星”精神，在吸收原有模式优点的同时，更要勇于试错、大胆创新。习近平总书记在 2018 年 4 月 22 日首届数字中国建设峰会贺信中指出：“加快数字中国建设，就是要适应我国发展新的历史方位，全面贯彻新发展理念，以信息化培育新动能，用新动能推动新发展，以新发展创造新辉煌。”[①] 回首过去，“两弹一星”的精神激励着一代又一代的科技工作者奋勇向前。革命先辈的宝贵精神财富也将一代又一代地传下去，但是随着我国深化机构改革进一步推进，以及国家治理模式的转变，我国科研体系结构也将迎来新的突破，原有的科技生产模式也不断注入新动能。我们要紧跟时代步伐，继承优秀革命科研精神的同时，勇于开拓新的模式，全力做好自主创新工作。

本章结语

创新与市场紧密相关。一个国家的创新制度不仅受制于国内实际情况，也受制于西方强国的国际化产业秩序控制。技术创新产业体系的发展，是没有现成的经验照搬的。特别是在大国博弈的前提下，在不同阶段采取的战略也有所不同。在创新体制机制上，

① 习近平致首届数字中国建设峰会的贺信 . 新华网 .http: //www.xinhuanet.com/politics/2018-04/22/c_1122722225.htm,2018-04-22.

过早和过晚与“国际接轨”都会对本国自主创新产业形成巨大的发展阻力。

日本与美国、巴西与美国的科技发展博弈经验表明，依托创新驱动的经济增长，需要持续、可靠、具有国际战略对抗的国家政治能力。如果只是单纯模仿国际经验,或者完全关起门来搞发展，在全球已经紧密相连的今天，既不现实，也难以持续。

第八章

中国网络安全：防范与对策

网络安全是数字时代的屏障和基石。在国际秩序动荡之际，信息安全的战略性变得更加重要。美国作为互联网的发源地，在全球网络安全方面是无法忽视的一方。2018 年 9 月，美国《国家网络战略》公布。[①] 该报告是特朗普政府上台以来首次推出的美国《国家网络战略》，与过去 15 年美国涉及的国家网络安全战略不同的是，该报告表明未来美国在网络空间领域将会采取强硬举措。美国在网络安全领域采取以攻为守的应对原则，进一步放开了相关组织机构对数字武器的使用权限。该战略毫不掩饰地将对手直接定义为中国和俄罗斯，战略明确表明，对中国的网络能力遏制是其战略重心。2019 年 1 月 22 日，美国《2019 年国家情报战略》公布，战略进一步强调了网络空间威胁，认为对手网络能力的增强，将对美国的安全构成越来越大的威胁。[②] 该战略同时认为，网络威胁情报的主要目标是发现并理解来自从事恶意网络活动的国家和非国家行为者的网络威胁，以通知并支持国家安全决策、网络安全和全面应对活动。为实现该目标，提供了 3

① "Release of the 2018 National Cyber Strategy." DoD.Retrieved 2018-09-20.https://www.state.gov/r/pa/prs/ps/2018/09/286093.htm, 2019-04-17.

② "2019 National Intelligence Strategy." DNI. Retrieved 2019-01- 22 .https://www.dni.gov/index.php/newsroom/reports-publications/item/1943-2019-national-intelligence-strategy, 2019-01-12.

项具体举措——反恐、防扩散和反情报安全[①]。美国整体的网络战略已经发生了较大转变。

数字经济的发展使网络空间主权的重要性日益显现。网络空间主权不同于其他国家主权，网络空间主权难以区分物理界限。网络战也与其他战争模式不同，网络战持续存在，并无战争与和平之分，只存在爆发和潜伏两种状态。因此，我国未来的数字经济发展能否有牢固的发展基础，网络安全问题是不可回避的，特别是美国未来对我国的网络遏制可能性，需要进行系统的研究和评估。

第一节　美国对华网络攻击背景以及未来的挑战

（一）网络战历史简要回顾

当前，国际上并没有对网络战的统一定义，综合各国的相关定义来看，通过网络攻击入侵目标国计算机网络系统，进行物理设备破坏、阻碍通信、收集信息以达到政治、经济或者军事目的的行为，均可以称为网络战。[②]

历史上首次国家之间的网络战就是 1982 年美国对苏联发起的

① “2019 National Intelligence Strategy.” DNI. Retrieved 2019-01- 22 .https://www.dni.gov/index.php/newsroom/reports-publications/item/1943-2019-national-intelligence-strategy, 2019-01-12.

② “Cyber-war, The NATO Cooperative Cyber Defence Centre of Excellence is a multinational and interdisciplinary cyber defence hub”. https://ccdcoe.org/cyber-definitions.html, 2019-04-17.

攻击。当时美国间谍通过更改苏联购买的用于控制天然气输送管道的计算机软件，导致苏联的天然气管道爆炸[①]。早期的网络战主要是通过人为更改设备控制系统，从而进行工业或者军事设施的物理性破坏。1988 年，康奈尔大学学生罗伯特·塔潘·莫里斯开发了全球第一个蠕虫病毒，导致当时美国 88 000 台通过网络互联的电脑中超过 10% 停止运转。[②] 至此，网络战开始由人为直接攻击模式转向主要依赖远程控制的攻击模式。

1997 年美国五角大楼进行了首次网络战实战演习，发现通过当年互联网上公开可用的网络攻击技术和软件，就可以对当时美国的工业基础设施和信息系统进行有效攻击。[③]1997 年以后，美国网络战的重心开始从军事攻击向国内基础设施战略防御倾斜，以避免数字经济占比日益增加的经济发展趋势遭受数字化“珍珠港偷袭”。2003 年，计算机、摄像录音设备和其他数字系统创造的数字信息总量超过了人类历史上创造的信息的总和[④]。网络战由以攻击为主转向数据驱动的信息资源控制，大数据开始成为重要的经济和政治资源。同年，美国提出了网络空间主权的概念，正式将网络空间信息资源列入国家领土资源同等重要的主权地位。2003 年至今，美国与我国在网络问题上的冲突不断，其中涉及国防军事、

① Gus W. Weiss. “The Farewell Dossier-Duping the Soviets”. CIA. https://www.cia.gov/library/center-for-the-study-of-intelligence/csi-publications/csi-studies/studies/96unclass/farewell.htm，2019–04–17.

② “The What，Why，and How of the 1988 Internet Worm”. https://snowplow.org/tom/worm/worm.html，2019–04–17.

③ “Cyberwarfare”. CRS Report for Congress. https://fas.org/irp/crs/RL30735.pdf，2019–04–17.

④ “Timeline Key Events in Cyber History”. http: //www.washingtonpost.com/wp-srv/special/investigative/zeroday/cyber-history-timeline/，2019–04–17.

专利技术等网络信息问题的争论和构陷不断增多，美国对华网络战战略、战术在此过程中也在不断演化、调整并逐步形成体系。

（二）美国对华网络能力遏制是其未来 10~15 年的长期战略目标

2017 年 2 月，美国国防部和美国国防科学委员会联合发布的《美国网络威慑核心能力建设》报告[①]和2018 年 8 月兰德公司发布的《发展网络安全能力——基于概念验证的实施指南》[②]，已经在宏观层面对美国未来的网络战略进行了阐述。该报告认为美国的网络战略力量存在三个主要挑战：一是中国、俄罗斯等网络大国已经具备了随时可以通过网络对美国基础设施进行致命打击的能力，并且这种网络攻击的可能性在逐渐增加。美方认为，网络大国的网络力量已经使美国处于战略不利的地位。虽然美国对本土基础设施的网络保护能力不断进步，但至少在下一个 10 年，美国的网络防护力量将远远弱于网络大国的攻击能力。而更致命的是，美国军方对网络依赖严重，因此构成了制约战斗力的重要隐患。二是区域性力量（如伊朗、朝鲜）对美国发动网络战的趋势增加，甚至可能通过购买和开发恶意网络工具对美国基础设施造成灾难性攻击。三是美国将面临各类非政府组织和个人黑客的持续性网络攻击。

① “DSB Cyber Deterrence Report”. http: //www.acq.osd.mil/dsb/reports/2010s/DSB-CyberDeterrenceReport_02-28-17_Final.pdf，2019-04-17.

② “Developing Cybersecurity Capacity – A proof-of concept implementation guide”. RAND. Retrieved 2018-08-01.https://www.rand.org/content/dam/rand/pubs/research_reports/RR2000/RR2072/RAND_RR2072.pdf, 2019-04-17.

为应对未来10年的网络挑战，美国国防部认为需要从四个方面进行准备。一是细化应对不同网络攻击的对抗措施。随着技术的发展，网络攻击的模式越来越多样化，很难找到通用的方式和方法去应对所有的网络攻击，因此要提高网络对抗的针对性。二是要在大规模网络攻击的前提下，提高美国网军力量、核打击和非核打击力量的防御能力，以及在遭受打击的前提下快速恢复和形成战斗力的能力。表8-1为美国国防部对美国网络战防御的基本要求，核心要求就是战斗力的快速恢复。三是要强化各种网络基础能力，如增强网络稳定性、带宽快速恢复能力以及增加网络基础设施安全防护等。在美国对华网络战的具体问题上，美国总体战略清晰，调整过程和趋势特征也比较明显，我们将在本章第二节进行阐述。四是将数字武器作为战略武器来发展，并扩大使用的权限和范围，以主动进攻促进防守。

表8-1　美国国防部对美国网络战防御的基本要求

<table>
<tr><th rowspan="2">攻击内容</th><th colspan="5">美国重点防范的潜在网络对抗国家 / 组织</th></tr>
<tr><th>俄罗斯</th><th>中国</th><th>朝鲜</th><th>伊朗</th><th>ISIS/ 其他恐怖组织</th></tr>
<tr><td>对美国关键基础设施发动网络攻击</td><td colspan="2">如果网络大国发动类似攻击无法躲避，就只能加强自身基础设施的建设，如进一步加强电网的稳定性建设等，重点是被攻击后的快速恢复能力。</td><td colspan="2">美国不能容忍任何小国对美国基础设施的网络攻击和挑衅。</td><td rowspan="2">美国必须阻止任何疑似恐怖组织的网络攻击。</td></tr>
<tr><td>对美国核心战斗系统发动网络攻击</td><td colspan="2">美国必须全力确保核心战斗系统单元的信息安全，即使在经受远程打击和核打击的情况下，也要保持核心战斗系统的作战力。</td><td colspan="2">美国不会容忍任何小国通过网络攻击对其核心战斗部队的冒犯。</td></tr>
</table>

续表

<table>
<tr><th rowspan="2">攻击内容</th><th colspan="5">美国重点防范的潜在网络对抗国家 / 组织</th></tr>
<tr><th>俄罗斯</th><th>中国</th><th>朝鲜</th><th>伊朗</th><th>ISIS/ 其他恐怖组织</th></tr>
<tr><td>对美国其他非核心军事设施发动攻击</td><td colspan="2">美国不可能躲避网络大国对美国非核心军事设施及其日常运营的侵扰。此类网络冲突将会成为常规工作的一部分。</td><td colspan="2">美国不会容忍任何小国对美国非核心军事相关设施运营网络的侵扰。</td><td rowspan="2">美国必须阻止任何疑似恐怖组织的网络攻击。</td></tr>
<tr><td>各类黑客对美国发动的攻击行动</td><td colspan="4">美国必须在知识产权保护方面阻止黑客的窃取行为，同时也要加强阻止各类黑客通过信息控制对美国事务的干涉行为，如俄罗斯黑客对 2016 年总统大选的操纵。</td></tr>
</table>

资料来源："DSB Cyber Deterrence Report" .http: //www.acq.osd.mil/dsb/reports/2010s/DSB-CyberDeterrenceReport_02-28-17_Final.pdf，2019-04-17.

（三）统一明确的战略攻击目标是美国内部网络能力发展的必然要求

虽然美国已经设立了网军司令部，但从公开文献看，当前美国的网络作战能力实际上是比较分散的。海军、空军、海军陆战队、海岸警卫队、陆军，以及国土安全等部门均有自己的网络力量，但系统整合和协调依然处于磨合当中。而且由于部门利益和发展资源竞夺问题，以及国家军事力量相互制衡的需要，美国网络作战力量需要进一步整合。综合最近三年美国联邦新闻署的相关新闻可以确认这一情况属实。要想整合作战力量，强大的敌人是必要的条件。因此不难理解 2018 年美国《国家网络战略》的针对意图。

综合美国国防部最近三年来的公开新闻以及美国主要智库的

研究，我们分析发现，美国未来的网络作战能力整合主要有以下几个方面。一是网络作战单元与其他作战单元的横向整合，例如强化常规部队班、组作战中的网络能力。二是与大学、科研机构的整合。建立“战”“研”“训”一体化的纵向作战支撑机制，网络战以及数字武器的使用与科研、人才培养密切相关。同时科研与网络能力训练需要第一手的“前线”网络作战数据，因此美国对此类合作高度重视。三是与企业整合。各种信息产业相关企业掌握大数据和最前沿的技术，是国家整体网络能力的坚实后盾，因此与企业整合，充分利用企业的技术与数据优势也是未来美国网络力量整合的重要方向。

第二节 美国发动网络攻击的九大转变

网络攻击的方式是多样化的，既可以破坏设备，也可以扰乱信息服务，攻击方式既可以是远程入侵，也可以通过目标系统内部人员进行内部破坏。美国国防部认为，网络攻击不仅针对已经上线和开始运营的系统，从系统供应链的视角看，系统开发、测试、运营、更新等系统全周期都具备可攻击性[①]。就对华网络攻击而言，美国事实上已远超技术攻击的局限性，网络攻击作为一种战略选择，是对华总体战略部署的一环，随着美国对华战略的调整而不断变化。具体如下。

① “Defense Science Board Task Force on Cyber Supply Chain”.https://www.acq.osd.mil/dsb/reports/2010s/1028953.pdf，2019-04-17.

（一）战略防御向战略攻击转变

2003 年，美国国防部在当年的国家安全战略报告中正式提出“美国网络空间”（cyberspace）的概念[①]，明确网络空间属于国家实体所有，面对入侵国家网络空间的主体，要采取防御和反击措施。美国要求军方像看待海陆空领土主权一样看待网络空间主权。[②] 2009 年，美国国防部公布了《四年目标与任务评估》，将网络攻击与网络战定位为美国军方作战的核心能力。2010 年美国正式启用网军司令部，开始整合国内多方力量，形成网络攻击和网络战合力[③]。但由于美国内部部门间意见不统一等问题，在 2011 年 7 月美国国防部首次发布的《网络战略概要》中尚没有提出网络攻击等主动攻击意图的内容，仍是强调防御的作用。经过几年的整合，到 2015 年 4 月 23 日，美国在当年《网络战略概要》中明确强调要提高美国军方在网络空间的攻击和进攻能力，并且首次提出要把网络作战作为重要的战术攻击能力要求。这表明美国网络安全战略正式公开从战略防御转向战略进攻。

美国在 2015 年发布的《国家安全战略报告》中指出：“美国作为互联网的发源地，有特殊的责任去领导已经存在的网络世界”，同时公开将中国作为网络安全战略性防御对象。

---

① “The National Strategy to Secure Cyberspace” . US-Cert.gov. https//www.us-cert.gov/sites/default/files/publications/cyberspace_strategy.pdf，2019–04–17.

② Mary Manjikian：“From Global Village to Virtual Battlefield：The Colonizing of the Internet and the Extension of Realpolitik,” *International Studies Quarterly* , 2010，54（2）：381–401.

③ 李恒阳 . 美国网络军事战略探析 . 国际政治研究，2015（1）.

美国方面认定随着中国网络能力的不断增强，会对美国关键基础设施、国家安全和经济构成严重威胁，舆论上的指责也在不断增多。最近几年，美国方面不断编造各项罪名转嫁国内网络安全。2013 年，《纽约时报》公开指责中国对美国信息安全构成了威胁。美国国防部指出，“中国已经具备了必要时对美国基础设施及关键部门实施网络战系统打击的能力”。[①] 除此以外，美国不断制造 F35 资料失窃、各类公司核心技术失窃等噱头，以“莫须有”的罪名剑指中国。各类智库以及利益相关公司前赴后继地游说国会与联邦政府，不遗余力地争取网络安全相关事项的经费和政策支持。

（二）网络战略部署的两项举措

一是积极推动针对亚太地区的情报网建设，加强对中国的针对性监控。美国军方要求网络进攻能够“一招制敌”，即一开始就必须造成对方大面积瘫痪等重大损失，使其丧失还击能力。2013 年 7 月，印度颁布了国家网络安全的法律，提出未来 5 年要发展 50 万名网络专家的计划。同年，印度还设立了国家信息基础设施保护中心，并与美国开始逐步展开深度合作。[②]2016 年，美国与印

① “Annual Report to Congress：Military and Security Developments Involving the People’s Republic of China”. Retrieved 2016-04-26. http: //www.defensc.gov/Portals/1/Documents/pubs/2016%20China%20Military%20Power%20Report.pdf.，2019-04-17.

② “The Cyber Bridge to Improved India-U.S. Cooperation”.Retrieved 2014-10-31.http//www.heritage.org/asia/commentary/the-cyber-bridge-improved-india-us-cooperation，2019-04-17.

度达成了网络合作战略框架协议①，其中关键点是开展网络信息的深度共享和网络信息安全的联防。除印度以外，2016 年，美日双方在兰德公司召开了一次非常重要的网络合作会议，并达成战略合作意向。②该会议报告中提及中国的内容达 40 余次，主要讨论如何对中国开展联合防御。合作内容涉及途经日本的海底网络光缆管理、网络安全互信和联防、下一代网络开发等内容。特别需要注意的是，会议提出了建立美国、日本和澳大利亚网络合作三边关系的共识。美日、美印以及未来可能进一步加强的美澳之间的网络合作，在战术上形成信息情报合围，直接对未来中美两国的网络竞争产生影响。

二是主动抑制潜在网络威胁，在攻击者发动攻击之前对其进行有效抑制，并尽可能提高网络攻击者的攻击成本。在 2015 年网络安全战略发布后不久，时任美国总统奥巴马于当年 4 月 1 日就签发了网络攻击制裁总统令，授权美国政府部门对通过网络威胁美国利益的组织或个人进行制裁。2015 年美国国防部发布《网络战略概要》，美国网络司令部的直属队伍由之前计划的 140 支变为 133 支。总数减少的同时，新增了 13 支“国家核心任务队伍”和 27 支“作战部队”（见表 8–2），并且进一步灵活化用人机制，时任美国国防部部长卡特亲自前往硅谷招募人员。

---

① “Fact Sheet：Framework for the U.S.–India Cyber Relationship”. The White House. 2016–06–07. https://obamawhitehouse.archives.gov/the-press-office/2016/06/07/fact-sheet-framework-us-india-cyber-relationship，2019–04–17.

② “Cooperation S.S. U.S.–Japan Alliance Conference”.RAND. https://www.rand.org/content/dam/rand/pubs/conf_proceedings/CF300/CF351/RAND_CF351.pdf，2019–04–17.

表 8-2　美国网络司令部建成的 133 支网络部队

军队名称	队伍数量	队伍职责
国家任务军	13	维护美国国家核心利益，对抗严重的网络攻击。
网络防御军	68	主要负责美国国防部所属网络防御。
网络攻击军	27	执行网络战斗命令，执行网络威慑和持续性网络威慑及攻击。
技术支援军	25	为国家任务和战斗任务提供分析、计划和技术支持。

资料来源："Cyber Stragegy Special Reprts ". DOD. https://www.defense.gov/News/Special-Reports/0415_Cyber-Strategy/，2018-05-20.

（三）网络攻击的两类战略目标

在抑制军队战斗力的关联实物目标方面，美国认为中国军方使用的信息和通信技术越多，面对网络攻击时就越脆弱。美国认为中国 2015 年提出的"打赢信息化局部战争"的战略是中国军方信息化防护策略向地方社会及经济实体连接加速的表现，是在加速建立"网络国界和国防线"①。有美国专家指出，2017 年的关注重点是对中国战区及军改后中国新调整部署的网军的实际战力的评估。② 此外，美国国防部对中国应对现代战争的 4CI 系统（4CI：

① Fravel，MT. "China's New Military Strategy：Winning Informationized Local Wars." China Brief. Retrieved 2015-06-23 http: //www.jamestown.org/programs/chinabrief/single/?tx_ttnews%5Btt_news%5D=44072&cHash=c403ff4a87712ec43d2a11cf576f3ec1#.V1BLDPkrK70，2018-05-21.

② Segal，"A. Is China a Paper Tiger in Cyberspace?" . Net Politics. Retrieved 2012-02-08. http: //blogs.cfr.org/asia/2012/02/08/is-china-a-paper-tiger-in-cyberspace/.2018-9-20.

指挥、控制、通信、计算机与情报集成信息指挥系统）的快速反应，数据共享及决策等方面的实战能力高度关注，并强调对中国军队高可靠性通信及指挥自动化打击的重要性。①

另外，美国方面认为，如果只考虑对军队进行网络作战，不考虑瓦解政府组织的领导力和意识形态体系，即使中国军队遭受重创，也能在强大的领导体系下迅速恢复。因此针对中国政府领导力和中国意识形态体系的网络攻击比针对中国军队的网络攻击更有战略价值。美国信息安全专家利比克认为，中国高度统一的政治体系本身就是高价值的战略攻击目标，而且中国的长期稳定需要依赖民族主义和持续的经济增长。因此只要中国经济增长率出现波动，就是进行意识形态领域网络攻击、破坏中国政府领导力的战略机会。② 他认为，经济波动会导致失业，通过网络对中国的年轻人进行渗透，能产生巨大的网络攻击作用，其实施成本相对较低，而战略意义甚至高于直接与中方进行网络对抗。

（四）“硬入侵”转向“软入侵”攻击模式

对比近年来美国的各种网络攻击行为可以发现，对华网络攻击有两种入侵类型：一类是硬入侵，另一类是软入侵。“硬入侵”是

① “Annual Report to Congress：Military and Security Developments Involving the People’s Republic of China”. Office of the Secretary of Defense. Retrieved 2016-04-26. http://www.defense.gov/Portals/1/Documents/pubs/2016%20China%20Military%20Power%20Report.pdf，2018-05-21.

② Libicki，M. Pulling Punches in Cyberspace. In：Proceedings of a Workshop on Deterring Cyberattacks，2010：123-147.

针对国家“硬实力”，如基础设施、网络底层设备以及重要工业建设的破坏。例如美国对伊朗铀浓缩工厂离心机发动的攻击等，直接给攻击对象国造成重大的经济损失甚至导致社会瘫痪。和平时期的“硬入侵”容易激发攻击对象的激烈反抗，甚至进一步提升对方网络安全能力，难以达成目标。“软入侵”相对于“硬入侵”的物理性攻击而言，指的是针对一个国家文化、政治价值观、外交政策等涉及影响力、组织力、国家形象和意识形态等“软实力”的攻击。

2010 年美国利用“震网”病毒发动了针对伊朗核燃料浓缩工厂离心机的“零日攻击”。2010 年 9 月，伊朗政府宣布，大约 3 万个网络终端感染“震网”，病毒攻击目标直指核设施。由于被病毒感染，监控录像被篡改。监控人员看到的是正常画面，而实际上离心机在失控情况下不断加速直至最终损毁。位于纳坦兹的伊朗核燃料浓缩工厂约 8 000 台离心机中有 1 000 台在 2009 年底和 2010 年初被换掉。俄罗斯常驻北约代表罗戈津称，病毒给伊朗布什尔核电站造成严重影响，导致放射性物质泄漏，危害不亚于切尔诺贝利核电站事故。①

然而，此次攻击虽然给伊朗带来了较大的损失，但并没能阻挡伊朗发展核力量。攻击发生后，伊朗作为受害者，通过外交手段公开指责美国的网络攻击行为。讽刺的是，如图 8-1 所示，伊朗的铀浓缩产品不仅没有减少，反而成倍增长。离心机数量也在被攻击后几年迅速增长，直到 2015 年伊朗与美国奥巴马政府达成

① “震网”病毒奇袭伊朗核电站 . 光明网 .2012-03-23.http: //reader.gmw.cn/2012-03/23/content_3827138.htm.

相关外交协定，主动减少了2/3的离心机[①]，至此“震网”病毒攻击基本宣告失败。攻击还增加了伊朗社会的凝聚力，年轻学生踊跃参加国家网络部队。此外，伊朗进一步加强了对全国网络的掌控能力和网络反击能力。2012年3月，伊朗最高领袖哈梅内伊宣布建立一个新的网络空间最高委员会，以监督这个伊斯兰共和国的网络防御工作，并开发渗透和攻击敌人电脑网络的新武器。不到两年的时间，安全专家和美国情报官员就对伊朗发展网络战实力的快速增长以及它动用这一实力的意愿感到惊慌。[②]随后伊朗发动了两次袭击，一次是对全球最大石油公司沙特阿美的网络袭击，另一次是对美国银行的网络袭击。伊朗公开表示目前已拥有全球最大的网络军队。回顾整个攻击事件，美国不仅没有达到攻击目的，事实上还强化了伊朗的网络能力和核建设水平，并且由于病毒事件的曝光和扩散，使美国在政治和外交上也陷入被动曝光地位。因此，美国政府当局开始对网络攻击及网络攻击模式进行反思。美国吸取了2010年对伊朗发动“零日攻击”等“硬入侵”带来的教训，逐步转向涉及意识形态、体制和大数据信息收集的“软入侵”体系。

---

① “President Obama Announces a Historic Nuclear Deal with Iran”, Share America, Retrieved 2015-07-14. https://share.america.gov/president-obama-announces-historic-nuclear-deal-iran/, 2019-04-17.

② 伊朗黑客成美网络新威胁　全因美以先动手 . 新华网 .2014-02-21.http: //mil.news.sina.com.cn/2014-02-21/0930765296.html.

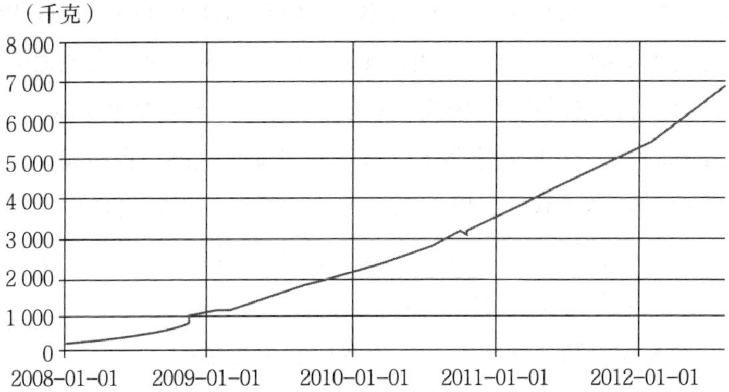

图 8-1　2008—2012 年伊朗核燃料浓缩工厂生产成品中六氟化铀[①]含量超过 5% 的产品数量

资料来源：General D. Implementation of the NPT Safeguards Agreement and Relevant Provisions of Security Council Resolutions in the Islamic Republic of Iran. *International Atomic Energy Agency*，2012（13）：12。

（五）美国将病毒工具研发提升到了战略武器的地位

网络病毒的威慑力和破坏性已引起世界各国的高度重视。网络战成败的关键取决于病毒工具的先进程度。以“震网”病毒为例，“震网”病毒是首个针对工业控制系统的蠕虫病毒[②]，利用西门子控制系统（SIMATIC WINCC/Step7）存在的漏洞感染数据采集与

① 六氟化铀（UF6）是含铀 -235 量的指标，超过 5% 可以发电，超过 70% 可以制造核武器。

② Robert McMillan. “Siemens：Stuxnet Worm hit Industrial Systems”. *Computerworld*. 2010（16）.

监控系统（SCADA）①，能向可编程逻辑控制器（PLCs）写入代码并将代码隐藏。②“震网”病毒无须通过互联网就可以实现感染传播，只要目标计算机使用微软系统，“震网”便会伪装 Realtek 与 JMicron 两大公司的数字签名，顺利绕过安全检测，自动找寻及攻击工业控制系统软件，以控制设施冷却系统或涡轮机运作，甚至让设备失控自毁，而工作人员却毫不知情。因此“震网”成为公认的第一个专门攻击物理世界基础设施的蠕虫病毒。

表 8-3 为知名网络安全公司赛门铁克提供的“震网”病毒的演进版本。赛门铁克公司发现，“震网”病毒不是自动感染病毒，并没有预留人为控制后门。例如，一旦该病毒进入纳坦兹，其攻击就无法再被阻止。虽然纳坦兹的网络有物理隔绝和防火墙阻断，但因为纳坦兹的设备有待升级和通信，因此仍然存在漏洞。“震网”病毒的感染是从伊朗的基础设施供应厂家开始的，例如电气公司和管道公司。首先感染伊朗这些公司，再通过这些公司网络到达纳坦兹，因为“震网”病毒自身具备复制和传播能力，还具备精确识别是否已经达到攻击目标的能力，一旦“震网”病毒确认已经成功感染目标设施，那么对该设施就造成了不可逆的破坏。这种病毒一旦在网络上释放，就没有回头或者人为制止的余地。当前美国已经将计算机病毒开发提升到了战略武器的重要地位，这很有可能会对未来战争模式产生巨大的影响。

① “Iran’s Nuclear Agency Trying to Stop Computer Worm”, Independent. https://www.independent.co.uk/news/world/middle-east/irans-nuclear-agency-trying-to-stop-computer-worm-2089447.html, 2018-08-16.

② Gregg Keizer. “Is Stuxnet the ‘Best’ Malware Ever?”. *Infoworld*, 2010（16）.

表 8-3　“震网”病毒进化过程

时间	版本	说明
2005.11.3	0.500	注册远程控制服务器
2007.11.15	0.500	提交（通过）公共网络检测
2009.6.4	0.500	感染停止日期
2009.7.22	1.001	代码补丁更新记录
2010.3.1	1.100	代码补丁更新记录
2010.4.14	1.101	代码补丁更新记录
2012.6.24	1.x	感染停止日期

资料来源：“Stuxnet, how it evolved ”. https://www.symantec.com/connect/blogs/stuxnet-05-how-it-evolved, 2019-01-16。

（六）社交网络优先于物联网，成为实施精准网络攻击目标筛选的关键

通过调研，我们发现，美国民众和美国政府当局所指的网络安全不是同一个概念。美国民众重视的是个人领地隐私的保护，而美国政府强调网络空间主权的稳定性和安全性。对于主流的 IT 公司而言，强调物联网安全及其意义，可以赢得更大的市场，创造更多的衍生产品和需求。就美国政府及军方而言，网络攻击中发挥重要作用的依然是社交网络。通过对美国国际战略研究中心以及美国和平基金会等相关研究人员的大量走访，我们发现，美国未来五年的网络攻击重心依然是社交网络体系。

人是整个安全系统中最脆弱的连接点，是实现网络攻击核心的支撑

从互联网“茉莉花革命”到 2013 年美国波士顿马拉松恐怖袭

击被快速侦破，美国对社交网络的重视程度逐步提高，并在对外网络攻击、策反以及对内反恐、政治互动等领域都发挥了重要的作用。人是整个安全系统中最脆弱的环节,人具有天生的不稳定性。而基于人的社交网络，特别是现在线上与线下生活逐步融合的背景下，在情报收集、网络攻击方面将发挥最为核心的作用。美国国防高级研究计划局信息创新办公室主任约翰·普雷斯伯里指出，“震网”病毒的关键传播其实依靠的是以色列在伊朗的社交关系网络。[①] 人在信息安全系统和网络攻击中的脆弱性主要体现在以下几个方面。

一是再安全的信息系统也无法保证使用者的可靠性。例如优盘的不规范使用，无线网络环境下手机网络与办公网络的互联，不规范电脑操作等都可能带来病毒的释放或者木马的入侵。在熟悉攻击对象社交网络的情况下，很容易实现通过人为附着达到攻击对方所在工作网络的目标。

二是特权使用者带来的问题难以预测。一个组织体系中对信息系统使用特权越大的人，其带来的系统性风险也会越大。在实际的保密组织体系中，为了确保信息的可控性，基本上大部分核心信息都掌握在少部分人手里。对攻击方而言，找到关键的人就意味着找到了突破信息系统的钥匙，而定位目标对象、依托社交网络技术可以实现精准定位。

三是信息系统安全性、可用性和功能性三个系统要素存在结构性矛盾。这三个要素不可能同时具备，如果强调安全性，那么

---

① “Cyber disrupt 2017”. CSIS.2017-03-15. https://www.csis.org/events/cyber-disrupt-2017. 2019-04-17.

功能性和可用性就会受到影响。美国外交关系委员会数字与网络空间项目研究员亚当·塞格尔认为，随着中国经济转型，信息化程度越高，其系统漏洞和弱点就会越大，对中国的网络攻击的战略意义就会越明显。[①]这种观点在美国具有代表性。

基于社交网络发动攻击可以直接左右一个国家的政局

2009年的南非选举曾出现利用社交网络监测选票舆情，同时通过操纵相应地区食物稀缺性来控制选举的情况。[②]当选举操纵者通过社交网络发现一个地区的人倾向于投票给不是他们想要的“正确”领袖的时候，就会在该地区制造食物短缺，并且进一步剥夺选民的工作机会，将这些工作机会转让给那些支持他们需要的“正确”领袖的选民。根据南非媒体报道，这个改变选民投票意愿的过程并不需要很长时间。在缺乏食物和工作机会的情况下，人们很快就会妥协。社交网络所反映的巨大人际网络潜力，使得各国对信息情报和网络战价值的兴趣与日俱增。

（七）“反介入 / 区域拒止”（A2/AD）战略受到网络作战相关方面的高度重视

“反介入 / 区域拒止”（简称“反介入战略”）是对美国反强敌干预战略的一种非官方解读。所谓“反介入”，是指通过打造反舰弹道导弹、反舰巡航导弹、高性能战斗机、先进水雷、静音潜艇、

① Segal A. *U.S. Offensive Cyber Operations in a China-US Military Confrontation*. 2016.

② “Governments Food Election Weapon”. https://www.social-engineer.org/wiki/archives/Governments/Governments-FoodElectionWeapon.html. 2019-01-08.

反卫星武器、网络武器等系统迫使敌方军队不得不在远离本国主权区域武器的有效射程之外活动，从而丧失对本国近海危机的介入能力。2003 年，美国战略与预算评估中心的安德鲁·克雷宾涅维奇等人在其“应对‘反介入 / 区域拒止’挑战”的报告中正式提出该概念。随后，它迅速被美国观察家和决策者接受，高频率地出现在美国政府、军方及智库的文件和报告中。①

“反介入 / 区域拒止”作战体系主要由两大核心系统组成：一是情报、监视与侦察系统（ISR），二是具备快速反应和联动能力的打击系统。两年来，美国海军方面逐步放弃了反介入战略及相关作战思想。但是在网络战方面，反介入战略却受到了高度重视。

美国海军开始淡化“反介入 / 区域拒止”相关战略

2016 年 10 月，美国海军作战部长约翰·理查德森公开表示，美国海军将不再使用“反介入 / 区域拒止”这个概念来指代海洋威胁和挑战。他认为“反介入 / 区域拒止”的概念和相关具体战术在 1864 年美国南北战争中的莫比尔海战时就有了。这个概念存在两个问题：一是这个概念在内涵上暗示了“反介入 / 区域拒止”所在海域是属于对方国家领土的。这个概念实际上把所在海域的对方主权看成了既成事实。二是这个概念落实到海战战术反应链上是很困难的，而且在实战中是否稳定可靠也难以保证，并且对“反介入 / 区域拒止”的过多投入与关注会影响海军对其他技术的投入，而其他的技

① 陈昌煦．中国经略海洋的思维、目标与手段——评《中国海权策：外交、海洋经济及海上力量》．世界知识，2013（1）．

术有可能成为解决未来海事冲突的关键。[①]

反介入战略在网络战方面开始受到广泛重视

反介入战略在网络攻击方面有两层意思：一是战术层面的反介入。战术层面的反介入主要指的是对主权网络空间的反介入，例如通过精准的网络攻击摧毁卫星图像侦察，破坏敌方导弹系统、海军及空军导航系统等。此外还有意识形态拒止的意思，例如屏蔽恐怖分子信息等，但并不会被提及，由各种民营公司自己把握。二是战略层面的反介入。战略层面上，网络攻击的反介入讨论比较少，但事实上也受到很大的重视。网络攻击层面的反介入战略指的是具备完全掌控本国网络以及防止别国对本国网络设施进行攻击的能力。

美国的网络攻击反介入战略主要体现在以下几个方面。一是在网络物理层方面，主要涉及海底光缆通信安全、EMP（电子脉冲炸弹）威胁等。二是逻辑层面的安全，包括全球 13 个 DNS 根服务器集群以及美国国内网络系统稳定等。

（八）美国逐步将网络防御和网络作战分离，网络战组织架构设计更加侧重于多部门联合作战能力

美国原中央情报局局长迈克尔 · 海登在接受媒体采访时透露，2010 年“震网”病毒攻击爆发后，美国有些部门也遭到了误伤，

① Hope Hodge Seck. “Here’s Why the Navy Won’t Talk About ‘A2/AD’ Anymore” . https://www.military.com/daily-news/2016/10/04/heres-why-the-navy-wont-talk-about-a2ad-anymore.html，2019-04-17.

他同时透露了美国对外网络作战缺乏统一协调的问题，因此当年成立了美国网军司令部。[①] 从组织结构上看，美国网络战组织由战斗部和战斗支援部两个部分组成。战斗部由美国网军司令部统一协调，战斗支援部由美国战斗支援局下属的国防信息系统局以及国家安全局等 9 个职能局联合组成。

美国网军司令部

2010 年 10 月 1 日，美国网军司令部成立，该司令部收编了美国第二陆军（美国远征军），并整合了预备役部队、各军种网络作战部队、合作企业、相关科研机构，形成了美国网络作战的整体力量。[②] 美国网军司令部是全球首个统一规划管理美国各军种的网络司令部，最初是美国战略司令部下的一个次级联合司令部，与美国国家安全局（NSA）相邻，都设在马里兰州米德堡。2017 年 8 月 18 日，美国总统特朗普宣布美国网军司令部升级，并指出网络司令部升级体现了美国抵御网络威胁的决心，能够消除美国盟友和伙伴的疑虑，并对敌人形成威慑 [③]。美国国防部 2018 年 5 月 4 日宣布，网络司令部成为美军第 10 个联合作战司令部，其余 9 个同级的司令部分别是非洲司令部、中央司令部、欧洲司令部、北

---

① "General Michael Hayden Discusses the Stuxnet Virus on 60 Minutes" .Chertoff Group LLC. Retrieved 2012-03-05.https://www.youtube.com/watch?v=8HK3XPXBbNk, 2018-04-17.

"ZEERO DAYS [HD Clip] German Deutsch Mit Michael Hayden", Previevv, Retrieved 2016-08-22.https://www.youtube.com/watch?v=0FEr0DFwvcY, 2018-04-17.

② "History of Army Cyber" . http: //www.arcyber.army.mil/Pages/History.aspx, 2018-2-16.

③ 特朗普宣布美军网络司令部升级 . 新华社 .2017-08-19.http: //www.xinhuanet.com//world/2017-08/19/c_1121507713.htm.

方司令部、太平洋司令部、南方司令部、特种作战司令部、战略司令部以及运输司令部。网络司令部升级后，司令在任务执行上有直接向国防部长汇报的资格[①]。保罗·中曾根于2018年5月4日出任网络司令部司令、美国国家安全局局长及中央安全局（CSS）局长。在马里兰州举行的司令交接仪式上，保罗·中曾根指出，网络技术发生巨变，敌人对美国造成前所未有的威胁，呼吁建立强有力的应对机制。美国网军司令部组织结构涵盖网络作战各个方面，公开加大对中国的战略对抗。

综合网络公开资料分析，当前美国网络司令部的核心使命是整合已有资源，协调各单位进行立体式网络防御与攻击，对网络空间上的攻击者和破坏者进行精准有效的打击。该司令部的成立与升级是美国网络威慑从防守转向进攻的重要标志。

美国国防部战斗支援局下属相关机构

战斗支援局下属9个职能局，其中与网络战直接相关的是美国国防信息系统局和美国国家安全局。

美国国防信息系统局（DISA）隶属于美国国防部战斗支援局，职能是为白宫、军方及联合作战司令部提供信息技术支持。该局前身是1960年成立的国防通信局，1991年更名为国防信息系统局，主要工作集中在硬件通信基础设施的整合。该局核心任务是确保作战指挥与控制系统的稳定运行。该局涉及信息作战的部门有3个：国防频谱管理部（DSO），主要负责通信频谱管理；战区网络作战中

① “Cybercom Becomes DoD’s 10th Unified Combatant Command，Dodlive” .DOD. 2018-05-03.http: //www.dodlive.mil/2018/05/03/cybercom-to-become-dods-10th-unified-combatant-command/，2019-04-17.

心，主要整合各安全中心、网络攻击部队、通信卫星支持等；国防部信息网络联合部队总部（JFHQ-DODIN），主要履行指挥职责。

美国国家安全局负责监听的范围包括电台广播、通信、互联网，尤其是军事和外交的秘密通信，是世界上单独雇佣最多数学博士和电脑专家的组织。美国国家安全局延续了第二次世界大战中成功破译敌方密码的工作（美国军情八处）。此外，美国国家安全局有自己的芯片工厂和研究基地，并且与私营研究机构和设备生产商保持广泛的联系。[①]

战斗支援局和网军司令部均是横向组织结构，其所属的职能局和作战部队均纵向隶属其他相关职能部门，接受不同职能上级单位的垂直管理，同时也接受战斗支援局和网军司令部的横向领导。这种条块结合、以作战为导向的双重领导体系能有效突破各部门之间的隔阂，迅速形成战斗力。这对要求快速反应和长期保持信息高度共享的网络作战而言是非常有效的设计。

（九）“斯诺登”事件之后，美国官方与私营公司在网络安全相关方面的合作模式进行了较大调整

2017 年 1 月美国大西洋理事会发布了研究报告《网络与威慑：高端冲突中的军民关系》。[②] 该报告强调了在信息安全方面军民合作的必要性和紧迫性。从该报告可以推测出两个方面的内容：一是

---

① “About US”. NSA. https://www.nsa.gov/about/, 2019-04-17.

② Robert J. Butler, and Catherine Lotrionte, “CYBER AND DETERRENCE: The Military-Civil Nexus in High-End Conflict”. Atlantic Council.http//www.atlanticcouncil.org/images/publications/Cyber_and_Deterrence_web_0103.pdf, 2019-04-17.

2013年“斯诺登”事件对美国官方与私营公司在信息安全方面的合作产生了很大的冲击；二是网络安全领域美国官方与民间公司和组织合作的模式最近4年来产生了较大的变化。

网络战争实际上是全民战争，赢在技术、赢在变化。由于政府和军方组织本身的掣肘，在信息安全领域离不开私营公司灵活运作机制的支持和多样化的技术产品。厘清美国国防部与美国各类私营公司在网络安全和网络战方面的合作关系，对于准确掌握美国网络战发展动向、防御网络攻击隐患非常关键。

第三节　最近15年重大网络攻击与美国网络战变化趋势分析

根据普华永道公司2015年全球信息安全报告的统计，全球涉及网络犯罪和攻击的行为每天超过117 000次[①]。美国网络攻击战略的形成与转变，与最近10年的重大攻击事件有很大关系。近10年来有一系列国际网络攻击事件对美国产生了很大的影响，美国当局从中汲取教训，并对自身的网络攻击战略进行了相应的调整。

最近15年重大网络攻击及其影响

通过对最近15年重大网络攻击情况的比较可以看出，成功的

① “2014 Information Security Breaches Survey” .Price Water house Coopers. http: //www.pwc.co.uk，2018-05-23.

网络攻击和脆弱的网络防御都有非常鲜明的特征。

成功的网络攻击的共同特征：（1）非对称性攻击；（2）具备攻击目标的高质量情报；（3）与攻击所在地区民族存在较强的正向或反向种族联系；（4）攻击者有来自若干盟国或者其他可靠组织的支持;（5）攻击前有周密的作战计划，能速战速决，有效组织敌方反击；（6）攻击者具备长期持续攻击目标的能力。

脆弱的网络防御的共同特征：（1）网络的外部依赖性强；（2）社会网络化程度高但安全防卫能力弱；（3）依靠静态的防护机制；（4）对网络攻击缺乏预防能力和提前预案；（5）应对攻击内部决策机制混乱，指挥不力；（6）在网络基础架构上，存在与攻击方共同合作区域。

综合调研和可查文献来看，美国各大智库对最近10年重大网络战都有非常详细的分析和总结，美国当前网络战略由防御转向进攻，重视社交网络和情报网络建设，“软入侵”攻击方式的形成以及网络防御与网络作战组织结构调整等均受到这些重要实战的直接影响。

网络攻击事件横向比较：网络病毒已成为公认的战略性武器

通过对近年重大网络攻击事件的特点进行比较可以看出，其中70%的攻击高度依赖网络，50%是网络阻塞攻击，30%涉及病毒植入攻击。网络阻塞和病毒植入模式攻击均造成较大的损失。十大网络战中，50%的威胁持续超过6个月。网络病毒事实上已经发挥了比常规武器更重要的作用。虽然美国当局不承认，但根据微软、赛门铁克等美国IT及信息安全公司的公开信息可知，美国国家安全局等部门设有专门的病毒研发机构和计算机病毒武器库。近年来，美国逐渐将病毒工具研发提升到了战略武器的高度。

2017 年 5 月“想哭”勒索软件卷席全球。国际知名网络安全公司俄罗斯卡巴斯基实验室和美国赛门铁克公司于 2017 年 5 月 15 日公开表示，这个勒索软件可能与一个叫“拉扎勒斯”的黑客组织有关，在这次网络攻击中，他们利用从此前泄露的美国国家安全局网络武器库中的黑客工具“永恒之蓝”制作了恶意勒索软件。实际上，引发此次勒索软件肆虐的美国国家安全局网络武器库泄露事件早于 2016 年 8 月就被曝光了。当时，一个名叫“影子中间人”的黑客组织宣称已攻入美国国家安全局下属的黑客“方程式组织”，盗取其网络武器库。“影子中间人”通过社交平台泄露其中部分黑客工具和数据，并以 100 万个比特币（价值约为 5.68 亿美元）的高价公开拍卖完整数据包。[①] 由此来看，网络病毒已经成为超越常规武器的重要国家武器力量。

第四节　2016—2018 年全球网络攻击情况分析

网络攻击明显增多，专业性、针对性更强，网络防御技术发展增速

国际知名网络安全独立研究网站 hackmageddon.com 于 2018 年初公布了 2015—2018 年上半年全球遭受网络攻击情况的相关数

① 美网络武器库都有什么凶器 . 新华网 .2017-05-17.http: //us.xinhuanet.com/2017-05/17/c_129606083.htm.

据。[①] 本文沿用此数据，就最近几年遭受网络攻击情况进行细化分析。根据 hackmageddon.com 对 2016—2018 年美国遭受网络攻击方式的对比以及这三年的变化趋势可以看出，一是 2018 年以来全球网络攻击行为明显增多，除 2018 年 6 月以外，2018 年 1 月至 7 月全球网络攻击频率明显高于之前两年；二是攻击方式日趋专业化。2017 年恶意软件攻击行为增长迅速，由 2015 年的 6.4% 增长至 29.8%。恶意软件（病毒）攻击源的迅速增长是网络攻击专业化的重要体现，不排除有越来越多专业网络组织力量参与；三是反网络攻击技术发展迅速，未知网络攻击由 2016 年的 32.8% 降至 2017 年的 22.3%，针对数据库的 SQL 注入攻击由 2016 年的 17.5% 降低至 0.8%，DDoS 攻击由 2016 年的 11.2% 降低至 4.2%，恶意广告侵入、系统篡改等攻击比例，2017 年较前两年均有明显下降，这表明反网络攻击技术发展迅速；四是定向攻击和账户劫持依然是重要的攻击行为，特别是定向攻击，从 2016 年的 11.5% 增长至 15.2%，账号劫持也增长了 1%；五是网络犯罪是网络攻击的主要原因，网络间谍行为有所下降（见图 8–2）。2018 年 1 月至 7 月，约 82% 的网络攻击行为是网络犯罪。网络间谍活动较 2017 年下降了约 2.5%，网络战攻击行为不到 3%。

但同时我们也应该认识到，攻击频率、攻击原因和攻击方法的数据并不能反映攻击后果的严重程度，例如占比较少的网络战，因为其高度组织性和目的性，所带来的影响可能要比大部分个人网络犯罪行为严重得多。

---

① "2017 Cyber Attacks Statistics" .HACKMAGEDDON，Retrieved. 2018–01–17. https://www.hackmageddon.com/2018/01/17/2017–cyber-attacks-statistics/, 2019–04–17.

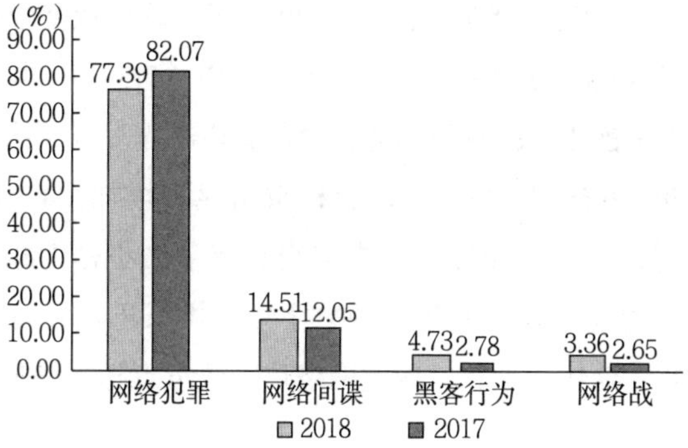

图 8-2　2017—2018 年全球网络攻击类别对比

资料来源：hackmageddon.com。

攻击目标泛化，对个人、工业、政党机关以及金融领域的网络攻击增多

从 2017 年全球各行业受到网络攻击的情况看，与 2016 年相比，不明攻击大幅增长了 72.3%，针对个人的攻击增长了 13.1%，工业领域和政府机关受到的攻击各增长了 10.4% 和 3.2%，针对金融的攻击也增长了 2.4%。综合这两年的攻击目标比较分析，攻击目标泛化与针对性、专业攻击行为并不矛盾。这是网络攻击由个体黑客时代逐步向专业组织行为转变的自然过程。通过泛化攻击挖掘攻击点，定向专业攻击实现攻击目的。网络攻击行为逐步进入集群、组织化作战时代。

对工业各领域的网络攻击与人机交互流量大小相关

除未知攻击外，在针对行业领域的攻击中，2016 年排前五位的是软件业（10.3%）、酒店和医院（7.6%）、游戏（7.6%）、电子

商务（6.8%）、零售（5.7%）。到了2017年，软件业受攻击占比下滑到第二位（6.6%），零售业上升到第一位（7.5%），电子商务受攻击程度跌出前十，游戏和其他舆论业受攻击程度升至第三位和第四位（5.2%，6.6%）。另外，多目标攻击显著增加（4.7%）。综合这些变化看，对工业领域的攻击与交互流量大小密切相关。2017年以来，零售业、娱乐业等新的数字经济增长迅速，特别是移动支付和游戏受众快速增长，因此网络攻击数量也随之增加。

第五节　应对美国网络攻击的六点建议

（一）进一步细化我国网络空间主权的技术标准

网络空间主权不同于其他主权概念，网络空间主权没有实际地标。网络空间主权的界定取决于技术识别，因此落实网络空间主权的技术标准，是维护我国网络空间主权的重要落脚点。建议开展网络空间主权技术相关问题的工作。

（二）建立针对外国网络攻击的外宣和外交特别应对机制

美国在应对外国网络攻击外宣方面曾有过深刻的教训。2014年索尼影视娱乐公司遭受攻击以后，国际舆论对朝鲜的网络威慑能力表示了高度关注。美国在事发后一段时间内并没有在外交和舆论上进行有效的回应。由于外交上缺乏成熟的应对机制，当时未对攻击国采取及时有效的外交及舆论还击，使美国在整个过程中都处于被动状态。美国当局吸取了相关教训，着手强化网络攻击相关问题的对外宣传和外交应对机制。美国白宫 2015 年 4 月 1 日颁布的 13694 号总统令特别强调了遭受网络攻击外交应对和对外宣传机制建设相关事项。[①]

中国建立应对外国网络攻击的外交应对机制应吸取美国的教训，目的在于避免网络威慑及报复行为的扩大化。在面对低密集度的网络攻击的时候，减少暴力性压制手段的使用，通过外交机制及相关国际法施压已达到网络防御的效果，这样做的好处是避免敌我双方陷入恶性报复的循环中。这种机制在中美关系中有着非常重要的意义。网络行为的过激容易导致中美双方关系冲突的扩大化，这在大部分情况下都是双方极力避免的。

近年来，美国对中国网络方面的指责有不断增加的趋势，甚至在国际媒体中只能听到一边倒的美国对中国网络问题的攻击和指责。建议加强与美国相对应的针对网络攻击问题的外宣和外交特别应对机制，把握国际舆论的主动权。

（三）以实战能力为中心，进一步优化网络安全防御单位和网络作战机构之间的协同能力

经过十余年的发展，美国的网络作战部门和战斗支援部门形成了在现有垂直管理的各职能局的基础上，跨部门、跨单位横向设置网络支援和网络作战单位的组织特点。网军司令部和战斗支援局下属单位接受原所在职能局和网络作战、网络支援相关部门的双重领

① “Issuance of Amended Executive Order 13694; Cyber-Related Sanctions Designations”. U.S. Department of the Treasury. Retrieved 2016-12-29.https//www.treasury.gov/resource-center/sanctions/OFAC-Enforcement/Pages/20161229.aspx，2019-04-17.

导。这种纵横结合的组织架构提升了既有资源的整合能力，能有效提升网络攻击的快速反应能力，形成以网络战斗力为核心的组织体系。例如美国的网军司令部和国家安全局在同一个办公楼，这为部门间协调和快速作战沟通方面提供了极大的便利。

（四）警惕美日、美印等对我国进行网络情报体系合围，推进信息网络方面的建设

综合本章已有的分析，美国与日本、印度之间的网络合作从光缆通信到网络安全联动联防已经全方位覆盖。从美印、美日公开发表的合作协议和合作意向来看，其中大部分内容体现了针对中国的战略意图。需要对这种网络情报体系的包围趋势提高警惕，同时建议加强除太平洋海底光缆以外的多种网络通信路由渠道建设。建议推进“一带一路”信息网络方面的建设，为我国的网络国际互联提供更多“去美国化”的自由网络通信路由渠道。

（五）建议加强对网络问题国际立法话语权的重视

2009年以来，美国开始将网络威胁提升到核威胁同等重要的层面，并开始呼吁和推动相关国际立法事项。[①] 目前网络问题国际立法得到北大西洋公约组织29个成员国的大力支持。[②] 鉴于网络

---

① Shackelford, Scott J., “From Nuclear War to Net War：Analogizing Cyber Attacks in International Law”, *Berkley Journal of International Law*, 2009, 25（3）.

② Caton, Jeffrey L. *NATO Cyberspace Capability：A Strategic and Operational Evolution*. Army War College-Strategic Studies Institute Carlisle United States, 2016.

威胁的严重性日益增强，建议参考全球核问题相关法律和协定的制定过程，加强对网络问题国际立法的重视，进一步争取立法过程的话语权，减少对我国相关立法因素的不利影响。

（六）建议加强对美国军方、政府与公司间的合作模式和关系网络的了解

网络战争实际上是全民战争，赢在技术、赢在变化。了解美国军方和政府与民营公司之间的合作模式和关系网络，对有效防御针对我国的网络入侵、及时了解美国未来网络战动态非常重要。我国需要对厘清美国信息领域政商关系网络有进一步的重视，需要进一步深入研究美国国家资本如何通过投资和相关政策监管开展与民营公司的有效合作。

第九章

数字中国崛起：从未有过之大变局

自近代全球化浪潮开启以来，中国先后面临两次大变局。第一次是1874年前后“中国遇到了数千年未有之强敌”（李鸿章语），列强入侵，中央大国开始由强变弱。第二次是1949年新中国成立以来艰难探索、砥砺奋进，复兴之路崛起，开始由弱变强。百余年前，我们的先辈在变局之下总结失败教训；百余年后，立足改革开放以来的发展既定事实，我们在总结教训的同时，更要辨别发展实践过程中的经验，探寻新的发展动能。

第一节 数字化是发展新动能的“核聚变”和“核裂变”过程

近年来，国家主席习近平多次强调“国际形势正发生前所未有之大变局”。回看人类历史进程，每一次深刻的社会变革都与科技革命息息相关。与蒸汽机、电气、电子技术对人类生产方式和工具的革命不同，当前正在进行的数字化革命是对人本身的变革。从马克思主义的观点看，人的数字化本质上是人的意识形态的物质转化，是对人的生产力由内而外的激发。

这一过程与核反应中原子能的释放相似。首先，社会的数字化融合如同核聚变，社会中原来零散的原子聚合，释放出巨大的能量；其次，个人的数字化如同原子的裂变过程，原来只能在白天上班时释放生产力的普通工人，作为数字化的个体，基于智能手机交互，可以有意或者无意地创造全新的生产动能。人的数字化分离出人类生产力的不同方面，极大地释放了人作为数字资源本身的能量。所以，数字化已经成为当前百年未有之大变局的关键因素。数字化释放出来的巨大发展动能，也成为各国关于未来全球发展的共识。

“前所未有之大变局”的判断表明，未来已来。但变局意味着旧力量与新力量不断加剧博弈，也意味着尚未形成定局会存在变数。在这个进程中，中国人代表着各个层面上的新兴力量，需要有更充沛的勇气与智慧、更强大的耐心与定力，透析新机遇，确立大战略，主动迎接正在到来的巨大变局，力保在变局中前行、受益，而非倒退、受损。毕竟，“前所未有之大变局”远比我们想象得复杂。

第二节　西方全球治理模式的困境

据《经济学人》2016年公布的一项调查，超过一半的美国年轻人不再支持资本主义，这对西方统治阶级而言是巨大的威胁。自1997年以来，三分之二的美国工业市场集中度上升。《经济学人》批评到，当前全球资本主义存在反市场化、部分行业从业人员门槛过高、专利限制逐渐脱离了社会创新精神、反托拉斯法失效等种种弊端，严重影响西方社会进入全新的资本主义革命。

然而，由于美国等西方发达国家垄断了当今世界国际组织和全球治理主导权，也不愿根本改变对其有利的国际规则、国际体制和国际秩序，无视广大发展中国家扩大全球治理参与权的正当要求，刻意阻碍全球治理体制变革的步伐，使之迄今收效甚微。

2008 年国际金融危机爆发以来，国际社会强化全球治理的呼声空前高涨，改革和创新全球治理机制的共识也不断增强。联合国发布的《2010 年世界经济与社会概览：重探全球发展之路》报告指出，“2008—2009 年全球经济危机暴露了金融市场运作的体制性失效以及经济决策核心的严重缺陷，而且，经济危机和金融危机是紧随其他几场危机爆发的”，粮食、能源、气候变化等“多重危机接踵而至，暴露了我们的全球治理机制在这些挑战面前存在的严重弱点”。目前，全球治理体系与决策模式已无法适应变化中复杂多样的新形势，变革中的国际社会需要改革全球治理体制。

在此形势下，全球治理体制进入改革期，层次不同、范围各异的全球治理制度经历着不同程度的改造乃至重建。后危机时代的世界，政治、经济、技术正在发生深刻变化，全球的价值链正在重塑。美国等老牌发达国家面对东方的崛起和自身的衰退，开始了前所未有的反扑，利用其历史延续下来的霸权触角扰乱全球秩序，动摇新兴经济体，试图保持对全球价值链的主导性控制。大变局当中，中国是怎样面对全球治理困境的？进行过怎样的经济治理实践与创新？世界的目光正投向东方，希望看到中国智慧与中国方案。

第三节　中国提供了不一样的数字化平台

一是数字经济占国民经济比重逐步加大。根据 2018 年 4 月 12 日腾讯研究院发布的《中国“互联网 +”指数报告》，2017 年全国数字经济体量为 26.7 万亿元人民币，较 2016 年同期的 22.77 万亿元增长17.24%，数字经济占国内GDP的比重由30.61%上升至32.28%。

二是数字生产内容急速增长。根据Wind数据，进入2010年以来，数字内容产业营收规模和产值加速增长，包含IP版权交易和授权衍生周边在内的广义产值，2016年突破5 600亿元，2017年突破7 000亿元。产业营收结构中，游戏和新闻比重下降，影视、音乐、动漫占比上升，电竞、直播、虚拟现实产品正在迎来大发展。

三是我国向世界提供了不一样的数字化贸易平台。根据阿里研究院2017年发布的《数字经济2.0报告》，未来20年8小时工作制将被打破，中国高达4亿的劳动力将通过网络自我雇佣和自由就业，这一数据相当于占中国总劳动力的50%。另外，由于准入门槛和技术问题，目前80%~90%的国际贸易都由跨国公司把持。中国数字经济的快速发展带来了新动能平台，向世界提供了更加平等、公正的国际贸易数字基础设施。依托“一带一路”倡议和深化改革开放，世界各国越来越多的中小企业和个人将在中国的数字化国际贸易平台上获利。中国所提供的数字新动能平台化发展模式切实推动全球价值链体系中更多国家的中小企业自由贸易。

第四节　大变局之下中国在全球经济治理方面的创新实践

供给侧改革成功强化了数字作为独立的供给要素的作用，大数据的可获得感和流动性日益增强，成为实实在在的经济发展新动能。在习近平主席关于网络强国的重要思想指导下，我国加大了以数字为核心的供给侧改革，形成了主体参与、多元结合的总和数字治理格局，数字化对社会经济稳定运行的重要性进一步凸显，老百姓的数字获得感不断增强，大数据流动性逐步增大。可持续、创新驱动的数字经济发展动能的雏形已基本形成。

根据我国互联网信息中心的统计，截至 2018 年 6 月，我国网民规模达 8.02 亿，互联网普及率达 57.7%，其中手机网民规模达 7.88 亿，网民中使用手机人群达 98.3%。农村网民规模为 2.11 亿，特别是近年农村 4G 网络大规模建设以来，数字化进程对农村产生了革命性的影响，中国是当前全球跨越城乡数字鸿沟的典范。

相较于美国等西方国家早期以个人邮件系统为起点的网络互连（大部分底层劳动者主要是依靠电话交流，而不是邮件），我们国家大部分网民，例如农村地区的网民，是从移动互联和智能手机开始触网的。这细微的差别契合了未来以移动计算为主体的数字化发展趋势，在数据的可获得性和流动性上具有天然的优势。这一方面推动了如 5G 等新一代信息基础技术的发展，另一方面推动了我国大规模的社会分工的转变，释放了新的经济增长动能。

在西方战略扼制的背景下，摸索出一条由工业互联网发展带动智能制造升级，进而促进一、二、三产业逐步融合的发展之路。工业互联网建设旨在解决传统企业的两大问题。一方面是传统企业大量专用设备资产的共享化、通用化和个性化生产的问题，在生产车间层面整合了跨企业、跨行业、跨地区的生产力。另一方面完善了以往产品周期各环节信息不对等的问题，提高了企业之间、消费者和企业之间、消费者之间的经济协作水平。在工业互联网发展的带动下，促进工厂提高应对多样化、个性化需求的能力，并且带动了一、二、三产业在智能化层次上的融合。

我国当前的智能制造发展成效明显。这主要体现在三个方面：

一是中国企业数字化能力素质提升，为未来制造系统的自我更新奠定了基础。根据德勤抽样调研，我国当前约81%的企业已完成计算机化阶段，具备了通过计算机化高效处理重复性工作的能力，并实现高精度、低成本制造。二是智能制造对企业的贡献率明显提升。根据德勤抽样调研，智能制造为企业带来的利润占比，已经从2013年的14%提升到2017年的33%。智能制造利润贡献率明显提升，利润来源包括生产过程中效率的提升和产品服务价值的提升。三是工业机器人需求不断增加，当前中国已经是工业机器人第一消费大国。

当前，智能制造已经成为全球价值链重构和国际分工格局调整背景下各国的重要选择。美国等西方国家当前在不断加大制造业回流力度，提升制造业在国民经济中的战略地位。事实证明，我国作为全球制造业的重要区域所探索的道路是一条既保持自主创新、独立发展，又加强与国际市场联系，实现价值链体系中制造力地位升级的有效路径。

中国的数字主权与数字经济发展有机结合，成功抵挡住国际数字霸主赢者通吃的挑战，建立了多层级、具有国际竞争力的数字产业体系。在摩尔定律的冲击下，跨国大公司凭借雄厚的研发实力和快速的技术迭代，凭借数字技术迅速对全球市场进行拓展，形成对其他国家相关行业发展的实质性压制。我国坚持把数字主权放在发展的第一位，为建立完整的数字产业链争取了时间。以物联网生态为例，涉及硬件、软件、云平台等多个产业链。虽然当前我国在物联网部分高端芯片问题上依然存在掣肘，但自2013年以来，我国先后出台了多项政策措施，全面推动物联网发展。特别是2017年1月公布的《信息通信行业发展规划物联网分册

（2016—2020 年）》已经成为我国物联网产业未来五年发展的指导性文件。根据相关规划，我国将加快推进移动物联网部署，构建 NB-IoT（窄带物联网）的基础设施。同时我国还将加快推进物联网与云计算、大数据、人工智能、5G、低功耗广域通信网等新技术的融合，逐步形成物联网开源创新生态圈。据网信办数据，我国物联网发展领跑全球，预计 2021 年中国物联网平台将位居全球第一。

中国把政府的数字化再造作为一个动态的过程，形成了多元化的政府——社会大数据产业发展模式。从国际情况来看，政府信息化改造过程缓慢是普遍性难题。以美国为例，我们在调研白宫退休官员时得知，美国前国务卿希拉里等之所以私自架设邮件服务器，原因之一就是难以忍受美国白宫老旧、难用的内部邮件系统。由于美国政府文官的相对独立性和政府信息系统涉及多方利益，导致美国政府内部的信息化建设推进缓慢，甚至存在政府雇员努力维持已经落后的系统，来保证自己已经过时的技能不被替代的现象。我国政府在这方面有着天然优势，政府技术革新和数字化流程执行力强，目前已经形成了基于大数据的快速响应政府架构。

除政府自身的数字化流程再造外，我国还形成了多元化的政府——社会大数据产业发展模式。2015 年以来，我国形成了贵州、广州、武汉、重庆四种大数据产业体系特色发展模式。在管理机制上，贵州、广州由省政府直接牵头，武汉由市一级政府牵头，重庆由下辖行政区推动相关建设工作。四种模式特色鲜明，贵州侧重于大数据平台建设，广州侧重于数据交易体系，武汉模式与长江经济带大数据体系建设密切相关，重庆市探索的是大数据产业园以及和大中型企业合作的模式，紧贴实业发展和工业数据产业链。

第五节　进一步完善我国面向全球化的经济治理的相关建议

建议尽快统一我国数字 GDP 测算标准

随着我国数字化的转型，相关经济评价体系有必要进一步进行调整。特别是当数字经济开始发挥主导性作用后，怎样衡量各地的 GDP 发展？基于中国信息通信院的测评，当前我国数字经济发展有两个最为鲜明的特点。一是动能转换。数字经济高速发展，成为带动经济增长的核心动力。2017 年我国数字经济总量达到 27.2 万亿元，同比名义增长超过 20.3%，显著高于当年 GDP 增速，占 GDP 比重达到 32.9%，同比提升 2.6 个百分点。二是行业渗透差异较大。数字经济在各行业渗透程度不断加深，但我国各行业数字经济发展差异较大，服务业中数字经济占行业比重平均值为 32.6%，工业中数字经济占行业比重平均值为 17.2%，农业中数字经济占行业比重平均值为 6.5%，呈现出三产高于二产、二产高于一产的特征。这并不是唯一答案，因为还存在多种算法。

关于数字 GDP，当前麦肯锡、波士顿咨询、埃森哲等提供了不同的方法。麦肯锡只测算了数字经济中互联网 GDP 的规模，没有测算融合部分的规模。波士顿测算了 ICT 直接贡献的规模，融合部分只考虑了电子商务中 C2C 的交易额，对于规模庞大的高端工业传感器、工业控制系统、关键工业软件等融合类数字产品和服务，没有纳入其中。埃森哲测算的是 ICT 直接贡献的规模，并加上了 13 个涉及数字化融合的行业。为了更加全面客观地评估我国经济转型和数字化发展进程，进一步加大对数字 GDP 测算相关的研究，统一相关标准是很有必要的。

立足于全球价值链，逐步加大重点扶持行业的竞争力度

当前全球面临经济衰退，全球市场需求不振，竞争日益激烈，国际保护主义抬头。但全球化的进程并没有停止，随着经济全球化的深入发展，世界经济已经进入全球价值链的时代。全球价值链开始支撑起全球经济的繁荣。产品价值链各环节之间原材料、中间产品和最终产品的跨国交易已经替代了产品在国与国之间的贸易。在给发达国家及其企业带来巨大经济利益的同时，发展中国家及其企业也享受了全球价值链分工的利益。但全球价值链利益分配并不均衡，微笑曲线依然存在。我国企业要提升在全球价值链中的地位，挑战既有国际产业秩序，只有保护和支持是不够的，更需要适度引进竞争，不断提高在国家市场中的竞争能力。

建议尽快出台国家层面的统一“数字丝绸之路”或“数字一带一路”建设规划

根据 2018 年 5 月底玛丽·米克尔发布的《2018 年互联网趋势报告》，由于互联网的扩张速度远远快于人口增速，当前全世界范围内互联网用户和智能手机的增速都在下滑。但是，较之于人际互动为主的互联网，物联网以非常低调的方式在急速扩张。据市场研究公司 Gartner 的统计报告，2017 年全球物联网设备数量将达到 84 亿，比 2016 年的 64 亿增长 31%，而全球人口数量为 75 亿，

2020年物联网设备数量将达到204亿。结合当前我国正在全面推进的“一带一路”倡议，我们建议在路上、水上和冰上“一带一路”推出后，尽快制定国家层面的“数字一带一路”规划，主要有以下三个方面。

一是当前我国缺乏在国家层面对“数字丝绸之路”或者“数字一带一路”的统一规划。各单位开展的相关工作既有重复的部分，也有部门特色，这在一定程度上会造成重复建设。在当前“一带一路”合作超预期的大背景下，我国已经为“数字丝绸之路”的发展铺垫了良好的外部政策环境，但同时也面临政治、宗教文化、法律体系差异等问题。这些层面的问题需要国家层次的推动与协调，这是企业参与“数字丝绸之路”发展的前提条件。因此，在国家层面制定“数字丝绸之路”发展规划，明确政府职责和企业规范，是当前我国“数字丝绸之路”发展急需的指南针和方向标。

二是当前我国“一带一路”沿线国家已经发展到一百余个，“一带一路”相关概念也已被广泛接受和认可。针对数字化产品建立“一带一路”或者“数字丝绸之路”产品认证体系，有助于作为中国制造整体品牌进行市场推广。

三是加快5G和物联网技术的融合，“数字丝绸之路”发展的知识产权和技术标准是关键。一方面，技术市场的发展与推广与专利技术限制密切相关。物联网领域的专利分布非常分散，该领域的顶级专利申请人占专利总数的5%左右。据统计，2017年全球物联网专利数统计中三星、高通和LG位列前三，华为公司在物联网专利方面排名第四，中兴公司排名第六。分散的专利为我国进军物联网市场、推行基于物联体系的数字化提供了有利的条件。另一方面，物联网标准是建立物联数据生态的关键。如前所述，实体公司要完成数字化的转型，就需要发展自己的数字生态系统，例如设计属于自己的机器学习算法、建模和云计算等。否则，如亚马逊、谷歌和微软等就会挤占这个市场，而实体公司只能沦为硬件产品商。同时我们应该看到，由于物联网具有多层次终端设备和广覆盖的特性，产品在连接和交互层面会出现专利上的叠加和冲突，例如无人驾驶汽车和车载第三方设备关于数据交互的专利兼容与冲突问题，这种类似在数据应用层的专利和标准冲突出现的可能性会越来越大。因此结合5G和“一带一路”沿线国家发展情况尽快制定出相关体系标准，并加快知识产权方面的建设是当前面临的比较紧迫的问题。

进一步完善中小企业数字化转型和智能制造升级中的管理指导工作

通过调研，我们发现在企业智能制造升级，特别是中小企业数字化转型过程中，由于生产模式的大变革，企业即使完成硬件上的升级，也会遭遇很多软件方面的问题，例如管理模式的转变等。特别是中小企业，在本身管理能力不是特别稳固的前提下，提供必要的指导和协助，对中小企业来说会产生较大的帮助。

数字化企业转型将面临五个方面的考验。一是大规模流水线生产管理模式向个性化、智能化制造管理模式的转变。二是人力资源管理逐步从针对简单劳动者向知识型员工的管理模式转变。三是面临产品的生产模式向面临服务的生产模式的转变。以往产品销售完成，对于生产厂家而言产品信息基本就终止了。但对于智能化的产品而言，顾客购买完成产品，才是产品销售（服务）的开始。生产驱动和产品数据（服务）驱动，对于企业全流程的管理和再造都是莫大的挑战。四是产品战略到平台战略的转变。随着工业互联网、智能制造技术的发展，不仅改变了企业工厂内的制造过程，还改变了企业的组织形态。生产组织中的各个环节可以被无限细分，从而使生产方式呈现出社会化的特征，例如以 3D 打印为代表的个性化制造和网络开放社区，将大大促进个人和家庭为单位的"微制造"和个人创业等分散的制造组织方式。在这种情况下，事实上会形成"平台 + 个人"的新制造业态。这种发展趋势下，围绕企业产品所构成的"生态圈"会成为未来制造企业竞争的核心竞争力。五是组织结构本身也在发生变化。生产模式的变化、人员情况的变化会改变传统企业的"金字塔"结构。传统的生产组织是"正金字塔"结构，技术人才在底端，决策高层在顶端。底端人才是所有试错的第一责任人。智能制造时代，特别是"个人 + 平台"模式的出现，会把"金字塔"组织结构倒过来，塔尖朝下。让管理决策层承担所有试错责任，把底端技术人才托起到最上面的舞台，将基础创新导向与领导权责体系密切相关起来。优先技术发展，释放一线人员的创新能力。

促进数字化生产和消费均衡发展，降低传统产业数字技术改造壁垒

数字经济服务领域资本大量涌入，生产领域技术和资源投入仍然不足。2016 年在线教育融资和在线医疗融资分别为 8.5 亿美元和 12.2 亿美元，同比增长超过 100%。但是生产领域技术和资源投入仍然不足，2016 年我国 97 个生产部门中有 55 个部门的 ICT

中间投资占比低于 0.5%，不利于实现在创新、设计、生产制造等核心环节的实质性变革，与发达国家的差距仍然较大。

第三产业数字经济发展领先第一、第二产业。我国三大产业数字经济发展不均衡，呈现第三产业数字经济发展较为超前，第一、第二产业数字经济则相对滞后的态势。根据中国信息通信研究院的测算，2016 年我国第三产业 ICT 中间投入占行业中间总投入的比重为 10.08%，而第二产业与第一产业该指标数值仅为 5.56% 和 0.44%。

由于传统产业利用数字技术动力不足，信息化投入大、投资专用性强、转换成本高，追加信息化投资周期长、见效慢，试错成本和试错风险超出企业承受能力等因素，通过数字技术对传统产业进行改造仍面临较高壁垒。此外，数字技术应用难度高，部分领域准入门槛过高，传统准入要求阻碍新兴企业进入以及行业标准缺失或杂乱不统一等现象，均导致企业应用步伐受到严重制约。最后，因为传统企业内部信息化基础较差和应用数字技术能力不足，再加上企业外部服务体系发展滞后，无法有效提供支撑，使数字技术改造陷入两难局面。因此当前促进数字化生产和消费均衡发展，降低传统产业数字技术改造壁垒是不容忽视的问题。

“智者顺时而谋。”习近平主席在 2018 年 11 月 18 日 APEC 非正式会议上的发言指出，“站在历史前进的十字路口，我们应该认清世界大势，把握经济脉动，明确未来方向，解答时代命题。”正如此次 APEC 会议的主题“把握包容性机遇，拥抱数字化未来”一样，面临百年未有之大变局，中国的全球经济治理创新实践将为全世界提供可参考的发展之路。

后　记

数字时代，学者何为？

近两年，我的两部专著《看好中国：一位智库学者的全球演讲》与《强国长征路：百国调研归来看中华复兴与世界未来》出版后，引起了国内外的一些关注。在受邀参加讲座和调研的过程中，我发现，在中美经贸争端充满不确定性的背景下，多数中国人对未来中国崛起的曲折度与长期性的估计不足。一年多以前，我与刘玉书讨论了许多次，关于怎样从另一个角度去探索中国发展的未来，尤其是怎样跳出西方预设逻辑的桎梏，探寻百年未有之大变局下中国发展新动能等问题。

放眼全球，特别显著的是，中国正在经历剧烈的数字化变革，随着科技革命的进程不断加快，中国越来越向全数据时代迈进。在西方国家正在为数字化过程表现出各种担忧的时候，中国在发展中摸索，通过“十中学”取得了发展先机，数字中国悄然崛起。

然而数字化的发展过程是一个与技术密切相关的过程。我国传统的哲学社会科学教育并不涉及太多的数理化知识，计算领域的先进理论与技术更是与传统的哲学社会科学优势迥然不同。应该怎样让普通人用看得懂的方式解密数字中国的发展、认识被数字化包裹的新环境，具备新“获得感”呢？在过去一年多时间里，我与玉书就区块链、数字革命、中美博弈、数字丝绸之路等主题合写了一系列文章，先后在《人民日报》《当代金融研究》《社会科学战线》《中国经济时报》等刊发，通过媒体的传播，收到不少积极的反馈。在这个过程中，玉书付出了大量的努力，我为能与这位 80 后学者一起工作而无比感动。

近一年来，我们再接再励，将一些未发表的文章进行梳理与整合，共同编入《数字中国：区块链、智能革命与国家治理的未来》一书。在十九届四中全会胜利召开以及中共中央政治局集体学习“区块链”的背景下，该书的出版可谓恰逢其时。在这里非常感谢中信出版集团，感谢乔卫兵总编、黄静老师、李婕婷编辑在出版过程中付出的艰辛。

我所在的中国人民大学重阳金融研究院，其多数研究人员都出生在 1980 年以后。21 世纪的第二个十年已经过去，80 后、90 后正在成长为哲学社会科学工作者队伍中的生力军。这几代人的特点是他们的成长、求学和思想成熟的历程，与改革开放背景下中国高速发展的进程同步。当这几代人开始登上哲学社会科学的研究舞台时，中国已是世界经济增长的“火车头”，世界越来越重视中国的发展经验。80 后学者是中国第一代无须背负“落后国家”心理包袱的哲学社会科学工作者，从事业的起步期就可以平视世界同辈。这也给了我们更加冷静的写作视角，拨开摩尔定律的迷雾，去探寻数字中国发展的驱动引擎和未来潜在的挑战。

新一代哲学社会科学工作者仍然要虚心学习、研究借鉴人类社会创造的一切文明成果，但我们不能照抄、照搬别国经验及其学术成果，也不能全盘接受西方意识形态主导的、居高临下的学理说教，更不能数典忘祖。本书从数字化进程中与普通人息息相关的生活场景来寻求真正的研究选题，解读普通生活“获得感”背后的“负重前行”，试图将读者对数字中国的认知回归到关乎国家前途命运、关乎人民幸福安康的思考中来。

本书引用了大量的数据和案例，试图用亲眼观察的现象告诉读者，数字中国的建设实践是伟大的，对人类文明来说是一笔宝贵的、独特的经验与财富。这是新一代哲学社会科学工作者有可能超越前辈、超越西方的现实根基，也是坚定信念、扎根本土的时代源泉。

青年学人拥有中国自己的理论研究和话语体系优势，更加有定力、有底气、有思想。本书努力进行这样的尝试，但创新和探索是稚嫩的，存在诸多不足，还请各位读者提出宝贵意见，我们继续“干中学”。

王文

2019 年 11 月 16 日 于南宁荔园山庄

参考文献

【1】王文．强国长征路：百国调研归来看中华复兴与世界未来．北京：中共中央党校出版社，2019.

【2】王文．伐谋：中国智库影响世界之道．北京：人民出版社，2016.

【3】王文．看好中国：一位智库学者的全球演讲．北京：人民出版社，2017.

【4】王文．美国的焦虑：一位智库学者对美国的调研手记．北京：人民出版社，2016.

【5】闫德利，周子祺．数字经济：制造业是主战场．互联网天地，2017(4):34–36.

【6】司晓，孟昭莉，王花蕾，等．数字经济：内涵、发展与挑战．互联网天地，2017(3):23–28.

【7】杨新铭．数字经济：传统经济深度转型的经济学逻辑．深圳大学学报(人文社会科学版)，2017, 34(4):101–104.

【8】陈璋，阚凤云，胡国良．OECD 国家数字经济战略的经验和启示．现代管理科学，2017(3):12–14.

【9】郑学党，赵宏亮．国外数字经济战略的供给侧实施路径及对中国的启示．经济研究导刊，2017(6):154–158.

【10】钟春平，刘诚，李勇坚．中美比较视角下我国数字经济发展的对策建议．经济纵横，2017(4):35–39.

【11】孙冰．全国人大代表马化腾："互联网+"是手段，数字经济是结果，网络强国是目的．中国经济周刊，2017(10):49–51.

【12】王彬燕，田俊峰，程利莎，等．中国数字经济空间分异及影响因素．地理科学，2018, 38(6).

【13】戚利茨，徐俊杰，裴文斌．数字经济大趋势．中国建材，2013 (8)：120–120.

【14】佚名．数字经济大趋势：正在到来的商业机遇．2013.

【15】王融．隐私与竞争：数字经济秩序的平衡之道．竞争政策研究，2017(6).

【16】Zimmermann, Hans–Dieter. "Understanding the Digital Economy: Challenges for New Business Models". *SSRN Electronic Journal*,2000.

【17】Schmid B F. What is New About the Digital Economy. *Electronic Markets*, 2001, 11(1):44–51.

【18】Ghosh R A. CODE: Collaborative Ownership and the Digital Economy (Leonardo Books), 2005.

【19】Raisinghani M. Business Intelligence in the Digital Economy: Opportunities, Limitations and Risks. *Express Shipping*, 2004, 1(3):73–89.

【20】Kim B, Barua A, Whinston A B. *Virtual field experiments for a digital economy: a new research methodology for exploring an information economy*. Published in Decision Support Systems , 2002.

【21】Valenduc G, Vendramin P. *Work in the Digital Economy: Sorting the Old from the New*. Social Science Electronic Publishing, 2016.

【22】Gerhard Illing, Martin Peitz, *Industrial Organization and the Digital Economy,* MIT Press Books, The MIT Press, edition 1, 2006.

【23】Matlay H. "The Industrial Dynamics of the New Digital Economy", *Journal of Small Business and Enterprise Development*, 2004, Vol. 11 No. 3, pp. 419–420.

【24】Gupta A, Jukic B, Parameswaran M, et al. Streamlining the Digital Economy: How to Avert a Tragedy of the Commons. *IEEE Internet Computing*, 2002, 1(6):38–46.

【25】Weitzel T, Buxmann P, Von Westarp F. *A communication architecture for the digital economy*. Publications of Darmstadt Technical University, Institute for Business Studies 2000.

【26】Lloyd A. Uberworked and underpaid: How workers are disrupting the digital economy. *Polity*, 2016:1–3.

【27】Li S. Future trends and challenges of financial risk management in the digital economy. *Managerial Finance*, 2003, 29(5/6):81–82.

【28】He S, Wang P. *Web 2.0 And Social Learning in a Digital Economy*. IEEE International Symposium on Knowledge Acquisition & Modeling Workshop, 2008.

【29】Romano A, Passiante G, Elia V. "New sources of clustering in the digital economy". *Journal of Small Business & Enterprise Development*, 2013, 8(1):19 – 27.

【30】Zimmermann H D. *Understanding the Digital Economy: Challenges for New Business Models*. Social Science Electronic Publishing, 2015.

【31】Weitzel T, Buxmann P, Westarp F V. *A Communication Architecture for the Digital Economy 21st Century* . Hawaii International Conference on System Sciences, 2000.

【32】Moriset B, Malecki E J. “Organization versus Space: The Paradoxical Geographies of the Digital Economy” . *Geography Compass*, 2010, 3(1):256–274.

【33】Kostakis V, Roos A, Bauwens M. “Towards a political ecology of the digital economy: Socio–environmental implications of two competing value models” . *Environmental Innovation & Societal Transitions*, 2016, 18(5):82–100.

【34】Xavier P. “Rethinking Universal Service for a Next Generation Network Environment” . OECD Digital Economy Papers, No. 113. *Oecd Publishing*, 2006(113):61.

【35】Goldfarb A, Greenstein S, Tucker C. “Economic Analysis of the Digital Economy” . *Nber Books*, 2015, 26(4):págs. 695–697.

【36】Samuelson P, Benkler Y, Post D, et al. *Intellectual Property and the Digital Economy*. Tenth Conference on Computers, 2000.

【37】Tranos E, Reggiani A, Nijkamp P. “Accessibility of cities in the digital economy” . *Cities*, 2013, 30(3):59–67.

【38】Ulieru M, Verdon J. *Organizational transformation in the digital economy*. IEEE International Conference on Industrial Informatics, 2009.

【39】Conceição P, Gibson D V, Heitor M V, et al. “Beyond the Digital Economy : A Perspective on Innovation for the Learning Society” . *Technological Forecasting & Social Change*, 2001, 67(2–3):115–142.

【40】Bala R. "Value & worth: Creating new markets in the digital economy" . *Journal of Revenue & Pricing Management*, 2014, 13(2):158–159.

【41】Miller P, Wilsdon J. "Digital Futures–An Agenda for a Sustainable Digital Economy" . *Corporate Environmental Strategy*, 2001, 8(3):275–280.

【42】Lee J. "Contesting the digital economy and culture: digital technologies and the transformation of popular music in Korea" . *Inter-Asia Cultural Studies,* 2009, 10(4):489–506.

【43】Hemphill T A. "Electronic Commerce and Consumer Privacy: Establishing Online Trust in the U.S. Digital Economy". *Business & Society Review*, 2010, 107(2):221–239.

【44】Sudoh O, Sakaki S, Gotoh R, et al. "Digital Economy and Social Design" . *Springer Ebooks*, 2005.

【45】Hojeghan S B, Esfangareh A N. "Digital economy and tourism impacts, influences and challenges" . *Procedia - Social and Behavioral Sciences*, 2011, 19(19):308–316.

【46】Breakenridge D. *Cyberbranding: Brand Building in the Digital Economy.* Pearson P T R; 1st edition, 2001.

【47】Ulieru M, Verdon J. *Organizational transformation in the digital economy.* IEEE International Conference on Industrial Informatics, 2009.

【48】Rayna T. "Understanding the Challenges of the Digital Economy: The Nature of Digital Goods" . *Communications & Strategies,* 2008, 1(71):13–36.

【49】Lee J. “Contesting the digital economy and culture: digital technologies and the transformation of popular music in Korea” . *Inter-Asia Cultural Studies,* 2009, 10(4):489–506.

【50】Galbi D A. “Some Economics of Personal Activity and Implications for the Digital Economy” . *First Monday*, 2001, 6(6).

【51】Johansson B, Karlsson C, Stough R R, et al. “The Emerging Digital Economy” . *Advances in Spatial Science*, 2006:1–19.

【52】Hemphill T A. “Electronic Commerce and Consumer Privacy: Establishing Online Trust in the U.S. Digital Economy” . *Business & Society Review*, 2010, 107(2):221–239.

【53】Soete L. “Towards the digital economy: scenarios for business.” *Telematics & Informatics*, 2000, 17(3):199–212.

【54】Gutierrez M A. “Latin America and the digital economy challenge.” *Foresight*, 2004, volume 6(3):163–172.

【55】Nagy S. “Digital Economy and Society–A Cross Country Comparison of Hungary and Ukraine” . *Social Science Electronic Publishing*, 2017.

【56】Inglewood R, Youngs G. “Designing the Digital Economy – Embedding Growth through Design, Innovation and Technology” . *Policy Connect*, 2014.

【57】Turban, Efraim, Dorothy, et al. Information Technology for Management: Transforming Organizations in the Digital Economy, 2006.

【58】Turban, Efraim, Dorothy, et al. *Information technology for management : transforming organizations in the digital economy.*

Information Technology for Management: Transforming Organizations in the Digital Economy, 2006.

【59】Mutula S M, Brakel P V. "ICT skills readiness for the emerging global digital economy among small businesses in developing countries" . *Library Hi Tech*, 2007, 25(25):231–245.

【60】Sui D Z, Rejeski D W. "Environmental impacts of the emerging digital economy: the e–for–environment e–commerce?" . *Environmental Management*, 2002, 29(2):155–163.

【61】Coyle D. *The weightless world : strategies for managing the digital economy*. MIT Press Books, The MIT Press, edition 1, volume 1, 1999.

【62】Tapscott D, Lowy A, Ticoll D, et al. *Blueprint to the Digital Economy: Creating Wealth in the Era of E-Business*, McGraw–Hill, Inc. New York, 1999.

【63】Huws U. "Labor in the global digital economy : The Cybertariat Comes of Age" . *Monthly Review Pr,* 2014.

【64】Clemons E K, Dewan R M, Kauffman R J. "Special Section: Digital Economy and Information Technology Value" . *Journal of Management Information Systems*, 2006, 23(2):7–11.

【65】Peitz M, Waldfogel J. *The Oxford handbook of the digital economy*, OUP USA, 2012.

【66】Johansson B, Karlsson C, Stough R R, et al. *The Emerging Digital Economy: Entrepreneurship, Clusters, and Policy,* Springer–Verlag Berlin and Heidelberg GmbH & Co. KG, 2010.

【67】Kim B, Barua A, Whinston A B. "Virtual field experiments for a digital economy: a new research methodology for exploring an information economy" . *Decision Support Systems*, 2002, 32(3):215–231.

【68】Nalebuff B J, Brandenburger A M. "Co - opetition: Competitive and cooperative business strategies for the digital economy" . *Strategy & Leadership,* 1997, 25(6):28–33.

【69】Samuelson P. "Intellectual Property and the Digital Economy: Why the Anti–Circumvention Regulations Need to Be Revised" . *Berkeley Tech*. 1999, 14(2):6.

【70】Larsen P. "Understanding the Digital Economy: Data, Tools, and Research" . *Asia Pacific Journal of Management*, 2001, 18(4):553–555.

【71】Brynjolfsson E, Smith M D. "Consumer Surplus in the Digital Economy: Estimating the Value of Increased Product Variety at Online Booksellers" . *Management Science,* 2003, 49(11):1580–1596.

【72】Singh N. *Digital Economy*. The Internet Encyclopedia(2004).

【73】Ahmad, N., J. Ribarsky and M. Reinsdorf, *Can potential mismeasurement of the digital economy explain the post-crisis slowdown in GDP and productivity growth?*, OECD Statistics Working Papers, OECD Publishing, Paris, 2017.

【74】Diewert, W. Erwin, and Kevin J. Fox. *The digital economy, GDP and consumer welfare.* Technical report, Paper presented at the CRIW Workshop at the NBER Summer Institute, 2017(July 17–18).

【75】Pazaitis, Alex, Vasilis Kostakis, and Michel Bauwens. "Digital economy and the rise of open cooperativism: the case of the Enspiral Network." *Transfer: European Review of Labour and Research,* 23.2 (2017): 177–192.

【76】Veselovsky, Mikhail Yakovlevich, et al. "Financial and economic mechanisms of promoting innovative activity in the context of the digital economy formation." *Entrepreneurship and Sustainability Issues,* 5.3 (2018): 672–681.

【77】Chan, Ngai Keung. "Greg Goldberg, Antisocial Media: Anxious Labor in the Digital Economy." *International Journal of Communication,* 12, 2018: 4.

【78】Yu, Haiqing. *Networking China: The Digital Transformation of the Chinese Economy Yu Hong Urbana*, Chicago and Springfield: University of Illinois Press, 2017, pp.225.

【79】OECD. Publishing. *OECD Digital Economy Outlook 2017*. OECD Publishing, 2017.

【80】Francesco Boccia. *Introduction: The Digital Economy and Fiscal Policy in the Age of E-Commerce*.Springer International Publishing, 2016.

【81】Daryl Inniss,Roy Rubenstein. *The Data Center: A Central Cog in the Digital Economy*.Elsevier Inc. 2017.

【82】Rupprecht Podszun. *The More Technological Approach: Competition Law in the Digital Economy*.Springer Berlin Heidelberg, 2015.

【83】Jian Pang,Xinmin Zhu,Jia Liu. *In Search of Entrepreneurial Opportunities in Digital Economy*.Springer Berlin Heidelberg,

2014.

【84】Benedict Atkinson,Brian Fitzgerald. *Dominance of the United States and Rise of Digital Economy*. Springer International Publishing, 2014.

【85】Rajiv Biswas. *Disruptive Change from Robotics, Industrial Automation and the Digital Economy*.Springer International Publishing, 2018.

【86】Lilia Georgieva,Imran Zia. *Knowledge Management in Digital Economy*. Springer Berlin Heidelberg, 2009.

【87】*Innovations in the Digital Economy: Promotion of R&D and Growth in Open Economies*. Springer Berlin Heidelberg, 2008.

【88】Brje Johansson,Charlie Karlsson,Roger R. Stough. *The Emerging Digital Economy*. Springer Berlin Heidelberg, 2006.

【89】Eric Viardot. *Redefining Collaborative Innovation in the Digital Economy*.Springer International Publishing, 2017.

【90】Chung-Shen Wu,Chih-Yuan Weng. *Conclusion: The Sino Digital Economy: Development History, Current Status, and Challenges Going Forward*. Springer International Publishing, 2018.

【91】Brette O, Moriset B. "Bringing Down Territorial Inequalities in the Digital Economy: An Evolutionary Institutional Approach" . *Journal of Economic Issues*, 2009, 43(2):495–502.

【92】Knieps G, Vogelsang I. "Digital economy and regulatory issues. Introduction" . *International Economics & Economic Policy*, 2007, 4(2):101–107.

【93】Lohse G.J.L. *Usability and Profits in the Digital Economy*. In:

McDonald S., Waern Y., Cockton G. (eds) People and Computers XIV — Usability or Else!. Springer, London. 2000.

【94】Degryse C. *Shaping the World of Work in the Digital Economy*. Social Science Electronic Publishing, 2017.

【95】Bhattacharjya J, Chang V. *The Role of IT Governance in the Evolution of Organizations in the Digital Economy: Cases in Australian Higher Education,* IEEE, 2007.

【96】Dennis A, King D. *Internet and the Digital Economy*. Hawaii International Conference on System Sciences. 2007.

【97】Kim, Tai–Yoo & Kim, Eungdo & Hwang, Junseok. "The Faster–Accelerating Digital Economy" . *Temep Discussion Papers,* 2011:163–191.

【98】"Digital Engine for High–Quality Growth" . *Beijing Review,* 2018, 61(1).

中国人民大学重阳金融研究院图书出版系列

一、人大重阳智库作品系列

1. 开启亚欧新时代：中俄智库联合研究两国共同复兴的新增量．王文、[俄]谢尔盖·格拉济耶夫 主编．人民出版社．2019年12月
2. 大金融时代——走向金融强国之路．王文 贾晋京 卞永祖等著．人民出版社．2019年10月
3. 中国改革开放40年与中国金融学科发展．吴晓求 主编．中国经济出版社．2019年9月
4. 最后一场世界大战．美国挑起与输掉的战争．格拉济耶夫 著．世界知识出版社．2019年8月
5. 强国与富民．中国人民大学重阳金融研究院 主编．中国人民大学出版社．2019年8月
6. 强国长征路：百国调研归来看中华复兴与世界未来．王文 著．中共中央党校出版社．2019年7月
7. “一带一路”这五年的故事（7本六大语种）．刘伟 主编．外文出版社．2019年4月
8. 货币起源．周洛华 著．上海财经大学出版社．2019年4月
9. 别误读中国经济．罗思义 著．天津人民出版社．2019年2月

10. 看好中国 英文版 . 王文 著 . 英国莱斯出版社 . 2018 年 11 月
11. 中国改革大趋势 . 刘伟 主编 . 人民出版社 . 2018 年 10 月
12. 造血金融与一带一路：中非发展合作新模式 . 程诚 著 . 中国人民大学出版社 . 2018 年 8 月
13. 新丝路、新格局——全球治理变革的中国智慧 . 王利明 主编 . 新世界出版社 . 2018 年 6 月
14. 富豪政治的悖论与悲喜 . 陈晨晨 著 . 世界知识出版社 . 2018 年 4 月
15. “一带一路”民心相通 . 郭业洲主编 主编 . 人民出版社 . 2018 年 1 月
16. 看好中国：一位智库学者的全球演讲 . 王文 . 人民出版社 . 2017 年 10 月
17. 风云激荡的世界 . 何亚非 著 . 人民出版社 . 2017 年 10 月
18. 读懂“一带一路”蓝图 . 刘伟主编 . 商务印书馆 . 2017 年 8 月
19. 金砖国家：新全球化发动机 . 王文、刘英著 . 新世界出版社 . 2017 年 7 月
20. 全球治理新格局——G20 的中国贡献于未来展望 . 费伊楠、人大重阳 著 . 新世界出版社 . 2017 年 7 月
21. “一带一路”故事系列丛书（7 本 6 大语种）. 刘伟主编 . 外文出版社 . 2017 年 5 月
22. 世界新平庸 中国新思虑 . 何伟文著 . 科学出版社 . 2017 年 5 月
23. 一带一路：中国崛起的天下担当 . 王义桅 著 . 人民出版社 . 2017 年 4 月
24. 在危机中崛起：美国如何实现经济转型 . 刘戈 著 . 中信出版集团 . 2017 年 4 月

25. 绿色金融与“一带一路”. 中国人民大学重阳金融研究院、中国人民大学生态金融研究中心 著 . 中国金融出版社 . 2017 年 4 月
26. 破解中国经济十大难题 . 中国人民大学重阳金融研究院 著 . 人民出版社 . 2017 年 3 月
27. 伐谋：中国智库影响世界之道 . 王文 著 . 人民出版社 . 2016 年 12 月
28. 人民币为什么行 . 王文 贾晋京 编著 . 中信出版集团 . 2016 年 11 月
29. 中国—G20（大型画册）. 中国人民大学重阳金融研究院 著 . 五洲传播出版社 . 2016 年 8 月
30. G20 问与答 . 中国人民大学重阳金融研究院 著 . 五洲传播出版社 . 2016 年 8 月
31. 全球治理的中国方案 . 辛本健 编著 . 机械工业出版社 . 2016 年 8 月
32. “一带一路”国际贸易支点城市研究（英文版）. 中国人民大学重阳金融研究院 著 . 新世界出版社 . 2016 年 8 月
33. 2016：G20 与中国（英文版）中国人民大学重阳金融研究院 著 . 新世界出版社 . 2016 年 7 月
34. 世界是通的——“一带一路”的逻辑 . 王义桅 著 . 商务印书馆 . 2016 年 6 月
35. 一盘大棋——中国新命运的解析 . 罗思义 著 . 江苏凤凰文艺出版社 . 2016 年 4 月
36. 美国的焦虑：一位智库学者调研美国手记 . 王文 著 . 人民出版社 . 2016 年 3 月
37. 2016：G20 与中国 . 中国人民大学重阳金融研究院 著 . 中信出版

集团 . 2016 年 2 月
38. “一带一路”国际贸易新格局：“一带一路”智库研究蓝皮书 2015–2016. 中国人民大学重阳金融研究院 主编 . 中信出版集团 . 2016 年 1 月
39. G20 与全球治理：G20 智库蓝皮书 2015–2016. 中国人民大学重阳金融研究院 主编 . 中信出版集团 . 2015 年 12 月
40. “一带一路”国际贸易支点城市研究 . 中国人民大学重阳金融研究院 著 . 中信出版集团 . 2015 年 12 月
41. 从丝绸之路到欧亚大陆桥 . 黑尔佳 · 策普 – 拉鲁什，威廉 · 琼斯 主编 . 江苏人民出版社 . 2015 年 10 月
42. 财富新时代——如何激活百姓的钱 . 王永昌 主笔 & 主编 . 中国经济出版社 . 2015 年 7 月
43. 生态金融的发展与未来 . 陈雨露 主编 . 人民出版社 . 2015 年 6 月
44. 构建中国绿色金融体系 . 绿色金融工作小组 著 . 中国金融出版社 . 2015 年 4 月
45. “一带一路”机遇与挑战 . 王义桅 著 . 人民出版社 . 2015 年 4 月
46. 重塑全球治理——关于全球治理的理论与实践 . 庞中英 著 . 中国经济出版社 . 2015 年 3 月
47. 金融制裁——美国新型全球不对称权力 . 徐以升 著 . 中国经济出版社 . 2015 年 1 月
48. 大金融与综合增长的世界——G20 智库蓝皮书 2014–2015. 陈雨露 主编 . 中国经济出版社 . 2014 年 11 月
49. 欧亚时代——丝绸之路经济带研究蓝皮书 2014–2015. 中国人民大学重阳金融研究院 主编 . 中国经济出版社 . 2014 年 10 月

50. 重新发现中国优势．中国人民大学重阳金融研究院 主编．中国经济出版社．2014 年 8 月
51. 谁来治理新世界——关于 G20 的现状与未来．中国人民大学重阳金融研究院 主编．社会科学文献出版社．2014 年 1 月

二、学术作品系列

1. 中国绿色金融发展报告 2018. 马中、周月秋、王文主编．中国金融出版社．2018 年 7 月
2. 全球视野下的金融学科发展．吴晓求主编．中国金融出版社．2018 年 5 月
3. “一带一路”投资绿色标尺．王文、翟永平主编．人民出版社．2018 年 4 月
4. “一带一路”投资绿色成本与收益核算．王文、翟永平主编．人民出版社．2018 年 4 月
5. 中国绿色金融发展报告 2017. 马中、周月秋、王文主编．中国金融出版社．2018 年 1 月
6. 互联网金融风险与监管研究．刘志洋、宋玉颖 著．中国金融出版社．2017 年 9 月
7. 从万科到阿里——分散股权时代的公司治理．郑志刚 著．北京大学出版社．2017 年 4 月
8. 金融杠杆与宏观经济：全球经验及对中国的启示．中国人民大学重阳金融研究院 著．中国金融出版社．2017 年 4 月
9. DSGE 宏观金融建模及政策模拟分析．马勇 著．中国金融出版社．2017 年 2 月

10. 金融杠杆水平的适度性研究 . 朱澄 著 . 中国金融出版社 . 2016 年 10 月
11. 金融监管与宏观审慎 . 马勇 著 . 中国金融出版社 . 2016 年 4 月
12. 中国艺术品金融 2015 年度研究报告 . 庄毓敏、陆华强、黄隽 主编 . 中国金融出版社 . 2016 年 3 月

三、金融下午茶系列

1. 有趣的金融 . 董希淼 著 . 中信出版集团 . 2016 年 7 月
2. 插嘴集 . 刘志勤 著 . 九州出版社 . 2016 年 1 月
3. 多嘴集 . 刘志勤 著 . 九州出版社 . 2014 年 7 月
4. 金融是杯下午茶 . 中国人民大学重阳金融研究院 主编 . 东方出版社 . 2014 年 4 月